이점우 배낭여행 30년의 여정

중앙아시아 4개국 그리고 파미르고원

이점우 배낭여행 30년의 여정

중앙아시아 4개국 그리고 파미르고원

펴낸날   초판 1쇄 2024년 8월 5일

지은이   이점우
펴낸이   서용순
펴낸곳   이지출판

출판등록   1997년 9월 10일
등록번호   제300-2005-156호
주소   03131 서울시 종로구 율곡로6길 36 월드오피스텔 903호
대표전화   02-743-7661   팩스 02-743-7621
이메일   easy7661@naver.com
디자인   김민정
인쇄   ICAN
물류   (주)비앤북스

ⓒ 2024 이점우

값 23,000원

ISBN 979-11-5555-227-8 03910

이점우 배낭여행 30년의 여정

중앙아시아 4개국
그리고 파미르고원

이지출판

'종합선물세트' 같은 매력적인 중앙아시아

요즘 하던 운동을 미루고 게으름을 피웠더니 체력과 정신력이 느슨해지는 것 같다. 나이는 숫자에 불과하다는 말은 의지와 용기를 잃지 말라는 경고가 아닌가 싶다. 칠십 후반에 접어든 지금, 지난 삶과 앞날을 그려보며 하나씩 내려놓고 자연의 섭리에 순응해야 한다고 마음먹지만, 머리와 가슴은 따로 논다. '인생은 참 짧다'는 생각에 가슴이 허허로울 때가 많다.

삶의 매 순간이 나의 인생이었는데, '그 삶의 주인으로 제대로 살아왔는가?' 스스로 질문해 본다. 삶의 실타래를 풀어가며 깊은 골짜기에 빠져 허우적거리기도 하고, 안간힘을 다해 올라선 평평한 길도 걸었다. 슬픔과 기쁨, 좌절과 용기, 후회와 보람은 우리 삶의 양념이었음을 이제야 깨닫는다.

삶의 무게에 짓눌렸던 중년기에 내 인생의 터닝 포인트는 여행이었다. 20kg 넘는 배낭을 메고 떠난 곳곳에서 수많은 사람을 만났다. 그들에게서 삶의 의미를 찾고 나를 돌아보며 30여 년간 세계를 한 바퀴 돌았다. 그간 쌓인 감동과 생각들로 오늘을 살고 있지 않은가 싶다! 지난 여행은 그 무엇으로 살 수도, 바꿀 수도 없는 추억이요 내 삶의 재산이다.

'더 늦기 전 미뤄 둔 중앙아시아로 떠나자!'는 생각을 다잡으니 용기가 솟았다. 내 체력과 감성에 맞는 배낭여행을 계획하고 마땅히 참고할 자료가 없어 중앙아시아의 역사와 문화에 관한 책을 읽었다. 그리고 지도를 펼쳐놓고 '어떤 루트로?' '얼마 동안?' '교통편은?' '볼거리는?' 등을 찾으며 이 나이에 배낭여행을 할 수 있을지 타진해 봤다. 폐쇄적인 국가로 알려진 투르크메니스탄을 제외한 중앙아시아 4개국으로 정하고 인터넷 정보를 참고했다.

우즈베키스탄은 실크로드와 이슬람 유적, 카자흐스탄은 카스피해와 광활한 스텝 지역의 자연, 키르기스스탄은 이식쿨 호수와 톈산 트레킹, 타지키스탄은 파미르고원 횡단으로 여행 계획을 세웠다. 여행 윤곽을 잡고 각 나라의 주요 도시를 찾는 72일간의 일정표를 짰다. 그리고 경비 예산도 세웠다. 그간의 노하우를 살려 '최소 경비로 최대 효과', '걷는 만큼 보인다', '감동은 사전 조사에 비례한다'는 명제를 걸고 우리 부부는 여행을 떠났다.

6월 말 우즈베키스탄의 기온은 사우나 찜통을 방불케 했으나, 건조한 날씨라 그늘은 시원했다. 우리나라와 다른 자연과 문화, 다양한 민족들이 어울려 살아가는 모습을 만났다. 중앙아시아 곳곳을 여행하는 동안 나는 1960~1970년대 내 젊은 시절을 그곳에서 다시 만났다. 덥고 불편하고 부족해도 마음은 편하고 정감이 갔다. 보이는 것에 감탄하고, 만나는 사람들에게 감동받고, 마주한 자연에서 신의 역사(役事)를 보았다. 그리고 우리나라의 국력에 어깨가 우쭐했다. 사람들의 손에 삼성 휴대폰이 들려 있고, 현대와 기아 차가 쌩쌩 달리며, 대도시 거리에 우리나라 기업 광고판이 번쩍였다.

나는 6·25전쟁 직후 구호품을 먹고 입고 자랐다. 그 시절을 떠올리며 국력이 신장된 대한민국 국민으로서 여유를 맛보았다.

한편 그들이 부럽기도 했다. 자연에 순응하고 주어진 여건에 만족하며 밝게 열심히 살아가는 모습에 인간애를 느꼈다. 그리고 발전해 가는 그곳의 열기에 박수를 보냈다. 그렇게 한 곳 두 곳 다니다 보니 '누구나 중앙아시아를 쉽게 여행을 할 수 있게 정보를 제공하자!'는 욕심이 생겼다. 때로는 온종일 걸어다니며 도시 윤곽과 볼거리의 위치를 파악하며 열심히 메모도 했다.

계획대로 72일간 적은 경비로 알찬 여행을 마쳤다. 떠나기 전 낯선 이슬람 국가에 대한 불안감은 기우였다. 중앙아시아는 1991년 소련 연방에서 분리 독립된 후 이슬람 국가로서 변화의 바람을 일으키고 있다. 서구 생활양식을 받아들여 옷차림은 산뜻하고 자신감에 찬 밝은 표정에는 당당함이 묻어났다. 생각보다 안전한 치안, 싼 물가, 순수하고 친절한 사람들, 옛 문화와 삶의 흔적, 깨끗한 자연 등을 고스란히 지니고 있다. 세계 어느 곳보다 여행하기 편하고 볼거리가 많은 좋은 여행지로 과거와 현재가 공존하는 곳이다. 특히, 그곳 사람들은 우리나라 경제 발전을 부러워하며 한국 사람에게 유독 친절했다. 나는 세계 어느 곳보다 중앙아시아에서 많은 것을 보고 느끼며 감동하고 대우까지 받으며 여행했다.

여행은 주관적이라 느낌과 감동은 같을 수 없다. 하지만 지금의 중앙아시아는 다양한 여행을 즐길 수 있는 곳이다. 각자 취향에 따라 럭셔리하게 즐기는 여행을 할 수 있는 시설이 마련되어 있다. 또 얼마든지 절약하며 때묻지 않은 자연과 사람을 만나는 자유여행

시스템도 갖춰져 있다.

하지만 나는 1990년대 아날로그 방식으로 여행했다. 스마트폰으로 정보를 검색하는 것이 서툴러 숙소는 현지에서, 먹거리는 바자르에서, 볼거리는 그 도시 관광안내소 시티맵을 활용했다. 불편하고 힘든 만큼 얻는 것이 많았다. 다양한 사람들을 만나고, 비수기라 숙박비는 할인받고, 바자르의 먹거리는 싱싱하고 저렴했다. 결국 경제적이면서도 체험을 곁들인 여행을 할 수 있었다.

내가 보고 느낀 것을 되도록 정확하게 기록하려 애썼다. '도시별 관광'에서는 볼거리를 소개하고, 하루 일정으로 목적지를 찾고, 다음 여행지 이동 방법 등을 소개했다. 그리고 운 좋게 친절한 사람들을 만나 예상하지 못한 값진 경험을 얻고 때로는 시행착오로 힘들었던 이야기를 진솔하게 썼다.

바라건대, 이 여행 기록은 어디까지나 정보로 활용되었으면 좋겠다. 여기에 각자의 취향을 더하고 인터넷을 활용한다면 누구나 효과적이고 알찬 중앙아시아 여행을 할 수 있으리라 확신한다.

나는 말하고 싶다. 주저 말고 중앙아시아로 떠난다면 각자가 원하는 방식의 여행으로 새로운 그 무엇을 많이 얻게 될 것이라고. 여행은 삶의 의미를 찾는 것이자 인생을 윤택하게 만드는 방법이고 수단이다. 나는 이번 여행을 통해 또 다른 배낭여행을 꿈꾸고 있다.

차례

머리말 '종합선물세트' 같은 매력적인 중앙아시아 · 4

중앙아시아 4개국 톺아보기 · 10

♀ 우즈베키스탄 Uzbekistant · 15

타슈켄트 Tashkent · 19
사마르칸트 Samarkand · 34
부하라 Bukhara · 53
히바 Khiva · 77
누쿠스 Nukus · 100

♀ 카자흐스탄 Kazakhstan · 113

악타우 Aktau · 117
아티라우 Atyrau · 121
악토베 Aktobe · 133
아스타나 Astana(누르술탄 Nur-Sultan) · 151
쉼켄트 Shymkent · 173
투르키스탄 Turkistan · 179
크질오르다 Kyzylorda · 186
우슈토베 Ushtobe · 199
알마티 Almaty · 208

키르기스스탄 Kirgizstan · 239

비슈케크 Bishkek · 243

이식쿨 호수 Issyk-Kul Lake · 261

발리크치 Balykchy · 262

촐폰아타 Cholpon-Ata · 269

카라쿨 Karakul · 277

파미르고원 Pamir Mountains(Ⅰ) · 292

오슈 Osh · 293

사리타슈 Sary Tash와 사리모굴 Sary Mogul · 308

타지키스탄 Tajikistan · 319

파미르고원 Pamir Mountains(Ⅱ) · 323

카라쿨 호수 마을 Karakul Lake Village · 328

무르갑 Murgab · 334

알리추어 Alichur · 341

랑가르 Langar · 348

얌촌 Yamchun · 355

이스코심 Ishkoshim · 363

호루그 Khorug · 368

두샨베 Dushanbe · 375

후잔드 Khujand · 392

다시 우즈베키스탄 타슈켄트로! · 404

맺음말 · 413

丰 중앙아시아 4개국 톺아보기

1. 자연

- 중앙아시아는 아시아 대륙 한가운데에 위치한다. 카자흐스탄, 우즈베키스탄, 키르기스스탄, 타지키스탄, 투르크메니스탄 5개국으로 이루어져 있다. 이들은 이슬람 국가다.
- 건기의 불모지가 우기로 접어들면 초원으로 바뀌는 스텝 지역과 고원, 고산으로 이루어진 지형이다.
- 파미르고원의 만년설은 아무다리야강, 시르다리야강, 판즈강 등을 이루며 여러 호수를 만든다. 이 물길은 국경을 넘나들며 중앙아시아 곳곳의 생명수다.
- 바다와 떨어진 대륙성기후로 여름철에는 40도까지 오르지만, 습도가 낮아 그늘은 시원하다. 10월부터 추위에 대비하고 산악지역에는 4~5월까지 눈이 내린다. 강수량은 사막 지역 기준 연간 100mm 이하이며 산간 지역은 1,500mm 정도다.

2. 국토 및 인구(2023년 기준)

- 우즈베키스탄 : 남한의 4.5배/인구 3,516만 명
- 카자흐스탄 : 남한의 27.2배/인구 1,960만 명
- 키르기스스탄 : 남한의 2배/인구 673만 명
- 타지키스탄 : 남한의 1.4배/인구 1,014만 명
- 투르크메니스탄 : 남한의 4.9배/인구 651만 명
  (참고 : 남한 면적 10만km²/인구 5,178만 명)

3. 주한 대사관 및 비자

1) 우즈베키스탄대사관 (2018년 2월 10일부터 무비자)

　서울시 용산구 한남동 대사관로 11길 27

　전화 : 02-574-6554

2) 카자흐스탄대사관 (30일 이내 무비자)

　서울시 용산구 서빙고동 장문로 53

　전화 : 02-379-9714

3) 키르기스스탄대사관/영사관 (60일간 무비자)

　서울시 용산구 서빙고동 서빙고로 91라길 16-10

　전화 : 02-379-0952

4) 타지키스탄대사관

　서울시 용산구 유엔빌리지 2길 37

　전화 : 02-792-2535

　비자 발급비 $50, 파미르고원 통행증 GBAO $20

　인터넷 신청 http://www.evisa.tj

　대사관 신청 http://www.visa.gov.tj

　필요서류 : 여권, 왕복항공권, 사진 2매, 신청서(7일 후)

4. 통화 및 환율(2023년 기준)

- 우즈베키스탄 : UZS, $1=12,278숨 (sum)
- 카자흐스탄 : KZT, $1=446텡게 (tenge)
- 키르기스스탄 : KGS, $1=89숨 (som)
- 타지키스탄 : TJS, $1=11소모니 (somoni)

5. 기타 정보

- 전압 : 중앙아시아 4개국 전체 220V에 50Hz (한국과 동일)
- 시차 : 한국 시간 (-)4시간
- 교통 : 국경 및 도시 간 이동

  항공, 기차, 버스, 마슈르트카 (미니버스)

  시내 교통 : 버스, 지하철, 마슈르트카, 택시
- 기차표 구입

  현지 기차역 창구 이용 (당일 혹은 출발 3~4일 전 예약)

  한국에서 구매

  웹사이트 https://tickets.kz/en/gd/login_page (예약한 사이트)

  https://www.tutu.travel/poezda

  https://ticket.post.kz/en/zhd
- 예약 방법

  ① 회원가입

  ② railway ticket에서 열차 시간표 확인

  ③ 원하는 날짜, 출발 시간, 좌석 위치 선택 (잔여분 좌석 표시됨)

  ④ 본인 정보 입력 (여권, 생년월일 등)

⑤ 예매한 기차표 프린트 소지

6. 숙소 및 음식

1) 숙소

게스트하우스, 호스텔, 홈스테이, Bed&Breakfast, 호텔, 민박

2) 음식

- 리뾰시까 : 주식, 빵
- 샤슬릭 : 구운 꼬치구이
- 오슈(쁠로프) : 볶음밥과 비슷
- 라그만 : 위구르 음식, 쫄깃한 면, 짬뽕과 비슷
- 슈르빠 : 맑은 고깃국
- 카붑 : 감자와 고기 요리로 자작한 국물이 있는 카붑, 구워 낸 담백한 카붑
- 타바카 : 구운 닭요리
- 츄츄바라 : 양고기를 다져 만든 만둣국
- 스베지 : 야채 샐러드로 주로 토마토에 오이를 곁들임
- 코분(티냐) : 메론과 참외 섞은 맛
- 만뜨 : 만두와 비슷, 속은 양고기
- 삼사 : 화덕에 구운 파이 같은 만두
- 꾸무스 : 말젖을 발효시킨 것. 우리 막걸리와 비슷
- 국시 : 고려인 음식 '국수'
- 짐치 : 김치
- 초이(챠이) : 우유를 넣은 차
- 고기 종류 : 바라니나(양고기), 가뱌지다(소고기), 스비니나(돼지고기), 꾸리쟈(닭고기)

7. 준비물

선글라스, 선크림, 모자, 반팔, 윗도리, 바지, 얇은 긴소매, 긴 바지, 손전등, 모기
향, 우비, 상비약 등

8. 중앙아시아 4개국 여행 경로

우즈베키스탄
Uzbekistan

타슈켄트 Tashkent • 사마르칸트 Samarkand

부하라 Bukhara • 히바 Khiva • 누쿠스 Nukus

우즈베키스탄은 중앙아시아 내륙국으로 옛 실크로드 중심부에 위치한다. 고대부터 동·서·남을 잇는 지리적 요충지다. 우즈는 '우리들', 베크는 '왕', 스탄은 '지역'이란 의미를 지닌다. 사마르칸트, 부하라, 히바는 유네스코 세계문화유산에 등재된 고도(古都)들이다. 주요 자원은 석탄, 천연가스, 금, 동, 텅스텐 등 풍부한 편이다. 인구는 중앙아시아 국가 중 가장 많다.

1. 역사

- 기원전 3,600년경부터 문화가 나타났으며, 고대 스키타이인들이 살았다.
- 5세기부터 8세기에 걸쳐 아바르 카간국과 하자르 카간국은 비잔틴 왕국과 싸워 유럽으로 진출하여 슬라브인을 정복하였다.
- 그 후 중동의 이슬람교를 받아들여 사마르칸트, 타슈켄트, 부하라, 히바 등의 도시는 종교와 동서 무역의 중심지로 번성했다.
- 1218년 칭기즈 칸의 침입으로 호라즘 제국은 무너졌다. 이 전쟁에 참여한 칭기즈 칸의 둘째 아들이 이끈 바를라스 부족은 사마르칸트 인근 샤흐리삽스에 정착했다.
- 1369년 몽골족 바를라스 부족 티무르가 권력을 잡았다. 그리고 사마르칸트를 수도로 정하고 40여 년간 영토를 확장하며 제국을 건설했다. 이 제국은 1,500년까지 번영했다.
- 그 후 투르크 민족이 티무르 제국을 정복하여 부하라 칸국, 히바 칸국, 코칸드 칸국을 건국했다. 하지만 티무르 제국의 문화를 그대로

이어받았다. 때문에 지금도 아미르 티무르는 이 나라 국부로 존경
받는다.

- 1920년 소련 연방이 되었다가 1991년 8월 독립하였다. 그리고 1992년
대통령 중심의 민주공화국이 되었다.

2. 이동
- 타슈켄트 국제공항 2청사에서 시내로 이동
- 공항 출입문 왼쪽 시내버스 승차장 (타슈켄트 기차역 40번, 초르수
바자르 11번)

3. 기초정보
- 수도 : 타슈켄트
- 인구 : 3,516만 명(2023년)
- 언어 : 우즈베크어, 러시아어, 타지크어, 카라칼파크어 등
- 국토 : 447,400㎢ (한반도의 약 2배, 남한의 4.5배)
- 기후 : 대부분 사막형 대륙성기후(겨울 −2도, 여름 35도)
- 민족 : 우즈베크인 83.7%, 타지크인 4.8%, 카자흐인 2.5%,
러시아인 2.3%, 기타 6.7%
- 종교 : 이슬람교 88%(수니파 70%), 러시아 정교(9%) 기타 3%
- 특산물 : 목화, 견과류, 과일(당도 높음)
- 관광지 입장료 : 현지인과 외국인 구분하는 곳 있음
- 거주증 필요 없음
- 주우즈베키스탄 대한민국대사관

Afrosiab st. 7, Tashkent, 100029, Uzbekistan

전화 : +998-71-252-3151~3(대표번호)

E-mail : uzkoremb@mofa.go.kr

4. 여행 경로

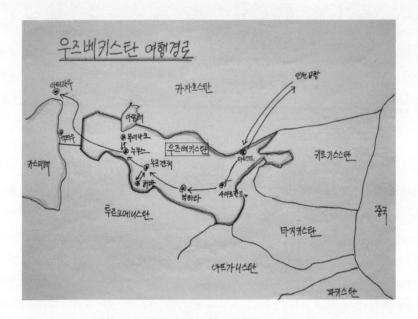

타슈켄트 → 사마르칸트 → 부하라 → 우르겐치 ⇄ 히바 → 누쿠스 →

카자흐스탄 악타우/아티라우

무이나크

타슈켄트 Tashkent

- 1991년 9월 독립 후 우즈베키스탄의 수도
- 중앙아시아 최대 도시, 실크로드 횡단 중심지
- 해발 480m에 위치, 넓이 350km²(서울 58%)
- 시르다리야강 지류 치르치크 강변, 옛 오아시스 마을
- 1966년 대지진 이후 건설된 신시가지와 실크로드 정취가 남아 있는 구시가지로 구분

숙소

- 초르수 바자르 근처 굴나라 게스트하우스

  지하철 초르수역 하차(1,200숨)

  조식 포함 1인 15달러, 다양한 가격의 방이 많다.

  주소 40, Ozod str, Olmazor district, Tashkent, 100020, Uzbekistan
- 타슈켄트 중앙역 2층 호스텔

  도미토리 1인 8,000숨(현지인 5,300숨)

여행 팁

- 네 지역으로 나눈 관광이 효율적이다. 초르수 바자르에서 아미르 티무르 공원까지 운동이라 생각하고 걷는다면 이슬람 문화와 사회상을 파악할 수 있다.

볼거리

1. 아미르 티무르 공원과 그 주변
2. 초르수 바자르와 그 주변
3. 국민공원과 그 주변
4. TV타워와 그 주변

타슈켄트 관광지도

가상한 용기

이른 시간 인천공항은 북적인다. 나는 언제나 공항 분위기를 즐긴다. 여러 나라에서 입국한 사람들은 제 갈 곳을 찾아 바삐 움직이고, 떠나는 여행객은 일상에서 벗어난 설렘에 찬 모습이다. 나도 그 일원임에 뿌듯하다.

기내 PC 비행 경로는 톈진-베이징-시안-우루무치-알마티를 거쳐 우즈베키스탄 수도 타슈켄트임을 알려 준다. 날씨는 맑다. 서해의 작은 섬, 중국의 넓은 땅과 겹겹의 산맥들이 훤히 내려다보인다. 만년설 톈산이 가까워지자 타클라마칸사막과 크고 작은 호수, 강줄기, 눈 덮인 산봉우리들이 줄을 잇는다.

2013년 실크로드 답사 여행을 했었다. 인천항에서 배를 타고 칭다오에 내렸다. 기차로 시안-란저우-투루판-우루무치-카스를

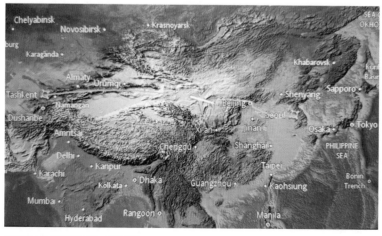

인천에서 타슈켄트로 가는 비행 경로

거쳐 중국 쪽 파미르고원 설산 아래까지 갔었다. 그곳 카라쿨 호숫가 유르트에서 외국 젊은이들과 하룻밤을 보냈다. 그때 나는 중앙아시아 쪽으로 계속 여행을 하고 싶었으나 여의치 않았다. 그 길을 구름 한 점 없는 하늘에서 내려다보는 6시간의 비행은 전혀 지루하지 않았다.

이번 72일간의 여행에는 어떤 일들이 펼쳐질까? 가이드 없이 달랑 우리 부부 둘이다. 숙소 예약도 하지 않았다. 러시아어나 현지어를 한마디도 못 한다. 그렇다고 영어가 능통한 것도 아니다. 내가 생각해도 용기가 가상하다. 일정표 하나는 상세히 짰다. 동선을 감안한 볼거리 루트도 정했다. 사람 사는 곳은 어디나 같고, 내가 진솔하게 대하면 어떤 경우에서도 서로의 감정은 통한다는 믿음을 지니고 있다. 이에 그간의 여행 감각을 더하고 여행의 기본을 지키면 어떤 상황에서도 최선책을 찾게 되리라.

나의 여행 기본원칙

첫째, 안전이다.
나이도 있고 작은 체구의 동양 여행객이다. 돈을 지녔다고 생각하기 쉽다. 튀지 않는 검소한 옷차림에 액세서리를 하지 않는다. 가방이나 여행용품은 실용에 초점을 둔다. 털어봐야 나올 것이 없겠다고 여기게 한다.

둘째, 가능한 공공버스를 이용한다.
언어가 서툰 낯선 길이다. 운전기사에게 의지하지 않는다. 호텔이나 아는 사람의 소개가 아니면 불편해도 택시가 아닌 공공버스를 이용한다.

셋째, 도시에 도착하면 먼저 전통시장을 찾는다.

먹거리 종류와 특산물, 사람들의 생활 모습을 파악한다. 그리고 사람 사는 냄새를 맡는다. 시장 분위기는 새로운 여행지에 대한 두려움을 덜어낸다. 또한 현지인들에게 친근감을 느끼며 그곳 여행에 자신감을 갖게 된다.

넷째, 숙박은 홈스테이나 게스트하우스를 이용한다.
경비를 절약하고 배낭여행자들을 만나 정보를 교환한다. 이런 숙소는 보통 교통이 편리하고 이동과 관광하기 쉬운 곳에 있다.

다섯째, 많이 걷는다.
걷는 만큼 보이는 법. 여행은 보고, 듣고, 느끼는 것이다. 걸어서 관광지를 찾는 길 모두가 여행이다. 힘들다는 생각보다 시간을 활용한 운동이라 생각하면 피로감은 날아간다.

우즈베키스탄 현지시간으로 오후 1시 타슈켄트 제2국제공항에 도착했다. 인천공항에 비하면 작고 조용하다. 수속도 간단하다. 공항 밖으로 나서니 열기가 대단하다. 뙤약볕, 맑은 하늘, 싱그러운 숲. 기분은 상쾌하다. 택시 호객꾼들이 달려든다.

공항 바로 옆 시내버스 정류소에서 초르수 바자르행 11번 버스를 탔다. 요금은 1,200숨. 우리나라 돈으로 약 170원이다. 30분 정도 시내를 통과하여 푸른색 돔 초르수 바자르 앞에 내렸다. 길거리 노점에 갖가지 음료수와 과일이 풍성하다.

바자르 근처 굴나라 게스트하우스가 있다. 하지만 숙소 값을 비교하려 길에서 또 다른 숙소의 위치를 물었다. 친절한 모녀가 북적이는 시장을 지나 우리를 안내한다. 주택가 허름하지만 큰 호텔이다. 로비에 들어서니 내부는 깔끔하다. 그런데 외국인은 사절이다. 현지인을 위한 저렴한 호텔인가? 중국의 초대소 시스템 같은 생각이

타슈켄트 굴나라 게스트하우스 야외 식당

들었다.

우리를 데리고 간 모녀가 더 미안해한다. 타슈켄트 도착한 첫날 모녀의 친절은 앞으로 펼쳐질 여행의 순조로움을 예감케 했다.

굴나라 게스트하우스로 갔다. 마당이 넓고 다양한 방들이 많다. 아침 포함 1인 15달러. 교통도 편리하고 가정집 분위기다.

초르수 바자르

딱히 살 것은 없지만 짐을 두고 시장 구경을 나섰다. 우리나라 에서 70년대 사용하던 양철 들통과 그릇들이 보인다. 노점의 갖가 지 과일과 채소, 다양한 견과류 매장 등 남대문시장 분위기다.

이슬람 문화에 대한 기대와 설렘을 안고 아침 일찍 숙소를 나섰 다. 2일간 타슈켄트 시내 구경은 앞으로 70여 일 중앙아시아 여행 의 워밍업이다. 오늘은 초르수 바자르 주변과 아미르 티무르 공원 주변 두 지역의 볼거리를 찾기로 했다.

타슈켄트의 명물 초르수 바자르 앞 수박장수(위)
초르수 바자르. 함석으로 만든 들통(왼쪽)
초르수 바자르의 노점상들(오른쪽)

바자르 근처 도로변 인력시장에 많은 사람이 모여 있다. 길을 물으니 "안녕하세요!" 더러는 우리말로 인사를 하며 한국에 다녀왔다고 자랑한다. 하나같이 친절하다.

관광 첫날, 첫인상은 앞으로의 여행을 좌우한다. 어제 친절한 모녀 덕분에 낯선 곳에 대한 두려움을 걷어냈다. 오늘 아침 길을 가르쳐 주려 애쓰는 사람들에게서 친밀감을 느끼며 이번 중앙아시아 여행에 자신감을 갖게 되었다.

쿨게다쉬 마드라사

초르수 바자르 근처 큰 돔과 푸른색 타일 장식으로 아름답고 웅장하다. 마드라사는 옛날 학교다. 16세기 중엽 타슈켄트를 지배한 왕조의 대신인 쿨게다쉬가 세운 신학교다. 현재 교육기관으로 150여 명의 학생이 이슬람 신학을 공부하고 있다. 입구 벽면 게시판에 이들의 교육활동을 게시해 놓았다.

이른 시간이라 수업 광경을 볼 수 없어 아쉬웠다. 수위가 정원만 구경하라 한다. 잘 가꾸어진 안마당을 중심으로 사방 2층 교실이다. 문화재인 동시에 교육기관으로 사용하는 것이 부럽다.

주마 모스크

쿨게다쉬 마드라사 인근에 세 개의 푸른 돔이 우뚝 서 있다. 기도 시간은 아니지만 몇 명의 남자 신도가 정성 들여 기도한다. 몸에 밴 그들의 신앙심을 뒤에서 지켜보며 내 신앙생활을 돌아본다. 장식이 없는 성전, 단순한 제단, 푹신한 카펫이 전부다. 앞으로 찾게 될 많은 회교사원에서 나는 어떤 마음으로 참배할까? 잠시 생각해 보았다.

하즈라티 이맘 모스크

초르수 바자르를 끼고 걸었다. 포장이 안 된 골목길로 접어드니 어릴 적 우리 동네 같다. 그 골목길 끝에 하즈라티 이맘 모스크가 당당하다. 후문으로 들어오길 참 잘했다. 하즈라티 이맘 모스크 전체를 조망할 수 있었다. 높은 미나레트와 돔, 중정의 크기 등 첫인상은 '가장'이란 수식어가 많이 붙은 모스크답다. 타슈켄트에서 가장 크고 가장 오래된 모스크로, 가장 큰 코란이 보관되어 있다.

주마 모스크 성전의 기도 모습

주마 모스크 천장 장식

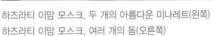

하즈라티 이맘 모스크, 두 개의 아름다운 미나레트(왼쪽)
하즈라티 이맘 모스크, 여러 개의 돔(오른쪽)

27

그래서 더더욱 유명하다.

　넓은 중정 가운데 서서 바라본 사원은 웅장하다. 파아란 하늘 아래 돔과 높은 미나레트는 대사원의 위용을 뽐낸다. 청색 타일 문양은 정교하고 아름답다. 사원을 한 바퀴 돌아보았다. 이슬람 문화의 정수로 어느 한 곳 허술함이 없다.

　선물가게로 사용하는 사원, 기도하는 사원, 또 한 곳은 코란을 보관한다. 코란 사원의 입장료는 1인 15,000숨. 약 1.7달러다. 홀 중앙 유리 상자 속 큰 오스만 코란을 향해 신자들은 기도한다. 주변의 작은 방에는 각국어로 번역된 경전들이 전시되어 있다. 한글 번역서도 보았다. 우리나라 서울 용산에 한국 이슬람교 서울 중앙 성원이 있다고 생각하니 고개가 끄덕여진다. 이렇게 큰 사원인데 그 곁에 또 다른 사원을 짓느라 한창이다. 몇 년 후에 다시 오면 어떤 모습일까?

나선형 건물 전망대

　초르수 바자르 건너편에 원통형 10층 높이의 건물이 있다. 타슈켄트는 평원에 자리한 도시여서 그 건물 옥상은 일몰 광경을 볼 수 있는 최적의 장소다. 저녁나절 찾았다. 나선형으로 오르는 옥상 길은 출입 통제다. 아쉬워 서성이는 우리를 본 한 아주머니가 친절하게 사무실 직원에게 전망대에 오르고 싶어 하는 우리의 뜻을 전해 주었으나 대답은 "NO"였다. 며칠 후 사마르칸트 울루그벡 천문대 박물관에서 이 건축물의 사진자료를 보았다. 그 옛날 우리나라 첨성대와 같은 기능을 한 듯하다.

알리셰르 나보이 동상

나보이 대로를 따라 걸었다. 넓은 직선 도로와 우거진 가로수 양쪽에 4,5층 높이의 새 건물이 줄지어 섰다. 보행자 도로 확장 공사가 한창이다. 이 대로변에 나보이 동상이 있고, 주변은 작은 공원이다. 동상 뒤 흰 건물은 나보이 문학박물관이다.

박물관에는 나보이 문학뿐만 아니라 다양한 문학자료가 전시되어 있다. 15세기 우즈베키스탄의 뛰어난 문학가이며 정치가였던 나보이는 아미르 티무르와 함께 위인으로 칭송받고 있다. 거리에 그의 이름을 붙이고, 곳곳에 동상을 세웠다.

나보이 대로에 있는 알리셰르 나보이 동상과
나보이 문학박물관

독립광장과 대통령궁

나보이 대로를 걷다 보니 앤크홀강이 힘차게 흐르고 그 옆 숲엔 대통령궁 정원이 있다. 그 넓이를 가늠할 수 없다.

대통령궁 앞 지하철역 이름은 독립광장이란 뜻의 '무스타클릭 마이더니(Mustakillik Maidoni)'다. 역에서 올라오면 바로 광장이다.

이 광장은 넓은 도로와 시원한 분수, 길 건너 티무르 공원이

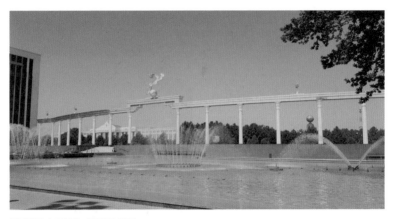

독립광장에 인접한 대통령궁 정문

어우러져 서울 여의도광장을 떠올리게 한다. 평소에는 교통이 빈번한 곳이지만 큰 행사 때는 광장 역할을 할 만하다. 이웃한 대통령궁 정문 위엔 깔끔한 조형물 황새가 앉아 있고, 정원에는 독립을 상징하는 지구본 아래 아이를 안고 있는 '행복한 어머니'상이 있다. 자세히 보고 싶은데 출입 통제! 아쉽게 돌아섰다.

여행은 지난 감동의 순간을 회상케 한다

아미르 티무르 공원

대통령궁 건너편에 있는 이 공원은 잘 정비되어 상큼하다. 주변에 우즈베키스탄 호텔과 티무르 역사박물관, 대형 쇼핑센터 등 특색 있는 건물들이 있다. 공원 중심에는 아미르 티무르 기마상이 있다. 만주족 모자에 망토를 휘날리며 전진을 외치는 제왕의 모습이다. 힘차게 내딛는 말의 형상이 살아 있는 것 같다.

2014년 상트페테르부르크를 여행하며 폰탄카 운하 다리 앞에서 비를 피한 적이 있다. 갑자기 내리는 소낙비라 잠시 비를 피하며 운하 다리 네 귀퉁이 청동 기마상을 보았다. 말 꼬리의 뻗침과 뒷다리의 핏줄, 마부의 채찍과 근육질이 선명했다. 말과 마부의 힘겨루기를 사실적이고 역동적으로 표현했다.

티무르 공원의 아미르 티무르 기마상

비는 내리고 서둘 일은 없었다. 기마상을 보며 내 나름 '동행과 제압'이란 제목을 붙였다. 그리고 말과 마부의 형상에 인간 관계를 대입해 보았다. 강자와 약자, 부모와 자식, 교사와 학생, 부부 관계 등을 힘의 논리로 바라보니 작가의 의도를 알 듯했다. 인간사 힘들게 하는 제압이 아닌 동행 관계로 더불어 살아야 한다는 것을 작가는 기마상으로 나타내려 하지 않았을까? 지난날 나는 교단에서 얄팍한 교사의 권위로 학생 위에 군림하며 제압하려 하지 않았나? 또 내 자식과 동행하는 부모 역할을 하고 있나? 반성케 했다.

내 나름 감상하는 동안 소낙비는 그쳤다. 파란 하늘, 뭉게구름 사이 저녁놀이 퍼지며 상쾌함을 더하니 뭔가 큰 것을 얻은 기분이었다. 빗속에 바라본 기마상은 그날 관광을 뜻있게 마무리한 큰 수확이었다. 그 후 조각상을 대하면 나는 작가의 의도를 헤아려 보는 버릇이 생겼다.

"티무르 광장 이 기마상은 동행이야!"

대제국을 건설하고 다스린 제왕의 동상 주변을 돌며 올려다보았다. 여행은 깊이 각인된 감동의 순간을 회상하게 하는 묘약이다.

브로드웨이 거리

티무르 공원에서 멀지 않은 도보 전용 거리엔 대형 쇼핑센터와 카페가 몰려 있다. 거리에는 선물가게와 화상들이 그림을 전시하고 손님을 기다린다. 지난날 야시장이 열리고 초상화를 그려 주는 화가들로 붐볐던 거리가 지금은 정비되어 깔끔하다. 밤에는 조명이 아름다워 관광객과 시민들의 휴식 장소로 인기가 높다.

타슈켄트 중앙역

하루 낮 시내 구경을 하며 기차역까지 걸었다. 반갑게도 역 2층에 도미토리 숙소가 있다. 외국인은 80,000숨, 내국인은 53,000숨

브로드웨이 거리 조형물(왼쪽) 전시해 놓은 그림들(오른쪽)

타슈켄트 남역(제2역)

이다. 우리는 다음 날 아침 일찍 사마르칸트로 가는 기차를 타야
한다. 70여 일 중앙아시아 곳곳을 둘러보고 이곳에 다시 와서 나
머지 두 지역의 볼거리를 찾을 것이다. 우리는 서둘러 숙소를 옮
겼다. 침대 4개 방을 우리만 사용하라고 한다. 돈을 더 낸 값인가?
아무튼 배려받는 기분이다.

짐을 두고 역 근처를 산책했다. 역사에 들러 확인차 역무원에게
티켓을 보여 주었다. 아이쿠! 우리 기차표는 7km 떨어진 타슈켄트
남역에서 출발한다고 알려 준다. 순간 놀라는 우리를 보고 역무원
은 내일 새벽 40번 시내버스를 타라고 친절하게 가르쳐 주었다.

숙소를 옮기지 않았거나 미리 티켓을 확인하지 않았다면 다음
날 아침 기차를 놓쳤을 것이다. 여행 시작부터 얼마나 당황했을
까? 나는 매사에 확인을 거듭하는 남편을 답답하다고 가끔 불평하
곤 했다. 기차표 사건은 서로의 다름을 인정하고 받아들여야 즐거
운 여행을 할 수 있음을 일깨워 주었다.

사마르칸트 Samarkand

- 우즈베키스탄 2대 도시
- 14세기 티무르 제국 수도, 실크로드 주요 거점 도시
- 사마르는 '안' 또는 '바위', 칸트는 '요새' 또는 '도시'를 의미
- 신도시와 구도시로 구분되며 레기스탄 광장 고도의 중심

이동
- 기차역 광장 3번 버스 승차 → 레기스탄 광장 앞 하차

숙소
- Marvarid Registion Hotel

  주소 Samarkand city, Registion Square, parjakent str 10A

여행 팁
- 타슈켄트에서 당일 여행이 가능하다. 주요 관광지는 거의 한 줄로 이어져 있어 위치 이동이 편하고 시간도 절약된다.

볼거리
1. 시욥 바자르 Siyob Bazaar
2. 레기스탄 광장 Registan Square과 3개의 마드라사
3. 구르 아미르 Gur Amir Mausoleum
4. 루호보드 영묘 Rukhobod Mausoleum
5. 아미르 티무르 동상 Amir Timur Statue
6. 비비하눔 사원 Bibi Khanym Mosque
7. 하즈라트 히즈르 모스크 Hazrat Hizr Mosque
8. 샤히진다 영묘 Shahi zinda Mausoleum
9. 아프로시욥 박물관 Afrosiyob Museum

10. 다니엘 영묘 St. Daniel Mausoleum

11. 울루그벡 천문대 Ulugbek Observatory

사마르칸트 관광지도

비수기의 숙박

타슈켄트 남역에서 8시 50분에 출발한 기차는 낮 12시 사마르칸트역에 도착했다. 3시간 정도 지평선을 따라 달리는 기차에서 평원을 바라보았다. 마른 풀과 사막화한 땅은 건기라 불모지처럼 보인다. 우기로 접어들면 생명의 초원으로 바뀌는 스텝 지역이다. 간간이 허름한 집과 한낮 그늘을 찾아든 소와 양이 보일 뿐 황량하기 그지없다. 창밖으로 끝없는 평원을 바라보니 지난 아프리카 여행의 감동이 떠오른다.

2000년, 새천년이라 세계가 떠들썩했다. 나는 자축 행사로 오랫동안 꿈꿔 왔던 아프리카 여행을 떠났다. 탄자니아에서 킬리만자로 등반과 세렝게티 사파리를 마치고 남아공화국 케이프타운 끝 지점을 찾아 요하네스버그에서 27시간 동안 기차를 탔다. 차창 밖 끝없이 펼쳐진 건기의 사바나는 불모지로 보였다.

그런데 15일 정도 테이블마운틴을 비롯한 케이프타운 여행을 마치고 요하네스버그로 되돌아오는 기차 안에서 나는 자연의 신비를 보았다. '어? 같은 길인데?' 우기에 접어드니 그 넓은 사바나 평원은 초록으로 물들고 예쁜 꽃들이 만발했다. 짧은 기간 꽃을 피워 씨앗을 맺으려 한다.

보름 동안의 변화는 놀라웠다. 죽은 듯 보이던 잡초도 자연의 순리에 따라 임무를 다한다. '대자연을 관장하는 힘! 무엇일까?' 하는 생각이 들었다. 우즈베키스탄의 이 평원도 우기가 되면 생명의 땅으로 변신하겠지!

사마르칸트행 기차에서 바라본 스텝 지역(위) 사마르칸트 기차역(아래)

　유명 관광지답게 사마르칸트 기차역은 크고 깨끗했다. 비수기라 북적이지도 않는다. 역 광장에서 출발하는 3번 버스를 타고 레기스탄 광장에 내렸다. 한낮의 열기가 대단하다. 도로변 작은 호텔은 1인 15달러 정도다. 유명 관광지 숙박료 치고 매우 저렴하다.

　호스텔을 같이 운영하는 큰 호텔에 짐을 풀었다. 비수기라 빈방들이 많았다. 4일간 머문다니 요금을 할인해 준다. 주변에 작은 호텔들이 많아 서로 경쟁인 듯하다. 하루 1인 10달러 정도에 조식이 포함된다. 비수기라 원하는 숙소를 선택할 수 있다. 예약하지 않고 오길 참 잘했다. 레기스탄 광장을 지나 비비하눔 사원과 영묘 근처에도 숙소 간판을 여럿 보았다. 볼거리가 많은 고도 사마르칸트는 곳곳에 다양한 숙소가 많아 여행하기 편하다.

시옵 바자르

나는 새로운 여행지에 도착하면 먼저 바자르 위치를 확인하고 먹거리를 준비한다. 레기스탄 광장 북동쪽에 있는 바자르는 타슈켄트와 비슷하다. 시끌벅적하고 과일과 채소, 견과류가 풍부하다. 자두, 토마토, 오이 등을 샀다. 마치 우리 집 근처 재래시장처럼 마음이 편하다. 야채 샐러드를 만들고 집에서 준비한 누룽지로 저녁을 먹었다.

여행은 자신을 찾아가는 과정

새벽 4시경 잠을 깼다. 전깃불이 나갔다. 알고 보니 전력 사정이 좋지 않아 오전 3시부터 정오까지 공식적인 정전이란다. 아침 식사는 뷔페식이라 했는데 손님이 없어 간단히 차려 주었다. 우유죽과 빵, 과일과 차 정도로 깔끔했다.

오늘은 레기스탄 광장 3개의 마드라사와 티무르 영묘를 보기로 했다. 더운 날씨라 서두르지 않고 공원을 산책하며 여유를 즐겼다.

레기스탄 광장과 마드라사

넓은 광장에 3개의 마드라사가 있다. 계단으로 된 광장이라 관망하기 좋다. 광장을 둘러싼 넓은 공원은 숲과 꽃으로 상큼하다.

레기스탄 광장과 3개의 마드라사

마드라사는 회교권의 옛날 학교인데, 떨어져서 바라보니 사원처럼 보인다. 3개 마드라사를 관람할 수 있는 통합 입장권은 외국인 40,000숨, 약 5달러, 내국인은 20,000숨이다.

3개의 마드라사는 대칭과 조화를 이루며 웅장했다. 청색 타일 문양은 아름답다. 서로 닮은 듯 조금씩 다르다. '직선과 곡선, 또 기하학적 문양은 무슨 의미를 담고 있을까?' 한참 바라보며 그 옛날 장인의 생각을 더듬어 봤다.

마드라사의 작은 방들은 선물가게다. 실크 스카프, 도자기가 주종을 이룬다. "마담! 마담!" 외치며 호객한다. 차 세트가 100달러, 큰 접시가 50달러라는데, 돌아서니 그 값이 점점 내려간다. 살 생각이 없어 흥정을 하지 않았지만 일단 부른 값에서 절반 이상을 깎아야 한다는 것을 알았다.

3개의 마드라사 중 황금 방 중앙 틸랴코리 마드라사는 화려하다. 높은 천장 장식은 마치 왕궁에 들어선 기분이다. 통로에는 박물관처럼 옛 물건을 전시해 놓았다.

39

아미르 티무르 영묘(구르 아미르)

티무르의 고향은 사마르칸트에서 70km 떨어진 샤흐리삽스다. 티무르는 바를라스 부족 출신으로 제국을 건설했다. 투르크족의 침입으로 왕조는 바뀌었지만 그는 여전히 국부로 존경받는다. 영묘는 온통 푸른색 타일 문양으로 장식되었다. 영묘 안 장식은 더 뛰어나게 아름답다. 마치 바닷속 용궁 같다. 이슬람 문화권에서 푸른색은 '영원함' 또는 '하늘'을 의미한다. 그래서 이슬람 사원은 어디나 푸른색 타일로 꾸며져 있다. 티무르 영묘가 유난히 푸르게 보이는 것도 이에 연유한다.

영묘에는 티무르 묘와 그의 아들과 손자 등 가족묘가 안치되어 있다. 인도 타지마할에 비하면 규모는 작지만 허술한 구석이 없는 단아한 건축물이다. 티무르는 죽어서도 제국의 통치자다운 대접을 받는다.

아미르 티무르 영묘

루호보드 영묘

티무르 영묘 근처 작은 사원 같은 이 영묘 주인은 셰이흐 부르한 알딘 사가르다. 그는 살아 생전 신비로운 인물로 칭송받았고 사후 그의 영묘에 '영혼의 거처'라는 '루호보드'를 붙여 부른다. 마당의 유르트는 선물가게다. 티무르 영묘와 달리 관광객이 없어 쓸쓸했다.

아미르 티무르 동상

티무르 영묘에서 센트럴 파크 쪽에 있는 큰 동상이다. 사거리 중심의 동상은 오른쪽에 자신의 영묘를 두고 정면 구시가지 레기스탄 광장을 바라보고 앉았다. 얼마나 큰지 내 키가 그 무릎 아래 절반 정도다. 근처 야외 공연장을 갖춘 사마르칸트 뮤지컬 드라마 극장도 있다. 이 중심거리에 우리나라 삼성 핸드폰 광고판이 높게 섰다. 내 어깨가 우쭐해진다.

비비하눔 사원과 영묘

티무르 왕비 이름을 딴 이 사원은 레기스탄 광장 북동쪽 시욥 바자르 방향에 있다. 외관은 크고 웅장하나 막상 들어가니 보수가 제대로

루호보드 영묘(왼쪽) 유르트 가게의 인형들(오른쪽)

되지 않아 허술하다. 그
녀의 영묘는 길 건너 앞이
다. 타일 장식이 거의 없
는 작은 영묘라 티무르 영
묘와 비교된다. 비비하눔
은 티무르의 아홉 여인 중
가장 총애를 받은 왕비다.
이 사원은 레기스탄 공원
안에 있지만 3개의 마드
라사와 거리가 떨어져 있
어 두 곳을 오가는 미니카
를 이용할 수 있다.

아미르 티무르 동상

숙소가 공원 바로 앞이
어서 저녁을 먹고 편한 차
림으로 레기스탄 광장 야
경을 보러 나섰다. 많은 사람들로 북적였다. 색색의 조명 아래 꼬
마 자동차가 쌩쌩 달린다. 레기스탄 광장의 3개 마드라사는 화려
한 조명으로 낮보다 더 웅장하고 예뻤다.

마침 우리나라 중년 남매 부부 여행 팀을 만났다. 그들은 더위로
8박9일 일정이 힘들다며 우리의 70여 일 일정에 놀란다. 그리고 여
행을 멋지게 한다며 부러워했다. 장기간 배낭여행을 하다 보면 종
종 듣는 말이다. 나이에 비해 씩씩하게 다니는 모습에 대한 칭찬이
라 생각한다.

　　2014년 스위스 루체른에서 인터라켄으로 향하는 열차를 탔다.

이 구간은 알프스 비경으로 소문이 났다. 열차는 우거진 숲과 푸른 초원, 호숫가 아름다운 마을을 지났다. 골든패스 파노라믹 열차라 지붕이 유리로 덮여 있다. 협곡 사이를 아슬아슬하게 지나며 절벽에서 떨어지는 폭포를 자리에 앉아서 보았다. 나는 그 광경을 더 잘 보여 주려고 손자를 안아 올렸다. 이런 나를 옆에서 지켜보던 우리나라 여행객 아주머니 한 분이 자신도 다음에 손자와 여행을 하겠다며 나더러 멋지게 산다고 말했다.

밤늦게 베른행 기차에 올랐다. 나는 낮에 들었던 '멋지다'는 말을 곱씹어 보았다. 남에게 보여지는 내 모습은 겉으로 드러난 활동일 뿐, 정작 나는 지난날의 후회와 회한을 안고 있어 '멋지다'는 말을 웃고 넘길 뿐 인정하지 않았다. 그런데 어둠에 둘러싸인 알프스 산속을 달리는 밤기차에서 '그래! 이 나이에 겁 없이 장기 여행을 하고 있는 것은 분명 멋진 일이야!' 하고 내가 나를 칭찬했다. 아름다운 스위스 알프스에서 나는 나를 인정하는 눈을 떴다. 여행은 자신을 돌아보고 찾아가는 과정이다. 이것이 여행의 가치다.

오랫동안 그려온 중앙아시아 사마르칸트의 야경 앞에서 '멋지다'는 말은 노년기의 내 삶에 용기를 준다.

참! 고마운 배려

하즈라트 히즈르 모스크

레기스탄 광장 북동쪽 볼거리를 찾아 아침 일찍 나섰다. 시욥 바자르 뒤편 다리를 건너니 언덕 위에 현대식 큰 사원 하즈라트 히즈르 모스크가 있고 사람들이 그곳을 향해 줄지어 오른다. 이 언덕은 지난날 실크로드 대상들이 사마르칸트로 드나들던 길목이다. 우리나라 주막처럼 낙타와 대상이 쉬어 가는 유서 깊은 곳이다. 옛 제국 왕궁 아프로시욥 언덕과 연결되기도 한다. 사원 근처 우물가에 사람들이 모여 있다. 대상과 낙타들이 목을 축인 우물이다. 신비의 생명수라는 말에 우리도 물을 흠뻑 마셨다.

사마르칸트 중심 사원인 하즈라트 히즈르 모스크는 평일이지만 신자들로 붐볐다. 언덕 위에 있어 전망대 구실도 한다. 평원에 자리한 사마르칸트 시내가 한눈에 들어온다. 저 멀리 비비하눔 사원과 영묘, 마드라사 등 옛 건축물들이 흘러간 세월 속 제자리에서 고도임을 말한다. 지난날 대상들이 낙타를 몰고 지금 내가 바라보는 지점을 지나다녔다고 생각하니 모든 게 예사롭지 않다. 고도의 맛을 고스란히 간직한 사마르칸트다.

아래층에 기도하는 방이 있다. 입장료를 내라는데 매표소가 보이지 않는다. 머뭇거리니 옆 사람이 선뜻 요금통에 돈을 넣어 준다. 그리고 미소를 지으며 들어가라 한다. 기도방은 약간 신비스럽다. 정성을 다해 기도하는 모습 또한 경건하다. 나도 두 손을 모아 소원을 빌었다. 그리고 조금 전 친절을 베푼 이를 닮게 해달라고 기도했다. 그의 배려는 따뜻한 정으로 중앙아시아 여행에 힘과 용기를 주었다.

샤히진다

하즈라트 히즈르 모스크 남동쪽에 있다. 대상들이 낙타를 몰고 다녔음직한 길, 그 대로를 따라 30여 분 걸었다. 넓은 공동묘지를 지나니 출입구가 번듯한 샤히진다가 나온다. 계단 위 좁은 골목은 푸른 타일 장식이 아름다운 영묘 동네다. 간간이 진흙으로 만든 영묘가

언덕에서 바라본 사마르칸트 구도시(비비하눔 사원과 영묘)

섞여 있어 색의 조화를 이룬다. 관광객들로 붐비는 통로는 마치 이슬람 문화권 민속촌 같다. 각각의 영묘 앞에는 누구의 무덤인지 알 수 있는 작은 표지판도 있다.

골목 끝 지점 Shahizinda-Tink shah XI-XI란 안내문이 있다. 샤히진다는 모하메드의 사촌이자 가까운 동료로 성인 반열에 오른 사람이다. 그는 회교를 중앙아시아에 처음으로 전파했다. 다른 영묘와 비교할 수 없는 규모다. 넓은 홀까지 갖췄다. 빈틈없는 타일 장식이 돋보이는 관을 바라보고 기도하는 사람들이 줄을 잇는다. 나는 의자에 앉아 영묘의 아름다움에 감탄하며 참배객의 간절한 기도 모습에 경건함을 느꼈다. 어떤 소망을 빌고 있을까? 그들의 기도 덕목을 상상하며 잠시 명상에 잠겼다.

울루그벡 천문대를 찾아가는 길에서 만난 당나귀 수레를 타고 가는 소년(왼쪽)
샤히진다 영묘 단지(오른쪽)

샤히진다에서 3km쯤 떨어진 천문대를 찾아 시골길을 걸었다. 먼지가 펄펄 날린다. 마을 골목길로 접어들어 동네 구경도 했다. 마침 당나귀 수레에 앉아 가던 소년이 우리를 보고 손을 흔들었다. 내 어릴 적 외삼촌을 따라 소달구지를 탔던 기억이 떠올랐다. 대상들이 다닌 실크로드 그 길이라 생각하며 걸었다.

울루그벡 천문대

울루그벡(1390~1449)은 천문학자이며 티무르의 손자로 왕이었다. 천문대 입구 태양계 타일 그림을 배경으로 그의 큰 동상이 있다. 계단을 오르니 박물관이 있고, 다양한 천문 관측기구와 도해로 된 전시물들은 한 과학자의 업적을 알기 쉽게 설명해 놓았다. 이곳에서 타슈켄트의 나선형 전망대 건축물 사진을 보았다.

뜰에는 긴 토굴 구조물이 있다. 윗면의 작은 구멍으로 빛이 들어온다. 우리나라 해시계의 원리인 듯하다. 과학자인 동시에 왕위에 오른 울루그벡은 우리나라 세종 임금처럼 많은 업적을 남겼다. 입장료는 외국인 25,000숨, 내국인 10,000숨이다.

다니엘 영묘

다니엘 영묘는 아프로시욥 유적지와 울루그벡 천문대 사이에 있다. 천문대를 둘러보고 사마르칸트 시내로 되돌아 나오는 갈림길에서 표지판을 따라 걸었다. 강물이 힘치게 흐른다. 다리 건너편 언덕 위 작은 건물이 다니엘 영묘다.

유대교, 회교, 기독교는 한 뿌리에서 나온 종교인지라 이슬람인들도 다니엘 영묘를 성지순례지로 찾는다. 단체 순례객들이 영묘 앞에서 기도를 한다. 신앙의 힘과 믿음을 보았다.

영묘 옆 오래된 올리브나무 줄기가 사람들의 손길로 맨들맨들하다. 쓰다듬고 소원을 빌면 이루어진다는 속설 때문이다. 언덕 아래 병을 치유한다는 샘터에도 사람들이 붐빈다. 우리도 나무를 쓰다듬고 샘물을 마셨다.

해질녘 평원 길을 걷다가 낙타 행렬 조형물을 만났다. '이 길로 대상들이 다녔구나!' 그 옛날 아프로시욥 궁전과 사마르칸트를 향해 걸어가는 형상이다. 힘들게 걸어온 대상들이 오아시스를 앞두고 어떤 기분이었을까? 나는 대상이 된 심정으로 잠시 주변을 거닐었다.

아프로시욥 박물관과 고구려 사신 벽화

박물관 정원에 한글로 쓴 '실크로드우호협력기념비'가 우리를 반긴다. 이 박물관에 고구려 사신이 그려진 벽화가 있다. 폐관 시간이 임박해 안내인에게 벽화만이라도 볼 수 있게 해 달라고 부탁했다. **47**

다니엘 영묘(위) 18m 길이의 다니엘 석관(가운데) 아프로시욥 궁전과 사마르칸트로 향하는 낙타상(아래)

선뜻 청을 들어주었다.

그런데 벽화 속 '고구려 사신은 어디에?' 쉽게 찾지 못했다. 벽화는 옛사람의 생활 모습과 전투 장면, 다양한 동식물이 그려져 있다. 안내인은 우리를 영상실로 데리고 가 우리말로 제작된 비디오를 보여 주었다. 옛 제국 왕궁의 규모, 벽화 내용, 사마르칸트 도시 발전 과정 등을 보았다. 그리고 현재 박물관 위치가 바로 옛 궁성터임을 알았다. 뿐만 아니라 박물관에 소장된 전시물들도 영상으로 자세히 보았다.

그런 다음 전시실 벽화 앞에 섰다. 각국 사신들이 제국의 왕에게 선물을 바치기 위해 줄 선 모습과 고구려 사신이 왕을 알현하는 장면이 뚜렷하게 보였다. 고구려 사신은 이 먼 길을 어떻게 왔을까? 당나라 세력을 견제하기 위해 이 나라와 동맹을 맺으러 왔다는데 그 목적을 달성했을까? 대단한 제국이었구나! 벽화를 보며 기록의 중요성을 새삼 느꼈다.

입장료는 25,000숨이다. 폐관 시간이 가까워 티켓 없이 좋은 영상물을 우리말 설명으로 잘 들었다. 나는 허리를 굽혀 고맙다고 인사를 했다. 안내인은 빨리 전시실까지 둘러보고 오라며 손짓을 한다. 박물관의 규모를 알고 싶어 서둘러 한 바퀴 돌았다. 배낭에 넣고 다니던 간식을 내놓으니 그들 또한 흐뭇해한다.

안내인의 친절은 여행객인 나에게 큰 기쁨과 배움을 주었다. 박물관을 알차게 관람한 후 아프로시욥 유적 언덕에 올랐다. 하루해가 넘어간다. 제국의 흥망성쇠가 지는 해와 같고 역사는 강물처럼 흐른다. 화려했던 제국의 궁성터에서 저녁 놀 아름다운 평원을 바라보니, 이 세상 하직하는 날 나에게 의식이 있다면 무슨 생각을 하게 될까? 그 순간을 그려보게 된다.

아프로시욥 박물관 전시실. 고구려 사신 벽화(위)
아프로시욥 박물관 정원의 실크로드우호협력기념비(왼쪽)
아프로시욥 박물관 전경(오른쪽)

고대 유적 아프로시욥 언덕

한 템포 쉬어 가는 여유

3박4일간 사마르칸트를 돌아보고 하루 쉬기로 했다. 비수기라 숙박료도 부담이 없었다. 오전에 공원을 산책하고 카페에서 밀린 일기를 쓰고, 핸드폰 사진 정리도 했다. 오후 사마르칸트 뮤지컬 드라마 극장을 찾으니 공연이 없다.

걸어서 신도시를 구경했다. 호텔 정원에서 결혼식 피로연을 보았다. 서구식 시설에 화려하고 풍족하다. 중앙아시아는 각자의 취향에 맞는 다양한 여행을 즐길 수 있는 매력적인 곳이다. 럭셔리하게 즐기며 휴식을 취할 수 있고 또 절약하는 자유여행도 가능하다.

건기라 비가 내리지 않는다. 해가 지면 스프링클러가 작동하고 긴 호수로 물을 뿌리는 사람의 손길이 분주하다. 공원의 나무는 숲을 이루고 꽃밭은 싱그럽다. 한낮 더위는 기승을 부리지만 해가 기울면 선선하다. 꽃과 나무도 생기를 찾는 저녁, 사마르칸트 여행 마지막 날 밤, 우리는 다시 야경 구경을 나섰다. 불빛 속 분수의 물줄기가 힘차고 시원스럽다.

자연의 섭리는 참 오묘하다. 톈산과 파미르고원 빙하에서 시작된 여러 물줄기는 중앙아시아 남북으로 흐르는 아무다리야강과 시르다리야강을 이뤄 2,500km 이상 흘러간다. 북쪽 시르다리야강은 크질오르다를 거쳐 아랄해로 흘러들고, 남쪽 아무다리야강은 부하라와 누쿠스를 거쳐 아랄해로 흘러가며 중앙아시아 곳곳의 도시 사람들을 살리는 젖줄기다. 지금 내 앞 분수의 물줄기 역시 파미르고원 빙하 물길이 제라프샨강이 되어 아무다리야강으로 흘러들며 이곳 사마르칸트 도시를 살리고 있지 않은가. 중앙아시아 넓은 땅! 악조건에서도 사람이 살아갈 수 있음은 바로 자연의 섭리라 생각된다.

　광장에 삼삼오오 모여 저녁 시간을 즐긴다. 우리도 여유롭게 거닐었다. "안녕하세요!" 60대 아주머니가 지나가는 우리에게 한국말로 인사를 한다. 그리고 경기도 부천 싱크대 공장에서 6년간 일했다며 곁에 있는 가족들을 소개한다. 아주머니는 한국에서 돈을 벌어 지금 편히 살고 있다며 우리를 초대하고 싶단다. 내일 떠난다니 밥과 김치를 대접하고 싶은데 아쉽다며 마치 우리를 친척처럼 대했다. 우리나라 국력 덕분에 그들과 우리말로 이야기를 나누며 야경을 즐겼다. 한 템포 쉬어 가니 몸과 마음이 여유롭다.

부하라 Bukhara

- 6세기 돌궐 제국이 건국
- 사마르칸트에서 300km 떨어진 위치
- 20세기 초 부하라 칸국 수도
- 구시가지 1993년 유네스코 세계문화유산에 등재
- 사마르칸트과 히바의 특징을 지님

이동

- 기차역 광장 (378번 버스 승차) → 시내 사거리 하차 (7번 버스 승차) → 구시가지 입구 라비하우스 앞 하차

숙소

- 라비하우스 근처 작은 호텔 많음
- 라비하우스 길 건너 마을 입구 호스텔과 게스트하우스 다수
- Hotel Yasmin (도로변에 간판이 있음)

여행 팁

- 네 지역으로 나눠서 관광하면 빠뜨리지 않고 보게 된다.

볼거리

1. 라비하우스와 그 주변
2. 칼란 모스크와 그 주변
3. 서벽지구 토성과 그 주변
4. 시토라이 모히코사 및 교외

부하라 관광지도

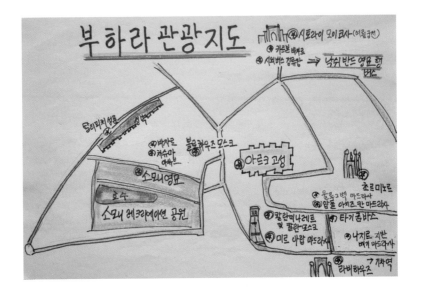

살인적인 더위

길에서 "보크잘(VOKZAL)!" 하고 간단히 물어도 역으로 가는 3번 버스와 정류소를 알려 준다. 12시 50분 부하라행 기차에 올랐다. 좌석도 넓고 간이식탁도 있다. 비수기라 빈 좌석이 많다. 미숫가루와 과일로 점심을 먹고 3시간 정도 차창 밖을 구경했다. 광활한 스텝 지역에 햇살이 쏟아진다. 한낮의 적막함이 평원에 감돈다.

부하라역에 도착하여 대합실에 들어서니 며칠 전 레기스탄 광장에서 만난 남매 부부가 반긴다. 그들은 부하라 여행을 마치고 타슈켄트로 돌아가는 기차를 기다리고 있었다. 우연히 다시 만난 것도 인연이라며 함께 사진을 찍고 메일을 주고받았다. 살인적인 부하라 더위를 조심하라고 한다. 그 후 이들은 귀국하여 차마고도 트레킹을 하고 있다는 소식을 전해 주었다. 여행을 참 좋아하는 베테랑들이다.

역 광장에서 378번 버스를 탔다. 차비는 1,000숨, 우리 돈으로 140원이다. 일직선 도로를 20여 분 달려 사거리 갈림길에서 7번 버스로 갈아타고 구도시 라비하우스 앞에 내렸다. 4일간 머물 숙소를 찾아 주변을 살폈다. 한 집 건너 숙소 간판이다. 쿠바의 카사만큼이나 숙소가 많다. 몇 곳을 둘러보고 가정집을 호텔로 꾸민 숙소를 잡았다. 아침 포함 1인 15달러다. 사마르칸트 숙박비를 말하니 흔쾌히 4일간 2인 80달러라 한다. 비수기 덕을 톡톡히 봤다. 위치도 시설도 편리하고 좋다.

짐을 두고 나서니 거리는 한산하다. 구시가지 돌바닥에서 내뿜는 열기가 대단하다. 남매 부부가 살인적 더위라 할 만하다. 일단 쉬기로 하고 숙소로 되돌아왔다.

마당에 큰 나무 한 그루가 그늘을 만든다. 작은 꽃밭에는 내가 좋아하는 분꽃과 접시꽃이 무더위에 상큼하다. 저녁 때가 되자 구시가지는 낮과 다른 별천지다. 거리는 화려한 야경으로 빛나고 대형 음식점에는 관광객들로 북적인다. '어디 있다가 다들 모였을까?' 놀랍다.

사원과 높은 미나레트 조명이 아름답다. 거리 악사의 연주, 다양한 기념품 가게, 수로 주변에서 휴식하는 관광객과 시민들, 시원한 분수 물줄기 등 이 모든 것이 어우러져 흥겨운 밤 분위기를 연출한다. 부하라의 야경은 이름난 관광지임을 보여 준다. 식당에서 우리나라 여행 팀을 만났다. 그들도 우리의 자유여행을 박수로 응원해 주었다.

다음 날 새벽, 해가 뜨기 전 구도시 구경을 나섰다. 어젯밤 불빛으로 화려했던 모습과는 다르다. 나무 한 그루 없는 광장은 새벽 기운 속에 단아하고 깔끔하다. 햇살이 퍼지자 모스크와 미나레트는 명암을 드러내며 하루를 연다. 숲이 우거진 사마르칸트의 레기스탄 광장과 또 다른 멋이다.

새벽 구경을 마치고 돌아와 푸짐한 과일과 빵, 뜨거운 차, 오믈렛으로 차려 주는 아침을 먹는 호사도 여행의 즐거움이다. 오전에는 쉬고 오후에 카르본 바자르와 그 주변 시토라이 모히코사를 구경할 계획이다. 카르본 바자르는 숙소에서 도보로 1시간 거리다. 라비하우스 앞에서 바자르로 가는 시내버스가 많지만 일단 도시를 파악하기 위해 더위를 참고 걸었다. 가는 길에 아르크성과 볼로하우스 모스크, 이스마일 소모니 공원과 영묘 등 볼거리를 지났다.

흙 속에서 찾은 보석

시토라이 모히코사

카르본 바자르에서 멀지 않은 여름궁전 시토라이 모히코사를 찾았다. 진입로 공사로 먼지가 펄펄 날린다. 휴관도 아닌데 4개의 전시실 문은 닫혔고 관광객도 없다. 딱히 궁전 같아 보이지 않는다. 제대로 손질이 안 된 정원엔 잡풀이 우거졌다. 더운 날씨에 찾아온 보람이 없다.

동네를 가로질러 바자르로 향했다. 본 것이 없으니 발걸음도 무겁다. 지친 다리와 갈증으로 동네 나무 그늘에서 잠시 쉬었다. 우리를 본 노인이 냉수와 컵을 들고 나왔다. 어디를 가도 친절한 사람들을 만난다. 그들과 말은 잘 통하지 않으나 한국에서 왔다니 반기며 과일까지 내놓는다. 마을 사람들과 잠시나마 여유 시간을 가져 헛고생했다는 생각을 날렸다. 여름궁전이 그리 허술할 리가 없다. 인터넷으로 검색해 보니 소장품이 많다.

다음 날 다시 찾았다. 어제와 달리 전시실마다 안내인이 있다. 보수가 되지 않은 서구식 건축 양식의 작은 궁전이다. 전시실 안으로 들어서니 놀랍다. 규모는 작지만 프랑스 베르사유 궁전이나 러시아 상트페테르부르크의 여름궁전을 닮은 장식과 유사한 방들이다. 청동 기마상, 고풍스러운 시계, 다기 세트와 도자기, 카펫과 비단 커튼, 벽면의 초상화, 바닥의 나무 모자이크 등이 뛰어나다. 천장의 아름다운 샹들리에까지 외관과 달리 실내는 궁전답다. 연회실인 듯 큰 방에는 각국에서 수집한 진기한 물건들로 꽉 찼다. 특히 민화가 그려진 일본과 중국의 크고 작은 도자기는 셀 수 없이 많다.

시토라이 모히코사의 하렘

　이 지역은 그 옛날 실크로드 중심지였다. 대상들의 활발한 교역이 이뤄진 곳이 아닌가? 구하려고 작정하면 동서양의 진귀하고 다양한 물건들을 손쉽게 모을 수 있었을 것이다. 황금색 무늬 벽면 장식이 뛰어난 황제와 왕비의 방은 유럽 왕궁 못지않은 중후한 멋을 풍긴다. 그들의 옷과 신발, 장신구 등도 고급스럽고 아름답다.

　후원 연못을 향한 2층 건물은 왕의 여자들이 거처하던 하렘이다. 정원의 누각 또한 앙증스럽다. 파헤쳐진 진입로 공사는 궁전을 새롭게 단장할 기초작업으로 도로부터 확장한다. 머잖아 멋진 여름 궁전으로 다시 태어날 시토라이 모히코사다.

　폐관 시간 즈음에 중후한 신사가 몇 명의 수행원과 함께 들어왔다. 안내인이 앞서 뛰어가 오픈되지 않은 방 자물쇠를 열었다. 나는 조용히 그들의 뒤를 따랐다. 황제의 침실이다. 경찰복을 입은 여자 가이드가 설명을 하고, 안내인은 '출입 금지' 줄까지 치워 줬다. 나는 발소리를 죽이고 가이드가 가리키는 전시물을 보았다. 설명하는 내용을 알아듣지 못하지만 진귀한 것들이다.

잠겨 있던 후원 문도 열렸다. 서구식 고풍스러운 의자가 놓인 넓은 홀이다. 커튼을 걷으니 후원 연못이 훤하다. 2층으로 오르는 계단과 작은 방들은 다양한 무늬의 크고 작은 카펫으로 장식되었다. 왕의 여자들이 거처한 방들답다.

폐관 시간대라 다른 관람객은 없었다. 나는 운 좋게 타이밍을 잘 맞췄다. 구경을 다 끝내고 정중히 인사하니 미소를 지어 보인다. 뒤따르는 나를 개의치 않은 후덕함에 고마워 떠나는 차가 보이시 않을 때까지 손을 흔들었다. 다시 찾은 여름궁전의 감동은 흙 속에서 진기한 보물을 찾은 기분이었다.

카르본 바자르

구시가지 북쪽 카르본 바자르는 종합시장이다. 숙소 근처 작은 마켓도 있지만 나는 재래시장을 찾아 기본 먹거리를 장만한다. 가격도 싸고 물건도 싱싱하다. 현지 상인들과 흥정하며 함께하는 분위기를 즐긴다. 카르본 바자르에서 쌀과 자두, 오이, 토마토 등 푸짐하게 샀다. 바자르 앞 공터는 근교와 시내 미니버스 출발지이고, 대로 건너 큰 버스터미널에서 사마르칸트나 히바 등 장거리 버스가 출발한다. 우리는 9번 버스를 타고 숙소로 돌아왔다.

서벽에서 느낀 애틋한 정

아르크 고성

아르크는 '큰 궁궐' 혹은 '요새'라는 뜻이다. 높이 20m 정도의 성벽은 깔끔하게 복원되어 우람하다. 기원전부터 쌓기 시작하여 9세기쯤

완성되었다. 부하라 칸의 겨울궁전으로 성안에는 모스크, 왕궁, 무기고, 감옥, 마구간 등이 있다. 성곽 둘레는 약 800m다.

우리는 성채 밖을 한 바퀴 돌았다. 크지 않은 성이라 30분 정도 걸린다. 정문과 넓은 광장 주변은 완벽하게 보수되어 있지만 뒤쪽은 속살이 드러나 있다. 굵고 긴 나무를 촘촘히 걸쳐 만든 성채임을 알았다. 입장료는 15,000숨. 성내로 들어서니 간단한 전시물과 안내 영상을 보여 주는 방이 나온다. 대관실 홀은 이슬람 중정처럼 넓다. 계단 위에 놓인 옥좌에서 즉위식을 거행하고 사신을 접견했

아르크 고성 정문(위) 아르크 고성 외벽(아래)

다고 한다.

궁전 내부는 서구의 궁전과 다르다. 흙벽돌을 이용한 단순한 건축으로 정원이 없다. 내실 또한 겨울궁전답게 벽이 두껍다. 여러 방들은 미로처럼 좁은 통로로 연결된다. 방마다 부하라 역사유물을 전시한 박물관으로 꾸몄다. 도자기, 의류, 옛 생활 용품들이 번성했던 칸국의 영화를 보여 준다. 적의 침입을 살피던 전망대는 기념품 가게로 사용되며 부하라 시내를 조망할 수 있다.

여행을 떠나오기 전 이곳을 관람하고 올린 후기를 읽었다. 글을 쓴 이는 아르크 박물관의 전시자료가 빈약하여 볼 것이 없다고 했다. 그래서 나도 별 기대를 하지 않았다. 그런데 와서 보니 아니다. 입장료가 아깝지 않다. 그는 많은 방들을 찾지 못했거나 또 한두 곳만 본 소감을 쓰지 않았을까? 여행은 주관적이다. 놓치고 찾지 못할 수도 있고, 자신의 관점으로 보기 때문에 저마다 느낌과 감동은 다르다. 누가 맞고 틀렸다고 할 수 없다. 타인의 여행 경험은 정보로 활용하는 것이 좋다.

한참 구경하고 있을 즈음 타슈켄트 굴나라 게스트하우스에서 만난 우리나라 젊은 여성이 반갑다고 인사를 한다. 그녀는 우리와 반대 방향으로 여행을 하고 있었다. 타슈켄트에서 비행기로 히바까지 가서 관광을 하고 기차로 부하라에 왔다. 그리고 사마르칸트를 거쳐 다시 타슈켄트에 가서 귀국할 거란다. 20일간 나홀로 씩씩하게 배낭여행을 하는 당찬 여성이다.

볼로하우스 모스크

볼로하우스 모스크는 아르크 고성 앞 대로 건너편에 있다. 부하라 칸이 예배드린 모스크다. '영원함' 혹은 '하늘'을 뜻하는 청색 타일 무늬가 아름답다.

푸른색이 돋보이는 사원 안은 신비스럽다. 에어컨 바람도 시원하다. 바닷속에 들어온 기분이다. 정수기까지 있어 나는 성전 뒷벽에 기대어 느슨하게 더위를 식혔다.

이슬람 성전에는 성물도 성화도 없다. 넓은 홀에 푹신한 카펫이 전부다. 종교가 다른 나는 그들의 기도 모습을 보며 내 나름 묵상을 하고 쉬어 간다. 여자 신도는 없는데 남자 신도는 끊임없이 들어와 기도한다.

한 손에 코란, 또 한 손에 칼이라고 배운 기억을 떠올

푸른빛이 신비한 볼로하우스 성전

린다. 마호메트(570~632)는 계시를 받은 초기 주변의 영토를 확장해 나가며 교세를 넓혔기에 전쟁은 필수였다. 때문에 남성 중심의 종교일 수밖에 없다고 생각된다.

소모니 공원과 이스마일 소모니 영묘

볼로하우스 모스크 가까이 넓은 소모니 공원이 있다. 우거진 숲 사방에 산책로가 있다. 수로가 가로질러 흐르는 공원에는 놀이기구, 호수, 차슈마 아유브, 소모니 영묘 등이 있다. 유적을 구경하고

산책하며 휴식하기 좋은 공원이다. 공원 끝자락에 토성과 성문이 남아 있다.

이스마일 소모니 영묘는 892년에 시작하여 943년에 완공되었다. 중앙아시아에서 오래된 이슬람 건축물 중 하나다. 부하라를 점령한 사만 왕조(874~1005)의 소모니가 부친을 위해 이곳에 지었다. 왕 자신과 그의 자손들도 묻힌 왕족 무덤이다. 몽골의 침입으로 땅속에 잠자다가 1925년에 발굴되었다. 붉은 벽돌 하나로 지은 영묘는 뛰어난 건축물이다. 규칙적인 무늬와 단색의 담백함이 돋보이고 크지 않아 앙증스럽다. 세월이 흘러도 그 단아함을 잃지 않고 견고하게 남아 있어 더 가치있게 보인다.

'아름다움이란 복잡하지 않고 단순하며, 통일된 미로 그만의 독특함을 지닌 것이구나!' 보는 순간 감탄케 한다. 인도의 타지마할도 대칭의 안정감으로 아름답다. 미를 추구하는 마음은 시대를 초월한 인간의 본성이며 미적 안목과 기술은 시공간을 초월한다. 야간 조명을 입으면 또 다른 감동과 생각을 갖게 하리라. 시간을 내어 꼭 다시 와야지!

2014년 32개월 된 외손자와 함께 70여 일간 유럽 여행을 했다. 그때 감동적으로 본 것 중 하나가 에펠탑 야경이다. 낮에 사요궁 앞 멀리서 바라본 에펠탑은 가볍고 날렵한 장신구처럼 보였다. 언덕을 내려와 트로카데로 정원에서 본 에펠탑은 크고 예쁜 장난감처럼 또 다른 느낌이었다. 해질녘 센강 이에나 다리에서 그 크기를 실감했다. 그리고 광장에 도착했다. 탑 아래 받침기둥을 만지며 위를 쳐다본 순간 가벼움에 대비되는 육중함에 숨이 멎는 것 같았다. 에펠탑은 균형 잡힌 거대한 철제 구조물이었다.

나는 주변을 몇 바퀴 돌며 쉽게 자리를 뜰 수가 없었다. 사방이 어두워지자 사람들이 모여들었다. 어느 순간 탑에 불이 켜지자 더러는 샴페인을 터뜨리고 군중들은 환호했다. 축제의 장으로 낮과 다른 광경이었다. 손자는 유모차에서 자다가 환호 소리에 놀라 눈을 떴다. 어린 손자도 불을 밝힌 에펠탑을 보고 "와!" 소리쳤다.

에펠탑은 1889년 프랑스 혁명 100주년 기념물이다. 120여 년 전 철골이 드러난 보기 흉한 건축물이라는 비난을 받았다. 하지만 시대를 초월한 작품으로 이름을 떨치고 있다.

나는 아름답고 거대한 탑을 남긴 에펠의 상상력과 그의 재능에 감탄했다. 교육사상가들은 인간의 능력은 무한하며 그 잠재력을 개발하고 육성하는 것이 교육적 작용이라 한다. 에펠은 자신의 잠재능력을 유감없이 발휘한 사람이다. 하느님은 사랑이시고 공평하신 분! 특별히 에펠만을 아끼지 않으셨으리라. 우리 모두에게 각기 다른 재주와 능력의 씨앗을 주시고 각자에서 맡긴 것이 아닐까? 하루 동안 에펠탑을 여러 지점 다른 방향에서 바라본 시간은 몇 권의 책을 읽은 기분이었다.

여행 후 손자는 가끔 에펠탑을 다시 보고 싶다고 말한다. 잠결에 본 에펠탑의 야경과 그날 밤의 분위기가 깊이 각인된 듯하다. 그때 사 온 작은 에펠탑 모형을 지금도 가지고 있다. 나는 손자에게 주어진 능력을 에펠처럼 마음껏 펼쳐 나가길 기도할 때도 있다. '세 살 버릇 여든 간다'는 속담을 믿고 손자의 영유아기를 놓치지 않으려 떠난 여행이었기에 나 또한 에펠탑 야경 앞에서 보인 손자의 모습을 잊을 수가 없다.

소모니 영묘 앞에서 나는 인간의 능력과 옛 사람들의 미적 감각이 오늘날 못지않다고 생각하며 지난 여행을 떠올려 보았다.

차슈마 아유브

소모니 영묘 근처 작은 건축물이 한창 수리 중이다. 들여다보니 시멘트 가루가 자욱하다. '넓지는 않구나!' 헐어 버린 내부 구조를 알 수가 없다. 차슈마는 '샘', 아유브는 구약성서에 나오는 예언자 '욥'을 말한다. 즉 '욥의 샘'이란 뜻이다.

가뭄으로 고생하는 사람들을 위해 욥이 지팡이로 땅을 치자 물이 솟았다는 이야기가 전해진다. 지난날 실크로드 대상과 낙타들이 쉬어 가며 마시는 물을 저장한 저수조와 13세기 이슬람 지도자의 영묘가 있다는데 수리 중이라 가늠할 수 없다. 이 공사가 끝나면 시원한 물을 마실 수 있을까?

서벽 지역과 토성

서벽 지역이란 볼로하우스 모스크에서 서쪽 공원 끝 지점까지의 넓은 범위를 말한다. 소모니 공원을 포함하여 공원 안 여러 유적들은 서벽 지역에 속한다.

그 끝에 토성이 남아 있다. 우람한 성벽에 성문도 있다. 옛 부하라 칸국이 부흥했던 시절의 흔적이고 실크로드 대상들이 드나든 성문이다. 지금은 방치된 듯 성채에 오르내린 길이 나 있다. 조심스레 오르니 아래서 보는 것과 사뭇 다르다. 성벽은 예상보다 길게 남아 있고 폭도 넓다. 얼마나 많은 사람들이 동원되어 힘들게 쌓았을까? 중국 만리장성처럼 수레가 다녔음직하다. 흙벽돌로 쌓아 진흙을 바르고 나무 막대를 가로 걸쳐 견고하게 만들었다.

하지만 세월 앞에 무너졌다. 오랜 세월 성벽이 겪었을 수많은 사건들을 상상해 보았다. 소리 없이 흐르는 세월은 그 모든 것을 변화시킨다. 오전에 본 깔끔하게 보수된 아르크 성채보다 지난 세월을

서벽 지역 토성

그대로 보여 주는 서벽과 성문에 애틋한 정이 간다. 지는 해를 바라보며 허물어진 성벽 위에서 인생을 생각한다. 서벽은 어떤 박물관의 전시물보다 많은 생각을 불러일으키고 감동을 주었다.

공원 옆 바자르에 들르니 거의 폐장이다. 숙박비를 흔쾌히 깎아준 고마움에 보답하려 닭볶음탕을 만들기로 했다. 식재료와 과일을 샀다. 수박이 7,000숨으로 1달러가 채 안 된다. 장을 보고 9번 버스를 타고 라비하우스 앞에 내렸다. 숙소 간이 주방에서 요리를 했다. 한 상 차려 대접하니 "Good food!" 하며 엄지척한다. 오가는 정에 마음이 편하다.

자유 배낭여행의 장점

　며칠간 구시가지를 오가며 유적들을 대충 보았다. 오전에 다시 체계적으로 살펴보고 오후엔 근교 낙쉬반드로 간다. 자유여행의 장점은 시간에 구애 없이 복습하듯 다시 보고 싶은 곳을 찾아 차근차근 볼 수 있다는 점이다.

라비하우스

　부하라 관광은 라비하우스에서 시작하는 것이 좋다. 구도시 입구 라비하우스는 그 옛날 실크로드 대상들의 숙소였다. 지금은 선물가게다. 도로변에 접해 있어 시내버스 정류장 역할도 한다. 라비하우스는 '연못'을 뜻한다. 밤이 되면 그 주변 연못의 분수가 시원한 물줄기를 뿜어 올리고, 야외 식당에는 여행객들로 붐빈다. 연못가 낙타 조형물은 이국적 풍경을 연출한다.

관광의 시발점인 라비하우스

나지르 지반베기 마드라사

1622년 나지르 지반베기가 세운 이슬람 정통 신학교로 라비하우스 옆 건물이다. 두 건축물은 서로를 돋보이게 한다. 다른 마드라사와 달리 아치형 입구 장식이 특이하다. 코란 경전으로 외곽을 꾸미고 큰 황새 두 마리가 날개를 활짝 펼쳐 태양을 향해 날아간다. '하늘'과 '영원함'을 상징하는 청색 타일 바탕이라 더 돋보인다. 분명 깊은 뜻을 내포한 듯하다. 종교와 학문은 원대하고 영원하다는 것을 나타내려 하지 않았을까? 함축된 의미를 지닌 아름다운 건축물 앞에서 나는 문화와 유물의 가치를 생각하며 이 건축물을 남긴 옛날 장인에게 감사했다.

칼란 모스크

이른 시간 칼란 모스크를 다시 찾았다. 관광객이 붐비지 않는 중정을 한 바퀴 돌았다. 넓은 사원의 아침 공기는 경건함을 자아낸다. 1121년 완공된 칼란 모스크의 칼란은 '웅장하다'는 뜻이다. 중앙

칼란 모스크 중정의 한 그루 나무

돔을 중심으로 사방 288개의 작은 돔이 있다. 그 아래 원주 기둥 208개가 숲을 이룬 회랑이다. 1만여 명 이상 기도할 수 있는 공간은 중앙아시아에서 가장 크다는 말을 실감한다. 현재의 모스크는 칭기즈 칸 침략으로 파괴된 것을 1514년에 재건한 것이다. 나는 많은 사람들이 개인용 카펫에 앉아 기도하는 모습을 상상해 보았다. 작은 방에는 젊은이들이 코란 공부를 하고 있다.

칼란 미나레트

칼란 모스크 앞 광장에 우뚝 선 이 첨탑은 부하라의 랜드마크로 높이는 46m다. 칼란 모스크와 같은 시기에 건축된 것으로 지진 피해를 고려하여 지었다고 한다. 1220년 부하라를 침공한 칭기즈 칸이 높은 미나레트를 올려다보았다. 그 순간 자신의 투구가 벗겨지자 "이것을 허물지 말라"고 한 그의 명령으로 살아남은 건축물이다. 이 대단한 미나레트 또한 중앙아시아에서 가장 높다. 멀리서도 잘 보여 대상들에게 등대 구실을 했다. 지금은 야경이 아름다워 관광객을 불러모은다.

보는 시간대에 따라 미나레트가 다르게 느껴진다. 야경은 화려하고, 새벽 기운엔 단아하며, 한낮에는 웅장하다. 사막의 모래색 벽돌로 매끈하게 올라간 원통형 첨탑은 군말 없는 한 편의 수필이다. 나는 며칠간 유적의 위치를 가늠하는 이정표로 삼았다.

미르 아랍 마드라사

광장을 사이에 두고 칼란 모스크와 마주보고 있다. 16세기에 지어진 이 이슬람 신학교는 1920년 러시아에 편입되기 전까지 중앙아시아 최고 교육기관이었다. 당시 200명이 넘는 학생들이 법과 문학을 7년간 이곳에서 공부했다. 지금은 시험으로 선발된 학생들이 공부한다. 관광객은 들어갈 수 없어 열린 문으로 살그머니 들여다보았다. 청색 타일 장식이 잘 복원된 문화재로 유네스코에 등재된 건축물답다.

칼란 모스크와 칼란 미나레트 그리고 이웃한 미르 아랍 마드라사는 구시가지 중심에 자리한다. 이 세 건축물은 넓은 광장과 함께 부하라 최고의 볼거리다.

타키 굼바스

작은 돔 여러 개로 만들어진 15세기 건축물이다. 실크로드 대상들이 쉬어 가며 정보를 교환하고, 말과 낙타를 빌리거나 관리를 부탁했다. 여행길 경호나 물건 보관 등 도움을 받기도 하고 숙소로 이용한 다목적 시설이다. 지금은 선물가게로 좌판에 다양한 물건들을 차려놓았다. 뜨거운 햇볕을 피해 쇼핑을 할 수 있고, 사방 출입문은 연결 통로로 활용된다. 거리를 두고 바라보니 외형은 가마 형식의 작은 지붕이 오밀조밀한 건축물이다.

보조리 코르드

타키 굼바스 인근에 'Bath house'라는 간판이 붙었다. 이곳은 욕조가 없는 터키식 사우나 시설이다. 사막의 먼 길을 걸어온 대상들에게 피로를 풀기에 더없이 좋은 곳이었다. 굼바스와 함께 대상들의 휴식처인 셈이다. 지난날 부하라에 100여 개가 넘었다고 한다.

실내를 구경하고 싶어 들여다보니 남녀 별도 공간으로 들통에 뜨거운 물을 들고 다니며 안마를 한다. 이탈리아 폼페이 유적에서 본 욕장 내부와 비슷하다. 요금은 1인 15달러. 내리쬐는 태양 아래 골목의 돌바닥 열기 그 자체가 나에겐 사우나지만 '경험 삼아 한 번 해 볼까?' 욕심이 생긴다.

압둘 아지즈 칸 마드라사

1652년 압둘 아지즈 칸의 명에 따라 건립된 이 마드라사는 입구가 화려한 종유석 형태다. 타일 문양도 매우 섬세하고 다양하다. 온 정성을 기울인 건축물이라 절로 고개가 숙여진다. 뛰어난 기술을 겸비한 장인의 솜씨가 아니고서야…. 마주보는 울루그벡 마드라사의 단순함과 대비되어 한층 더 돋보인다.

울루그벡 마드라사

압둘 아지즈 칸 모스크와 마주보고 있는 이 마드라사는 1417년 티무르의 손자 울루그벡에 의해 건축되었다. 입구에는 '학예를 연마

압둘 아지즈 칸 마드라사(오른쪽) 울루그벡 마드라사(왼쪽)

하는 것은 모든 이슬람 남녀의 의무'라는 글귀를 새겨 놓았다. 울루그벡은 왕인 동시에 천문학자로 그의 업적을 사마르칸트 서쪽 천문대에서 보았다. 우리나라 세종대왕이 집현전에서 한글을 창제했듯 울루그벡 역시 이곳에 학교를 세워 후학을 양성했다. 크고 웅장한 옛 학교에 들어서니 울루그벡의 성품과 재능을 알 듯하다.

부러움을 받는 우리나라 국력

낙쉬반드

카르본 바자르 앞 공터 터미널에서 "낙쉬반드!" 하고 물으니 230번 미니버스를 타라고 한다. 1인 1,200숨. 30여 분 넓은 들판 길을 시원하게 달린다. 낙쉬반드는 정비가 잘 된 이슬람교 복합 공간으로 수피즘의 성지다. 수피즘은 절대적인 신 앞에서 어리석은 자아를 깨달아 신과 합일된 경지를 추구하는 교리다. 이를 신봉하는 사람을 수피(sufi)라 한다.

낙쉬반드는 수피 신학을 집대성한 사람이다. 중정의 영묘 앞에는 기도하는 사람들이 모여 있다. 유적지 안에는 묘지와 모스크, 마드라사뿐만 아니라 기도원과 기숙사, 연구소인 듯한 건물들도 많다. 이슬람 교단의 중요한 장소임을 알 수 있다.

주변의 넓은 들판, 잘 가꾼 정원, 작은 호수까지 낙쉬반드는 종교적인 경건함과 평화스러운 분위기를 동시에 느끼게 한다. 나무 그늘에서 쉬고 있는 우리에게 중년 신사가 다가와 인사를 한다. 일곱 살쯤 된 아들과 함께 온 그는 몇 년간 한국에서 돈을 벌었다며 우리말로 자신을 소개했다. 그리고 못사는 나라에 관광을 와 주어

낙쉬반드 순례객의 기도하는 모습(위) 낙쉬반드 영묘 단지(가운데) 낙쉬반드의 연못(아래)

고맙다고 한다. 나는 민망했다. 이곳 사람들은 내가 인지하는 이상으로 우리나라 국력을 높이 평가하고 부러워했다. 종종 한국인과 인증샷을 남기겠다고 우리에게 다가와 사진을 찍자고 청하기도 한다. 30여 년 전 내가 배낭여행을 시작했던 시절에는 상상도 못한 일이다. 국가와 국력의 중요성을 실감한다.

소모니 영묘 야경을 보려고 다시 찾았다. 저녁나절 공원은 상쾌했다. 아직은 이른 시간이라 기다리며 영묘 앞 대리석 바닥에 누웠다. 낮 동안 햇볕에 데워진 바닥은 따뜻했다. 저녁놀에 물든 하늘을 올려다보며 사르르 잠이 들 즈음 영묘에 불이 켜졌다. 소모니 영묘의 야경은 소박하다. 크기와 단아함에 걸맞다고 생각하며 몇 바퀴를 돌았다. 마치 '나 여기 있다!' 영묘 안 소모니의 목소리가 들리는 듯하다.

숙소로 돌아오는 길 아르크 고성도 불을 밝혔다. 성벽에는 대상

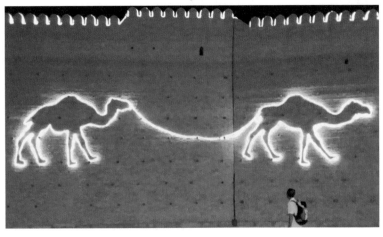

아르크 고성 외벽의 야경

과 낙타 무리가 걸어간다. 낮에는 보이지 않던 네온사인 불빛 그림은 실크로드 여행지임을 실감나게 한다.

숙소에 돌아와 내일 떠날 준비로 빨래를 했다. 새로운 곳을 찾아 떠나는 기대와 흥분! 이 또한 여행의 맛이다.

초르 미노르

부하라 여행 마지막 볼거리는 초르 미노르다. 오후에 히바로 이동하는 날이라 이른 새벽 라비하우스 근처 마을에 있는 초르 미노르를 찾았다. 초르 미노르는 작지만 부하라에서 오래된 건축물로 이름난 볼거리다. 옛날 말과 카펫으로 돈을 많이 번 상인의 개인 소유로 '4개의 탑'이라는 뜻을 지닌 마드라사다. 현재는 선물가게로 쓰고 있다.

상점 안 카펫을 걷으니 탑으로 오르는 계단이다. 입장료를 내란다. 지붕에는 크기와 모양, 장식이 비슷한 4개의 탑이 우뚝하다. 그 중 하나의 탑 위에 두 마리 황새 조형물이 있다.

사람들은 4개 탑이 지닌 의미를 달리 말한다. 상인의 딸 4명을 뜻하며 황새가 있는 탑은 막내딸을 상징한다고

'4개의 탑'이란 뜻의 초르 미노르

하고, 또 동서남북 사방을 나타낸다고도 하며, 더러는 네 가지 종교를 뜻한다고 한다. 정확한 것은 알 수 없다.

마드라사는 교육기관이기도 하지만 대상들의 숙소이기도 했다. 돈을 많이 번 상인이 사회 환원 차원으로 대상들이 편히 쉴 수 있는 공간을 마련하지 않았을까? 이 건축물의 아름다운 4개의 탑은 유네스코 세계문화유산에 등재되었다.

초르 미노르 근처 골목길에 새벽 장이 섰다. 돌아오는 길에 싱싱한 과일과 따끈한 빵, 수제 요구르트를 샀다. 유적 구경도 잘하고, 새벽 장까지 보았다.

며칠간 부하라 구도시를 걷다 보니 방향 감각이 생긴다. 다운타운을 구경할 겸 도심 사거리까지 걸었다. 넓은 도로, 제법 높은 건물과 큰 상가로 부하라 도심을 구경했다. 그곳에서 378번 버스를 타고 기차역에 도착했다.

히바 Khiva

- 아무다리야강 하류 오아시스 지역
- 호레즘 왕국과 히바 칸국의 수도
- 고대 호레즘 역사를 간직한 성벽 마을
- 내성 이찬 칼라와 외성 디샨 칼라 이중 성벽
- 이찬 칼라는 1991년 세계문화유산에 등재
- 사마르칸트의 웅장한 멋과 대조되는 오밀조밀한 매력

이동
- 우르겐치 기차역 광장 19번 버스 승차 → 데흐콘 바자르 하차 → 근처 터미널에서 히바행 215번 미니버스 탑승(30km) → 히바 서문 앞 하차

숙소
- 이찬 칼라 성내 고급 호텔을 비롯 다양한 숙소(B&B, 게스트하우스, 호스텔 등)가 있다.
- 성 밖에도 다양한 숙소가 있다.
- 북문 쪽 Hotel Sobir Arkonchi(조식 포함 1인 15달러)

여행 팁
- 우르겐치 ↔ 히바(교통편 많고 편리함)
- 히바 볼거리는 내성 이찬 칼라에 밀집되어 있다.

볼거리
1. 이찬 칼라 Itchan Kala
2. 서문 Ota Darvoza
3. 무함마드 아민 칸 마드라사 Muhammad Amin-khan
4. 칼타 미노르 미나레트 Kalta Minor Minaret
5. 쿠냐 아르크 Kunya Ark

6. 주마 모스크 Juma Mosque

7. 히바 이슬람 호자 미나레트 Islam Khodja Complex

8. 타슈 하울리 궁전 Tash Khauli Palace

9. 파흘라반 마흐무드 영묘 Pakhlavan Makhmud Mausoleum

10. 디샨 칼라 Dishan Kala

11. 누룰라보이 궁전 Nurullaboy Palace

12. 수학자 무함마드 알 호레즘 동상 Muhammad Al Khorezm

13. 엘리크 칼라 Ellig-Qala

히바 관광지도

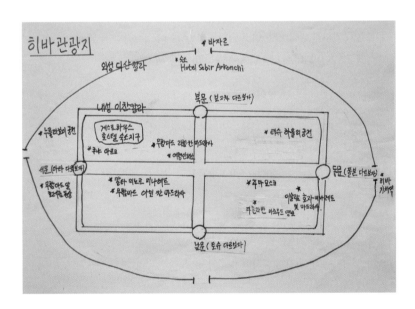

잘 구한 숙소

히바행 열차에 올랐다. 객차에 달랑 우리 부부뿐이다. 기차를 통째로 대절한 기분이다. 나는 차장 밖을 바라보는 기차여행을 좋아한다. 건기라 스텝 지역에는 마른 풀과 모래언덕이 번갈아 지나간다. 우르겐치역이 가까워 오자 놀랍게도 벼가 자라는 논밭이 펼쳐져 있다. 농작물이 자라는 들판은 풍성하다.

오후 5시 30분경 우르겐치역에 도착했다. 지난날 오아시스가 대도시로 탈바꿈된 신도시라 기차역도 크고 도로도 넓다. 이곳에서 히바행 기차는 목요일 오후 7시 25분 일주일에 단 1회뿐이지만 버스 운행은 많다. 역 광장에서 19번 시내버스를 타고 데흐콘 바자르에 내렸다. 근처 버스터미널에서 히바행 버스가 수시로 떠난다. 차비는 12,000숨. 들판 길을 약 30분 달렸다.

히바로 가기 위한 경유지 우르겐치 기차역

히바는 유명한 관광지다. 이찬 칼라 서문 앞에 숙소 호객꾼이 많다는 정보와 달리 조용했다. 서문 앞 작은 호텔이 1인당 35달러. 예상밖의 가격이다. 그럴 리가?

근처 숙소를 찾아 나섰다. 지나가는 사람이 한적한 쪽을 가리킨다. 서문에서 조금 떨어진 이찬 칼라 북문 근처에 방이 40개가 넘는 대형 Sobir Arkonchi 호텔이 있다. 로비에서 1인 15달러라 한다.

그때 호텔 앞 냇가 침상에 앉은 노인이 우리에게 손짓을 했다. 풍채 좋은 호텔 주인 할아버지가 "어디서 왔느냐? 며칠간 묵겠느냐?" 등등을 물었다. 5일간 머물겠다고 하니 두 사람 100달러라며 덤으로 10달러 할인해서 90달러에 아침도 주겠다고 한다. 로비 직원이 그럴 수 없다고 하자 도리어 야단을 쳤다. 예상치 못한 상황에 내가 도리어 민망했다. 할아버지는 예약도 않고 찾아온 손님이라 대접한단다. 세상에 이런 일도 있나? 조금은 얼떨떨했다.

안내된 방에 들어서자 홀이 딸린 큰 방에 욕실도 따로 있다. 하루 70달러짜리 호텔보다 더 좋은 시설이다. 위치도 이찬 칼라 북문 바로 앞이다. 비수기라 손님이 우리뿐인 듯 조용하다. 히바 여행이 공짜와 다름없다. 예상밖의 비수기 싼 가격으로 좋은 숙소를 찾게 되어 이 또한 행운이고 즐겁다.

친절한 호텔 주인 할아버지

새벽 산책을 나섰다. 주인 할아버지가 호텔 마당에 물을 뿌리고 있다. 나는 얼른 양동이를 받아 냇물을 퍼 오고, 남편은 비질을 했다. 숙박비를 흔쾌히 깎아 준 데 대해 보답하고 싶었다.

청소를 마치자 할아버지는 집 구경을 시켜 주겠다며 우리를 이끌었다. 호텔 로비 벽에 걸린 사진 속 가족들을 소개했다. 이 나라 대통령과 함께 찍은 부친과 자신의 젊은 시절 사진 앞에서 환한 얼굴로 설명을 했다. 지난날 이 호텔이 히바에서 최고였다고 한다. 어쩔 수 없는 변화 앞에서 잊혀지지 않는 그 시절을 그리는 듯했다. 현재 히바에서 가장 큰 최신식 호텔이 바로 이웃에 있고, 그곳에 만국기가 펄럭였다.

가족들이 생활하는 별채, 장미꽃이 활짝 핀 정원, 포도송이가 주렁주렁 열린 넓은 후원으로 데리고 다니며 자신의 호텔 경계를 가리킨다. 아주 넓은 대지에 큰 2층 건물이다. 식구들이 나오니 인사를 시키고, 8시에 아침을 먹는다며 식당도 보여 주었다. 예식장 피로연 장소처럼 넓은 홀이다. 할아버지는 우리를 가족처럼 대한다. 숙소를 참 잘 구했다.

히바의 옛 도성

5일간의 히바 여행이라 서두르지 않아도 된다. 아침을 먹고 이찬 칼라 서문으로 갔다. 한국말을 유창하게 하는 가이드를 만났다. 그는 몇 년간 우리나라에서 일을 했다며 가이드가 필요하면 연락하라고 전화번호를 적어 주었다.

우리는 잘 보수된 이찬 칼라 성곽 밖을 한 바퀴 돌며 옛 도성의 크기를 가늠했다. 동서남북 사방에 성문이 있다. 관광객이 드나드는 서문은 정문 격이다. 그 외는 성안 주민의 통행로라 티켓이 필요 없다. 남문과 북문으로 자동차가 드나든다.

이찬 칼라 성벽 남문 쪽(위) 이찬 칼라 골목길. 정면 건물은 인포메이션(아래)

오후에 이찬 칼라 북문으로 들어갔다. 바로 민가가 모여 있는 지역으로 골목길 포장공사가 한창이다. 현재 주민들이 살고 있는 동네도 유적과 이어져 있어 구분이 확실치 않다.

그곳 민가를 호스텔과 게스트하우스로 운영하는 간판이 한 집 건너 붙었다. 비수기라 빈방이 많고 1인 15달러 정도다. 골목으로 연결된 이찬 칼라 전체가 박물관 같다. 길눈이 어두운 나는 걷다 보면 "또 여기네!" 몇 번을 돌아도 위치 파악이 어렵다.

옛 건축물 중 더러는 선물가게와 고급 식당, 카페와 호텔 등으로 이용한다. 마드라사를 호텔로 사용하는 곳에 들어가 보았다. 작은 방을 객실로 꾸몄다. 문화재를 현대식 시설로 바꿔 요금은 방 하나 1일 60~80달러 정도다. 룸은 두꺼운 벽으로 외부 기온을 차단하니 자연 냉방되어 시원하다. 옛 정취를 느끼며 휴식을 즐기는 이찬 칼라 숙소는 관광의 백미다.

'Old Bukhara' 간판이 붙은 고급 레스토랑의 외관은 성채처럼 보인다. 살그머니 들어가 보니 호텔 뷔페식 대형 식당이다. 유적을 잘 활용하여 관광 수입을 올리는 이찬 칼라는 역사성을 지닌 고도인 동시에 오늘날 삶의 현장이다.

나무가 없는 돌길과 유적들이 내뿜는 열기는 대단하다. 일 년 중 가장 더운 칠라(Chilla) 기간이라 관광용 낙타도 맥을 못 추고 주저앉았다. 나는 더위를 피해 나무 그늘에서 잠시 쉬었다. 마침 와이셔츠 차림의 신사로 변신한 호텔 주인 할아버지가 우리를 부른다. 알고 보니 이찬 칼라에도 할아버지의 호텔이 있고, 그 옆 공터에 대형 레스토랑을 짓고 있었다. 잠시 후 포크레인 기사가 오자 돈다발을 건넨다. 할아버지는 관광객이 늘어남에 대비한 투자라 한다. 나 또한 앞으로 많은 관광객들이 이곳을 찾을 것이라 예상된다.

사전 조사와 달리 와서 보니 여행하기 편하다. 번거로운 '거주증'도 없어지고 치안은 안전하다. 아직은 물가도 저렴하다. 더하여 실크로드 역사와 이슬람 문화 그리고 파미르고원이 있는 중앙아시아의 자연 등 매력적인 여행지다. 가는 곳마다 개발 공사 현장이 이를 대변한다.

저녁을 먹고 야경을 보러 나섰다. '어라! 불빛이 없네!' 높은 미나레트 몇 곳에만 불이 켜져 있다. 주민들이 생활하는 성이라 화려한 조명은 없다. 야외극장에는 영화가 상영되는데 보는 이는 몇몇뿐이다. 이름난 히바 관광지 야경은 부하라나 사마르칸트의 화려하고 북적이는 분위기와 사뭇 다르다. 관광지의 분위기는 관광객이 만드는 것 같다.

이찬 칼라 볼거리

이찬 칼라 구경은 무료다. 하지만 역사적인 유적 왕궁, 박물관, 모스크, 미나레트 등은 입장료가 있다. 2일간 유효한 통합 입장권(1인 150,000숨, 약 17.5달러)을 샀다. 비싼 만큼 알뜰히 봐야지.

이찬 칼라 성벽 구조

쿠냐 아르크

서문으로 들어서면 바로 왼쪽에 높은 벽으로 둘러싸인 쿠냐 아르크는 '오래된 궁전'이라는 뜻이다. 17세기 성벽에 붙여 지은 보루다. 그 후 알라울리 칸에 의해 궁전으로 바뀌었다.

궁전 내부는 사방 벽으로 적의 침입을 막는 구조다. 칸의 집무실, 하렘, 마구간, 무기고, 막사, 모스크, 감옥 등이 있다. 왕을 알현하는 쿠리니쉬 호나는 옥좌가 놓여 있고 홀 전체가

이찬 칼라 남문(위) 이찬 칼라 성벽 아래 무덤군(가운데) 이찬 칼라 성곽에서 바라본 옛 왕궁 쿠냐 아르크와 칼타 미노르 미나레트 그리고 무함마드 아민 칸 마드라사(아래)

푸른색 타일로 꾸며져 화려하고 아름답다. 왕궁의 많은 방들은 도자기류와 옛 생활 모습을 알 수 있는 전시물로 박물관 같다. 멋진 일몰 광경을 볼 수 있는 망루에 오르니 내성 이찬 칼라와 외성 디샨 칼라, 또 그 너머 히바 도시가 한눈에 들어온다.

무함마드 아민 칸 마드라사

히바의 보물로 알려진 무함마드 아민 칸 마드라사는 엘리트 신학생 기숙학교였다. 현재는 100개가 넘는 옛 교실을 호텔 룸으로

무함마드 아민 칸 마드라사, 현재는 고급 호텔이다(위). 이찬 칼라 내 구시가지(아래)

개조한 고급 숙소다. 2층 난간 의자에 앉아 넓은 중정을 내려다보니 얼마나 공들여 지었는지 알 만했다.

칼타 미노르 미나레트

푸른 타일 장식의 미완성 탑인 이 미나레트는 1852년에 착공하여 3년간의 공사로 26m 높이에서 중단되었다. 기단부 직경은 14.2m다. 완성되었더라면 얼마나 높아졌을까?

미완성으로 남게 된 이야기가 전해진다. 당시 무함마드 아민 칸은

미완성의 탑 칼타 미노르 미나레트 야경(위) 무함마드 라힘 칸 마드라사 야외 전시물(아래)

높은 미나레트를 지어 약 450km 떨어진 부하라를 감시하려 했다. 이 사실을 부하라 칸이 먼저 알고 기술자를 매수하여 공사를 중단시켰다. 화가 난 아민 칸이 기술자를 죽이자 탑은 미완성으로 남았다. 미완성이라 더 애틋해 보인다. 윗부분의 작은 다리는 아민 칸 마드라사와 연결되어 두 건축물은 한 세트 같다.

무함마드 라힘 칸 마드라사

넓은 광장을 사이에 두고 쿠냐 왕궁 맞은편에 있는 이곳은 1876년 무함마드 라힘 칸의 명에 의해 건축된 신학교다. 현재는 역사박물관으로 4개의 전시실이 있다. 전시실에는 다양한 장신구와 도자기, 의류와 무기 등 옛 생활 용품과 히바의 역사를 알 수 있는 사진 자료들이 있다. 2층 작은 방들은 옛날 교실이다. 입구에는 야외 박물관처럼 옛 생활 도구를 전시해 놓았다.

타슈 하울리 궁전

동문 근처 알라쿨리 칸이 1838년에 완공한 이 궁은 이찬 칼라를 대표하는 두 개의 궁전 중 하나다. 좁은 골목 높은 벽으로 둘러싸여 외관상 궁전 같지 않고 성내의 이중 성 같다.

타슈 하울리는 '돌마당'을 의미한다. 안으로 들어서니 정원이 없는 돌마당으로 사방이 막혔다. 2층 난간에서 안뜰을 내려다보는 구조다. 마당에는 단을 설치하여 그 위 유르트는 왕의 휴식처로 사용했다. 왕궁 내 벽과 천장, 문 등은 섬세한 조각과 장식으로 빈틈없이 꾸며졌다. 보수가 완벽하지 않아 빛이 바랬지만 지난날 화려한 궁의 면모를 지녔다.

크고 작은 방이 163개. 방 구조는 보안을 위해 미로처럼 연결되고

타슈 하울리 궁전 내 유르트(위) 궁전 안 마당(가운데) 왕의 침실(아래)

특이한 양식의 주마 모스크. 212개 나무 기둥과 지붕 채광

옛 생활을 재현한 방과 왕의 침실도 창문 없이 단순한 공간이다. 연결 통로에는 박물관 형식의 옛 물건들을 전시해 두었다. 수레와 마차바퀴, 건축물 기둥 등 그 시대 생활과 문화를 엿볼 수 있다.

주마 모스크

10세기에 건립 후 재건 공사를 거쳐 오늘날의 모습을 갖추었다. 주마 모스크는 외관상 사원 같지 않다. 212개의 나무 기둥은 어느 방향에서 보아도 일직선으로 질서정연하다. 이슬람 성전 돔 대신 천장에 뚫린 공간으로 빛이 들어온다. 그 아래 작은 정원에는 몇 그루의 나무가 자란다. 넓은 실내에 비해 작은 제단 등 여지껏 보아온 모스크와 너무 다르다.

파흘라반 마흐무드 영묘

이 영묘는 주마 모스크 뒤편에 있다. 마흐무드(1247~1325)는 시인이자 철학자였다. 17세기 그의 무덤이 있던 곳에 새로이 영묘를

파흘라반 마흐무드 영묘 입구(왼쪽) 타일로 장식된 파흘라반 마흐무드 영묘 내 무덤(오른쪽)

세웠다. 이찬 칼라 내의 여러 유적과 달리 아주 화려하다. 통합 입장권 외에 별도 요금을 내고 영묘 안에 들어서자 놀라웠다. 특히 마흐무드의 영묘는 방 전체가 청색 타일로 빈틈없이 꾸며졌다. 많은 참배객들의 기도 모습까지 더해져 신비로움을 자아낸다. 실내에는 마흐무드의 영묘 외에 또 다른 영묘도 몇 있다.

파흘라반 마흐무드는 히바의 수호성인으로 존경받는다. 건장하고 힘이 센 장사였기에 이곳 우물의 물을 마시면 몸과 마음이 건강해진다는 말이 전해진다. 결혼한 신랑 신부는 이곳에 들러 건강과 행복을 기원한다. 우리도 물을 마실 수 있을까? 기대했지만 건기여서 물이 나오지 않았다. 영묘 밖에는 무덤이 여러 기 있다. 옛날 성내 묘지 지역이 아니었을까 싶다.

이슬람 호자 미나레트와 마드라사

이 미나레트와 마드라사는 1910년 히바의 마지막 칸 대신인 이슬람 호자가 건축했다. 이찬 칼라 유적 중 가장 최근에 지어진 건축물이

전망대 역할을 하는 호자 미나레트

다. 미나레트는 지름 9.5m, 높이 45m로 전망대 구실을 한다.

이슬람 호자 미나레트와 마드라사 사이 좁은 계단을 이용하여 탑 안으로 들어가면 95개 가파른 계단을 오르게 된다. 중간중간 탑의 작은 구멍으로 빛이 들어오지만 전체적으로 어두워 조심해야 한다. 탑 위에서 이찬 칼라 유적과 멀리 히바 전경을 볼 수 있다. 미나레트와 마드라사는 한 세트로 통합 이용권으로 입장한다.

이찬 칼라 안내소에는 다양한 관광자료가 많다. 안내지도로 볼거리의 위치를 파악하고, 다양한 선물가게 구경도 재미있다. 민속의상을 입고 사진 촬영에 응해 주고 거리에 옥좌를 두어 앉아 볼 수 있도록 배려한다. 이찬 칼라 골목과 거리 전체가 볼거리다.

호자 미나레트 인근에 의료박물관도 있다. 이 나라 의료 발전 과정을 알 수 있는 의료기구들과 서적, 약재 등 의료활동 전반을 이해할 수 있다. 옛 유적을 활용한 전시실이라 자연 냉방되어 시원하게 여러 방을 차례로 관람할 수 있어 좋다.

걷다 보니 기념관도 있다. 이 나라 대통령의 업적과 여러 국가 정상들과의 회담 장면을 사진으로 보여 준다. 반기문 유엔총장

사진도 있다. 넓지 않은 공간이지만 이 나라의 정치, 외교의 단면을 짐작해 볼 수 있다.

성곽 걷기

세벽 일출을 보기 위해 숙소에서 가까운 북문 성벽 위에 올랐다. 일본 단체 여행객들도 나왔다. 평원에 떠오른 태양이 하루를 연다. 그 순간은 장엄하다. 아침 햇살이 퍼지는 이찬 칼라 유적들을 바라보며 잠시 성곽을 걸었다.

아침을 먹고 둘레가 2km 되는 토성 성곽 위를 한 바퀴 돌기로 했다. 성곽 높이는 대략 8~10m, 폭은 4m 정도다. 어느 구간은 보수가 진행 중인 곳도 있지만 전체적으로 잘 정돈되어 있다.

성곽을 걸으니 어제 걸었던 성안 골목길과 많은 유적들이 한눈에 들어온다. 동서 400m, 남북 650m 이찬 칼라에는 왕궁, 높은 미나레트와 모스크, 마드라사 등 50여 개의 유적이 여기저기 우뚝하다. 그리고 250여 채의 민가들이 성곽 아래 자리 잡고 있다. 성밖 저 멀리 외성 디샨 칼라 지역과 그 너머 히바 도시를 조망할 수도 있다. 걷다 보니 가까이 있던 것이 멀리, 또 보이지 않던 것이 바로 눈앞에 나타난다. 성곽 걷기는 참고서로 공부하는 기분이다.

나는 크로아티아의 두브로브니크 성채와 비교하며 걸었다. 4개의 성문, 관광객을 위한 다양한 숙소와 선물가게, 옛 유적 박물관, 왕궁, 성전 등은 같은 요소다. 둘 다 이름난 관광지다. 단지 유럽과 중앙아시아의 역사와 자연환경, 기후, 문화, 종교의 차이가 있을 뿐 성채의 기능과 목적, 옛 흔적 또한 같다. 차이점은 두브로브니크성은

이찬 칼라 북문 성곽에서 바라본 일출 광경(위) 이찬 칼라 성벽 걷기(아래)

많은 사람들과 어울려 바다와 접한 풍광에 감탄하며 걸었는데, 이
곳은 남편과 둘이 평원을 바라보며 걸었다.

디샨 칼라 볼거리

히바는 옛 도성 이찬 칼라를 중심으로 사방 뻗어나간 평원의 도시
다. 외성 디샨 칼라가 축조되면서 이찬 칼라는 내성이 되었다. 디샨

칼라의 둘레는 약 6km다.

성벽은 허물어지고 성문만 복구되어 옛날 그 자리를 지키고 있다. 북쪽 디샨 칼라는 히바 호텔과 내가 묵고 있는 숙소, 바자르 방향으로 주택가와 상가가 형성되었다. 남쪽 디샨 칼라 지역은 조용한 주택 지역과 넓은 들판이 보인다. 그리고 서쪽 디샨 칼라는 서문 밖 지역으로 관광지 편의 시설들이 모여 있다. 다양한 숙소와 상점, 크고 작은 음식점, 넓은 공원이 있다. 그리고 몇 곳의 볼거리를 찾았다.

디샨 칼라의 미나레트

누룰라보이 궁전

이찬 칼라 서문에서 가까운 이 궁전은 도로변 담장으로 둘러싸였다. 보수 중이라 특별히 볼거리를 찾지 못했다. 실내 넓은 홀은 만찬장인 듯 궁전 전체를 보수하니 가늠할 수가 없다. 이곳을 보니 히바의 관광은 이찬 칼라가 전부라는 말을 알겠다.

수학자 무함마드 알 호레즘 동상

이찬 칼라 서문을 나서면 무함마드 알 호레즘 좌상이 있다. 그는 히바 출신으로 제로(0)의 개념을 처음 도입한 뛰어난 수학자였다. 오늘날 알고리즘이라는 수학 용어도 그의 이름에서 유래되었다니, 그 명성을 짐작할 만하다.

기념광장의 어머니상

서문 앞 공원 기념탑 아래 어머니상이 있다. 전쟁에 나간 자식을 걱정하는 어머니 모습이다. 동서고금을 막론하고 '어머니'란 단어만큼 변함없는 애정과 따뜻함을 내포한 말은 없을 것이다. 다소곳이 앉은 어머니상 앞에서 나 자신을 돌아보니 한없이 부끄럽다.

어린이 놀이공원

넓은 숲속 놀이공원에 아이들 소리가 시끌벅적하다. 우리나라 대공원 시설에 비하면 한참 뒤져 보이는데, 그래도 신나게 노는 아이들 표정은 같다. 중앙아시아를 여행하는 동안 곳곳마다 크고 작은 놀이동산을 많이 보게 된다. 나라가 젊다는 증거다.

내성 동문 밖 디샨 칼라는 지난날 장이 서고 사람들이 모여 살던 지역이다. 지금은 옛 이슬람 모스크와 영묘, 높은 미나레트는 복원공사로 먼지가 자욱하다. 도로를 직선으로 넓히고 그 주변에 상가가 형성된다. 거리에는 꽃길을 조성하여 어린 나무를 옮겨 심는다. 기차역으로 가는 도중 외성 성벽 일부가 복원되어 깔끔하다. 성문 위 전망대에 오를 수도 있다. 멀지 않은 기차역은 크고 광장 또한 넓게 조성되었다. 동쪽 디샨 칼라 지역은 새로운 신도시로 건설하고 있다. 몇 년 후 다시 오면 어떤 모습일까?

1996년 딸과 함께 인도를 한 달간 여행했다. 성녀 마더 테레사가 생존해 있던 시절 콜가타는 영화 '시티 오브 조이'보다 더 비참하고 열악했다. 매연이 꽉 찬 도로에는 고물차들이 경적을 빵빵 울렸다. 터질 듯 버스에 사람들이 매달리고 그 복잡한 거리에 소들이 어슬렁거렸다. 차들은 곡예하듯 소를 피해 달렸다. 빼빼 마른 노인이 릭샤에 뚱뚱보 손님을 태우고 맨발로 힘겹게 끌면서도 해맑은 눈동자로 웃음을 잃지 않았다. 바라나시 강변 카트장에는 종일 시신을 태우는 연기가 피어올랐다. 마치 고달픈 생을 마감하고 다음 생을 그리며 훨훨 하늘로 올라가는 영혼의 춤으로 보였다. 당시 엘로라 석굴은 방치된 듯 입장료도 없었고, 아잔타 석굴의 벽화도 적은 입장료로 보았다.

그 몇 년 후 두 아들과 남편의 가이드가 되어 다시 인도를 찾았다. 새롭게 변신한 발전상을 보았다. 관광객을 위한 시설이 정비되고 여행비는 몇 배로 껑충 뛰었다. 이에 비례하여 사람들의 순박함도 얕아졌다. 또 그 몇 년 후 나 홀로 인도 여행에서는 비싼 유적지 입장료 때문에 관람을 망설였다. 바가지 요금에 신경을 쓰다 보니 여행의 즐거움을 놓쳤다. 같은 여행지 인도에서 발전의 정도에 따라 매번 다른 느낌을 받았다. 그리고 변화의 양면성을 보았다. 내게 어느 때의 인도 여행이 좋았느냐고 묻는다면, 단연 조금 불편해도 순박함이 깃든 첫 여행을 꼽을 것이다.

할아버지가 포크레인 기사에게 돈다발을 건네는 모습이나 디샨칼라 동쪽 지역의 개발 현장이 마냥 좋게만 보이지 않는다. 나는 바란다. 호레즘 문화를 지닌 옛 실크로드 영광을 잃지 않기를…. 어둠이 내리는 길을 이런저런 생각을 하며 숙소로 돌아왔다.

빵 만들기 체험

더위가 기승을 부려 하루 쉬기로 했다. 밀린 일기도 쓰고 빨래도 했다. 바삐 움직이다가 느슨하게 즐기는 여유는 자유여행의 매력이다. 점심 겸 저녁을 준비하러 식당에 내려가니 가족들이 모여 빵을 만든다. 숙성시킨 밀가루 반죽에 다진 양고기를 넣어 큰 만두처럼 빚기도 하고, 단백하게 무늬만 찍어 구워 낸다. 나도 팔을 걷고 거들었다.

숙소 뒷마당의 빵 가마(위) 친절한 숙소 식구들(아래)

뒷마당에 큼직한 항아리처럼 생긴 흙가마가 있다. 불에 달군 안쪽 면에 물을 뿌리고 만든 것을 착 붙인 뒤 뚜껑을 덮는다. 얼마간 시간이 지나자 노릇하게 잘 구워진 빵이 되었다.

가족들이 둘러앉은 식탁에 나도 끼워 주었다. 즉석에서 먹는 따끈한 빵은 고소하고 부드럽다. 특히 양고기를 넣은 빵은 맛있는 영양식이다. 할머니만 계셨더라면 참 다복한 할아버지다. 예상치 않았던 빵 만들기는 즐거운 체험이었다. 남편 몫까지 챙겨 주어 저녁은 빵과 수박으로 해결했다.

5일간 할아버지의 과분한 호의로 히바 여행을 편하고 재미있게 마쳤다. 짐을 챙겨 나오니 주인 할아버지가 다시 오라고 한다. 다음에 손자 손녀를 데리고 오겠다고 했지만 기약할 수 없는 일, 헤어짐이 섭섭했다.

이찬 칼라 서문에서 우르겐치행 전차를 탔다. 버스보다 느리지만 차비가 싸서 현지인들이 많이 이용한다. 승객들은 나에게 말을 걸고 한국에서 왔다니 함께 사진을 찍고 차비까지 내준다. 말려도 손님 대접이란다. 히바 여행은 우르겐치에서 차를 바꿔 타야 하기에 교통편을 걱정했는데, 와서 보니 시내버스 타듯 이동이 아주 편리했다.

누쿠스 Nukus

- 우즈베키스탄 자치공화국 수도 (6대 도시)
- 아무다리야강이 아랄해로 흘러가는 길목 도시
- 아랄해 관광 기점 도시
- 서부 버스터미널 무이나크행 출발지

숙소

- Jipek Joli Inn (Jipek Joli 4, Nukus 230103)
  전화 +998-90-727-55-00

여행 팁

- 누쿠스에서 무이나크 당일 관광이 가능하다. 하루 1회 왕복 미니버스 아침 9시
  출발, 오후 3시 되돌아 나온다. 1인 편도 15,000숨.

볼거리

1. 무이나크 Muynak
2. 아랄해 Aral sea
3. 사비츠키 박물관 Savitsky museum

여행에는 실수가 없다!

히바에서 기차로 3시간을 달려 누쿠스역에 도착했다. 이곳은 아랄해를 보기 위해 들른 곳이다. 아랄해가 있는 무이나크까지 다시 버스를 타야 한다. 교통편을 완전히 파악하지 못한 채 일단 역광장에서 무이나크행 버스터미널로 가는 8번 버스를 탔다. 차에 오르니 옆 좌석 할머니가 친절하게 자기 집이 무이나크행 터미널에서 가깝다며 같이 가자고 한다. 우리 모습과 비슷하여 혹 고려인인가 하는 생각이 들었다.

도심을 벗어나 시 외곽 서부 버스터미널에 도착하니 할머니는 또 다른 차를 타야 한다며 급히 미니버스에 올랐다. '왜 타지?' 조금 의아했지만 의심하지 않았다. 20여 분 들길을 달려 시골 작은 터미널에 도착했다. 내 여행 가방을 보고 택시 호객꾼들이 우르르 몰려왔다. 무이나크행 버스 타는 지점을 물었더니 잘못 왔다며 막차가 떠나기 전 되돌아가라고 한다.

아뿔싸! 그제야 잘못되었음을 알았다. 할머니는 내일 아침 무이나크로 가는 택시를 잡아 주겠다며 딴소리를 한다. 실랑이할 틈도 없이 시동이 걸린 막차에 급히 오르니 가방 요금까지 내라 한다.

되돌아 나온 터미널은 이미 매표 창구와 주변 가게문이 닫혀 한산하다. 허둥대는 우리에게 한 아주머니가 내일 아침 무이나크행 버스가 이곳에서 출발한다고 말해 주었다.

문제는 어둡기 전에 숙소를 찾는 일이었다. 시 외곽이라 누쿠스 시내로 나갈 수도 없어 난감해하자 한 아주머니가 길 건너 가게로 우리를 데리고 갔다. 그리고 가게 주인에게 우리 사정 이야기를 하며 숙박을 부탁했다. 나는 얼른 이틀치 숙박비를 내놓았다. 가게 주인은 OK! 이층 방은 넓고 깨끗했다. 할머니를 믿고 따라갔다가 낭패를 당할 뻔했지만 결과적으로 일이 잘 풀렸다. 내일 아침 길 건너 터미널에서 버스를 타면 되고, 무이나크에서 돌아온 늦은 시간의 숙소도 해결되었다.

여행에는 실수가 없다! 최선책을 찾겠다는 용기만 있으면 여행지에서 일어나는 문제는 해결된다. 어떻게 대처하느냐에 따라 또 다른 경험을 할 뿐이다. 나를 속인 할머니는 내 여행 경험을 살찌워 준 것이다.

상쾌한 아침이다. 바로 앞 터미널에 나가니 배차 요원이 오전 9시 출발한 차가 오후 3시 되돌아 나온다고 일러 준다. 차비는 1인 편도 15,000숨. 나는 미니버스 맨 앞좌석에 앉았다. 약 200km 거리를 3시간 동안 넓은 평원을 달린다. 끝없이 펼쳐진 황량한 벌판이다. 강줄기를 바꾸기 전 넓은 면화밭이었으리라. 지금은 말라 버린 아랄해와 운명을 같이한 땅이다. 물길이 끊긴 황무지는 농사도 목축업도 여의치 않아 보인다. 차 안에서 바라본 평원은 흘러간 역사 속 영화를 간직하고 있는 듯했다.

12시 무이나크 터미널에 도착했다. 아랄해 수산업이 번창했을 당시 항구도시였다. 지금은 아랄해를 보기 위해 잠시 들르는 외진 곳 정도로 생각했는데, 예상밖이다. 숙소 간판이 보이고 이곳에도 도로 확장 공사가 한창이다.

사라져 가는 아랄해의 흔적을 찾아서

아랄해는 세계에서 네 번째 큰 내륙 속 호수다. 중국 톈산에서 발원하여 우즈베키스탄 북쪽을 흐르는 시르다리야강과 파미르고원에서 발원하여 우즈베키스탄 남부로 흐르는 아무다리야강이 흘러든다. 면화 재배로 물길이 바뀌고 또 과도한 관개로 아랄해는 점점 메말라 호수 90%가 사라졌다. 지금은 당시 조업하던 배만 여기저기 자리를 지키고 있다. 그리고 작은 배들을 한 곳에 모아 둔 일명 '배 무덤'도 있다. 나는 이 흔적을 보려고 찾아왔다.

따가운 햇볕이 내리쬔다. 배 무덤까지는 2~3km를 걸어야 한다. 마침 아들과 함께 여행 온 폴란드 중년 부부와 1인 1,000숨씩 내고 합승 택시를 탔다.

거의 말라 버린 아랄해 모래밭에 고기를 잡던 배가 애처롭게 누워 있다. 배는 예상보다 컸다. 배 그늘에 앉아 점심을 먹었다. 폴란드 가족은 언덕 위 전망대를 향해 오르는데, 나는 자리를 뜰 수가 없었다. 조개껍데기를 주우며 지난날 넘실거리던 물결을 그려 보았다.

배 무덤이 내려다보이는 언덕에 섰다. 아랄해의 변모 과정을 그림으로 나타낸 표지판과 높다란 기념탑이 서 있다. 이곳을 찾는 관광객을 위한 편의시설 작업이 한창이다. 주차장을 확장하고 유르트와 천막을 설치하고 있다.

나는 10여 척의 배를 한 곳에 모아 둔 배 무덤 주변을 한 바퀴 돌았다. 그리고 작은 어선 갑판에 올라 지난날 배 주인의 손길을 더듬어 보았다. 변화와 환경 파괴의 현장이다. 중고등학교 시절 백지도를 그리며 '가고 싶다!' 점찍어 둔 아랄해다. 단발머리 학창 시절 동경했던 곳을 황혼기 그 언덕에 서서 아랄해의 흔적을 바라보니

아랄해의 변화 표지판(위) 아랄해의 배 무덤(아래)

만감이 교차한다. 끝없이 펼쳐진 황량한 벌판, 얼마쯤 더 나가면 출렁이는 아랄해를 마주할까? 가늠이 안 된다. 사막 같은 벌판을 달려나가 야영을 하며 그 물길을 본다는 여행가도 있다지만, 나는 뙤약볕 아래서 지난날 풍경만을 그려볼 뿐이다.

옛 어촌 마을엔 빈집들이 많고 마을 길은 조용하다. 한 노인이 대문 앞에서 말없이 우리를 쳐다봤다. 참 쓸쓸하게 보인다. 사람은 모여 살아야 하고, 일터가 있어야 한다. 복잡한 서울에서 분주히 사는 것도 복이다 싶다. 여행은 가진 것에 감사하고 현재의 삶을 긍정하게 한다.

3시에 출발하는 차를 타기 위해 더위를 참고 터미널을 향해 걸었다. 도로변에 새로 단장한 박물관이 있었으나 시간이 없어 자세히 보지는 못했다. 아랄해가 번창했던 당시 이곳의 생활 모습과 어업 도구들이 전시되어 있다.

도로에는 주변 마을로 오가는 차들이 빈번하다. 아차, 여행 계획을 잘못 세웠구나! 당일 급히 되돌아 나갈 일이 아니라 1박 하며 해질녘 아랄해 배 무덤을 다시 보고 이웃 마을 구경도 할 걸! 평원에서 하룻밤을 보낸다면 분명 또 다른 감동을 얻을 수 있을 텐데. 이번 여행 중 이곳에 비중을 두지 않았던가. 사라져 가는 아랄해를 생각하고 막연히 숙소가 없을 줄 알았다. 미흡한 사전 조사가 후회된다.

터미널에 도착하니 이미 버스는 만원이다. 미니버스라 천장도 낮다. 3시간 동안 서서 가기는 힘들다. 한 아가씨가 나를 보고 선뜻 일어섰다. 앉아 있어도 편치 않아 중간 지점에서 교대하자고 하니 아가씨가 웃으며 손을 내저었다. 종교가 생활화된 모습에 고맙고 미안했다. 6시 30분경 누쿠스 터미널에 도착했다.

한 예술가의 그림 앞에서

새벽 가게문을 열기 전 살그머니 계단을 내려왔다. 주인 아들이 부스스 일어나 문을 열어 주었다. 이틀 밤을 재워 줘서 고맙다는 인사를 하고 나왔다. 새벽 공기를 깊게 들이마셨다. 힘든 숙제를 가뿐히 마친 기분이라 발걸음도 가볍다.

8번 시내버스를 탔다. 운전기사에게 사비츠키 박물관 근처에 내려 달라고 부탁했다. 승객들은 어디에서 내려야 더 편하다며 우리에게 관심을 보였다. 오후 5시에 출발하는 기차를 타기 전 박물관 관람, 시장 보기, 아무다리야 강변과 시내 구경을 하기로 했다.

누쿠스는 타슈켄트 서쪽 1,200km 지점, 우즈베키스탄 내 자치공화국 수도다. 도로는 넓고 도심 건물은 수도의 면모를 지녔다. 박물관은 넓은 공원 가까이 있다. 국기계양대의 깃발이 힘차게 펄럭이고 갖가지 꽃들로 싱그럽다. 공원에 은은한 음악이 흐른다. 타슈켄트에서 멀리 떨어진 변방의 작은 도시일 거라 생각했는데, 이 또한 예상밖이었다.

누쿠스 사비츠키 박물관

화가이자 민속학자인 사비츠키의 작품과 수집품을 전시해 놓은 박물관은 구소련 시절의 그림과 유물 등 9만여 점을 소장하고 있다. 두 개의 건물로 나뉘어 입장료도 각각이다. 1인 1개 동 48,000숨, 2개 동 티켓은 72,000숨이다. 이른 시간대라 관람객은 우리뿐인데, 전시실마다 안내인이 배치되어 있다. 일자리 창출 차원인가? 기차역이나 공공기관에 필요 이상의 인력이 배치되어 내 눈에는 좀 이상하게 보였다.

A전시관에는 1800년대 구소련 시절의 그림과 조각이 주종을 이룬다. 당시 생활 모습과 사회상, 자연 풍경 등 작가의 생각이 담긴 작품들이다. 유럽 여행 때 영국 내셔널 갤러리와 대영박물관, 또 프랑스 오르세 미술관에서 보았던 그림들과는 완연히 다르다. 그림은

그 시대 생활상에 작가의 철학적 요소를 가미한 예술품이라 생각한다. 여유 있는 시간이라 서두르지 않고 앉아 쉬면서 그림을 감상했다.

누쿠스 사비츠키 박물관 소장품

1960년대 내가 교육대학을 졸업할 당시 학제는 2년이었다. 그 후 4년으로 바뀌어 나는 서울교대 계절제 미술과에 편입하여 학사과정을 마쳤다. 당시 교실 환경은 수작업으로 그림을 그리고 오려서 꾸몄다. 환경정리에 도움이 될까 하고 미술과를 선택했지만, 실기는 역부족이었고 미술사는 재미있었다. 그때 인상파에 관한 책을 읽으며 고흐에 필이 꽂혔다. 프랑스 여행 중 옛 기차역이었던 오르세 미술관을 찾았을 때 마침 별실에서 고흐 특별전이 열렸다. 입장 줄이 길었지만 나는 손자를 태운 유모차 덕분에 쉽게 들어갔다.

고흐의 많은 그림 앞에서 숨이 멎는 것 같았다. 서울 예술의전당에서 본 고흐 특별전에는 몇 점에 불과했는데 대조적이었다. 관람객들은 해설사의 설명을 진지하게 들으며 그림을 감상하는데, 나는 그의 제스처와 그림을 번갈아 볼 뿐 말을 알아듣지 못했다. 시간이 아까웠다. 나 혼자 감상하며 폐관 시간까지 그림을 반복해서 보았다. 탄광촌 사람들이 희미한 램프 아래 모여 있는 순박한 모습, 숨결에도 책장이 넘어갈 듯한 아버지의 손때 묻은 성경책, 버려야 할

누쿠스 사비츠키 박물관 1관(위)과 2관 (가운데), 그곳에서 그림을 감상했다(아래).

헌 구두에 애정을 담은 그림 등 고흐의 생각을 알 듯한 그림들이다.

초상화로 돈을 벌기 위해 자신을 모델로 연습한 자화상이 그렇게 많은 줄 처음 알았다. 많은 그림을 마주하니 고흐가 내 옆에서 자신의 이야기를 들려주는 듯했다. 그 후 '고흐의 흔적을 찾아서'라는 내 나름의 테마여행을 했다. 프랑스 남부 아를에서 '별이 빛나는 밤' 소재가 된 론 강변을 걷고, 고갱을 기다렸다는 2층 방과 골목 카페를 찾고, 자신의 귀를 자른 후 입원한 병원 정원을 보았다. 정원은 그림 속 꽃과 나무 그대로 꾸며져 있었다.

네덜란드 암스테르담 고흐 박물관에도 갔다. 그가 사용한 화구와 스케치 자료, 색의 조화를 살핀 색실 뭉치 등을 보았다. 천재 화가라 그림을 쓱쓱 그리는 줄 알았는데, 아니다. 치밀한 계획과 연습을 통한 그림들이다. 고흐의 또 다른 면을 보는 듯했다.

그 몇 년 후 프랑스 파리 근교 오베르 쉬르 우아즈 마을에 갔다. 그곳은 고흐의 마지막 작품 '까마귀 나는 밀밭' 장소다. 그림 속 풍경 그대로인 들판은 추수를 막 끝낸 상태였다. 밀그루터기에 앉아 쉬며 점심을 먹었다. 그날도 까마귀는 날고 있었다. 고흐가 거닐었음직한 마을 길을 걷다 보니 그림의 소재가 된 작은 성당, 언덕길, 우아즈 강변 등 마을 전체에 그의 숨결이 살아 있었다. 숨을 거둔 여인숙 2층 작은 방도 보았다. 덩그러니 놓인 책상과 침대, 작은 창에서 햇살이 쏟아졌다. 천재 예술가의 마지막 순간은 어떤 심정이었을까? 상상해 보았다.

동생 테오와 나란히 잠든 무덤은 밀밭에서 가까운 공동묘지였다. 나는 밀밭에서 주운 이삭 다발을 바쳤다. 살아생전 50달러가 채 되지 않는 값으로 그림 한 점만을 판 화가다. 가난했지만 따뜻한 시선으로 세상을 바라보았다. 그의 독특한 화풍은 보는 이로

하여금 희망을 품게 한다. 40년을 채 살지 못하고 생을 마감한 천재 화가 앞에서 소리 내어 기도했다.

"당신의 그림은 그 가치를 인정받아 가장 높은 가격으로 팔리고 있습니다. 당신은 대성공을 거둔 예술가이니 사랑하는 동생과 편히 쉬세요!"

무덤 속 고흐가 내 마음을 읽어 주는 기분이 들었다. 한 예술가의 일생을 생각하며 나는 그곳에서 하루를 보냈다.

다음 날 모네의 저택이 있는 지베르니를 찾았다. 고흐가 살았던 조용한 시골 마을과 분위기가 사뭇 달랐다. 크고 작은 식당과 카페, 선물가게에는 관광객들로 넘쳐 마을은 활기찼다. 모네 대저택의 넓은 정원은 그림 속 그대로다. 꽃밭에는 갖가지 꽃들이 피었고, 호숫가 수양버들은 바람에 살랑인다.

정원을 한 바퀴 돌며 물 위에 떠 있는 수련을 보았다. 그림 속 수련은 물감을 툭툭 쳤지만 싱싱한 꽃송이로 보인다. 마법의 그림이다. 그림 소재가 된 정원과 연못에 뜬 꽃송이를 보며 모네를 '인상파 대가'라고 하는 이유를 알 것 같았다. 모네는 고흐와 동시대를 살며 부와 명예를 누리며 장수한 사람이다. 두 예술가는 판이한 삶을 살았다. 누구의 삶이 옳고 그르다 이분법으로 말할 수는 없다. 두 사람의 일생을 내 관점에서 생각해 보았다.

그 후 그림 감상법은 잘 모르지만 그림 속에서 작가의 생각을 찾으려 한다. 사비츠키 박물관에도 아랄해 풍경화가 더러 있다. 아랄해의 석양과 번창했던 선창가 모습, 열심히 일하는 어부의 생활상을 그렸다. 중앙아시아 예술가의 눈과 마음으로 그린 그림 앞에서 나는 지난날 여행 중 그림을 보며 감동했던 순간을 잠시 떠올려 보았다.

B동은 문화재 전시실이다. 옷과 장신구, 토기 등 유물과 생활 모습을 전시해 놓았다. 아랄해의 변화 과정도 보여 준다. 실크로드 여러 루트와 대상들의 활동상을 알기 쉽게 설명한 자료들도 있다. 우리는 두 건물을 왔다 갔다하며 여유 있게 관람했다. 그리고 무거운 가방을 보관함에 맡기고 홀가분하게 시내 구경을 나섰다.

파미르고원에서 발원한 아무다리야강은 우르겐치를 거쳐 누쿠스 도시 외곽으로 흐른다. 시간이 없어 본류까지 못 가고 도심으로 흐르는 아무다리야강 지류 물길을 찾았다. 나는 흐르는 강물을 보면 막혔던 가슴이 툭 트이고, 서럽고 답답했던 심정이 풀리는 듯하다. 그리고 '인생이란 흐르는 강물처럼 한 번 지나가면 돌아오지 않는데 내가 왜 이러고 있지?' 하고 생각을 가다듬는다. 그래서 강변 거니는 걸 좋아한다. 이 먼 나라 강변 풍경은 또 다른 생각을 갖게 한다. 지난 삶이 있었기에 지금의 내가 있지 않은가? 현재 하고 싶은 여행을 하고 있음은 축복이다. 누쿠스 강물은 아랄해를 향해 흘러간다. 나 또한 내일이 있기에 씩씩하게 오늘을 살고 있다.

숙소와 휴식, 사색을 제공하는 야간열차

22시간의 야간열차로 국경을 넘는다. 오후 5시 4분 기차에 올랐다. 햇살은 여전히 뜨겁고, 차창 밖 풍경은 지평선과 황무지 평원이다. 간간이 나타나는 작은 마을 사람들은 무엇을 하며 저곳에 살까? **111**

농사를 지을 물과 흙도 마땅치 않아 보이는데⋯. 몇 마리 소와 양옆에서 혼자 노는 꼬마 모습이 참 쓸쓸하다. 저 아이의 장래는? 차창 밖 풍경에 여러 생각을 담는다.

나라와 부모는 선택할 수 없다. 그건 운명이다. 그 부모를 만났으니 그곳에서 살아갈 수밖에 없다. 주어진 환경에서 벗어나는 노력은 각자의 몫이다. "하느님은 사랑이시고 공평하시다"는 성경 구절을 나는 믿는다. 부디 저 아이에게도 주어진 운명을 박차고 일어서는 힘을 주시어 원하는 삶을 살 수 있게 이끌어 달라고 기도했다. 그리고 꼬마 모습에 나를 투영해 보았다.

지난날과 달리 지금은 수도꼭지를 틀면 물이 콸콸 나오는 아파트에 산다. 필요할 때 냉난방을 손쉽게 조절할 수도 있다. 도시의 문화적 혜택도 셀 수 없이 누리고 있다. 그런데도 불만과 불평을 떨치지 못한다. 이런 내가 여행에서 만나는 사람들을 보면 좀 부끄럽다. 그리고 그들을 닮고 싶어진다. 척박한 자연에 굴하지 않고 묵묵히 살면서도 해맑은 눈으로 웃음을 잃지 않는 사람들이다. 부족하고 불편한 것을 크게 개의치 않는 듯하다. 가진 것에 당연하다는 듯 살아간다. 나는 그게 잘 안 된다. 차창 밖 아이가 잠시 나를 돌아보게 한다.

저녁때가 되자 준비한 음식으로 상을 차린다. 어떤 가족은 예쁜 그릇까지 준비했다. 기차에 뜨거운 물이 있어 우리도 컵라면에 빵, 고기와 과일 등 푸짐하게 먹었다. 이른 저녁을 먹고 깨끗한 시트를 깔고 누웠다. 야간열차 여행은 숙박을 해결하고, 편안한 휴식이다. 이 생각 저 생각으로 지루하지 않는 사색의 시간이기도 하다.

카자흐스탄
Kazakhstan

악타우 Aktau • 아티라우 Atyrau • 악토베 Aktobe

아스타나 Astana(누르술탄 Nur-Sultan) • 쉼켄트 Shymkent

투르키스탄 Turkistan • 크질오르다 Kyzylorda

우슈토베 Ushtobe • 알마티 Almaty

중앙아시아와 동유럽에 걸쳐 있는 카자흐스탄은 옛 실크로드 북로이며, 중앙아시아 5개국 중 경제가 가장 발전한 나라다. 러시아, 카스피해, 투르크메니스탄, 우즈베키스탄, 키르기스스탄, 중국과 국경을 이루고 있는 세계에서 가장 큰 내륙국이다. 국토 면적은 세계 9위, 남한의 27배로 중앙아시아의 거인이라 불리기도 한다.

자연환경은 북부의 광활한 초원지대, 중부는 반사막, 남동부와 남서부는 산악지대다. 알마티 남쪽과 동쪽에는 톈산산맥이 있고, 카자흐스탄과 키르기스스탄 국경 지역의 한텐그리산은 7,010m로 카자흐스탄에서 가장 높다. 발하슈호의 크기는 제주도의 약 8배로 톈산산맥에서 발원한 일리강이 흘러든다.

인구 밀도는 5.94명/km²으로 호주와 비슷하며, 1991년 12월 16일 옛 소련으로부터 분리 독립을 선언하고 1992년 3월 독립국가연합에 가입했다.

1. 역사

카자흐스탄의 역사는 고대와 카자흐 칸국, 제정 러시아 시대와 카자흐스탄 소비에트 사회주의 공화국 그리고 카자흐스탄 공화국 시대로 구분된다.

- 고대 : 예니세이강 상류에서 유목 생활을 하던 철륵민족이 중앙아시아 돌궐(튀르크) 문화를 받아들여 중세기 서쪽으로 이동했다. 이들은 현재 카자흐스탄 지역과 키르기스 지역에 자리를 잡고 훗날 두 나라 민족으로 나뉘었다.
- 카자흐스탄 칸국 : 15세기 카자흐스탄 지역의 민족으로 주로 유목

생활을 했다.

- 제정 러시아 시대 : 1735년 카자흐스탄 모든 학교와 정부기관에서 러시아어를 사용하게 되었고, 1850년경 러시아 영토가 되었다.
- 소비에트 사회주의 공화국 시대 : 제정 러시아 몰락 후 잠시 독립을 거쳐 1925년 카자흐 소비에트 사회주의 자치공화국이 되었다. 그 후 1936년 카자흐 소비에트 사회주의 공화국으로 소련에 편입되었다.
- 카자흐스탄 공화국 시대 : 1991년 소련 연방에서 독립했다. 누르술탄 나자르바예프 초대 대통령이 알마티를 수도로 정했다. 1998년 아스타나로 수도를 옮겨 29년 장기 집권 후 2019년 3월 20일 자진사퇴했다.

2. 이동 : 기차
- 카자흐스탄 철도 전국 주요 도시 철도망 구축

3. 기초 정보
- 수도 : 아스타나(누르술탄)
- 인구 : 1960만 명(2023년)
- 언어 : 카자흐어 및 러시아어 공용어
- 국토 : 2,725,000km²(남한 27배)
- 기후 : 대륙성기후. 4계절 뚜렷하고 강우량이 적다.
- 민족 : 카자흐스탄 66%, 러시아 20%, 우즈베크, 우크라이나, 위구르, 고려인 0.6% 등
- 종교 : 이슬람 수니파 70.2%, 동방 정교회 23.9%, 기독교 2.3%, 기타
- 특산물 : 마유(말젖), 양고기, 낙타고기, 말고기 요리, 양털 카펫, 양털 모자, 꿀 등
- 자원 : 원류, 가스 풍부
- 주카자흐스탄 대한민국대사관

주소 : Obagan 5, Nur-Sultan, 010009 Kazakhstan

전화 : +7-7172-572-100, +7-7172-572-200

E-mail : koreaemb-kz@mofa.go.kr

4. 여행 경로

악타우 → 아티라우 → 악토베 → 아스타나(누르술탄) → 쉼켄트 →
투르기스탄 → 크질오르다 → 알마티 → 우슈토베 → 알마티

악타우 Aktau

- 악타우 카자흐어로 '하얀 산'을 의미
- 카스피해 동부 연안에 위치
- 망기스타우 주도
- 해발 −8m (카스피해 해수면이 낮아져 육지로 됨)
- 카스피해를 건너 아제르바이잔 수도 바쿠행 여객선과 화물선 운행

숙소

- 차칼라 아파트 호텔 (1-yi microdistrict 130000 Aktau, Kazakhstan)
- 케레메트 여관

여행 팁

- 베이네우역에서 악타우행과 아티라우행이 갈라진다.
- 악타우 기차표 예매는 '망기스타우' 혹은 '만기쉬락'으로 입력해야 한다.
- 망기스타우역에서 악타우까지 12km (택시나 버스로 이동)

볼거리

1. 카스피해 Caspian sea
2. 악타우 중앙 모스크 Aktau Central Mosque
3. 제2차 세계대전 참전기념물 'Eternal Flame' World War II Memorial
4. 악타우 식물원 Aktau Botanical Garden
5. 악타우 등대 Aktau Lighthouse
6. 카라쿨 호수
7. 유전 마을 '자나오젠'
8. 베켓 아타 영묘와 광천수
9. 카라기예 협곡 karagie cavine

오랫동안 그려 온 여행지

카스피해는 중고등학교 시절 꿈꾸었던 여행지다. 이곳뿐만 아니다. 그랜드 캐니언 계곡을 그려 보고 북극 에스키모의 생활을 동경했다. 오로지 백지도를 그리며 먼 나라에 대한 호기심을 키웠다. 김찬삼 세계 일주 화보 속 외국 풍경을 보는 것이 고작이었는데, 내가 찾게 되리라고는 당시 생각지 못했다.

1990년 여행 자율화가 되었지만 쉽게 떠날 상황은 아니었다. 교사이고 한창 공부하는 자식 셋을 키우는 시기였다. 도서실을 찾아 배낭여행 방법을 책으로 익혔다. 지도가 눈앞에 그려질 즈음 중년기의 가슴앓이에서 벗어나고자 무작정 배낭을 메고 나섰다.

30년 전 미국 항공사는 커버(cover) 제도가 있었다. 첫 도착지에서 일정 범위 안 어디든 별도 요금 없이 비행기를 탈 수 있었다. 탑승 횟수도 무제한이었다. 시애틀 왕복 요금으로 앵커리지까지 커버되었다. 이 티켓을 이용하여 나는 미 서부 그랜드 캐니언, 캐나다 로키산맥 속 밴프와 재스퍼 국립공원, 알래스카 북위 71.1도 Top of the World 배로의 백야 속 빙하 위에 섰다. 귀국길 경유지로 하와이 오하우섬 와이키키 해변에서 원주민의 훌라춤을 보았다. 꿈은 현실로 이뤄진다는 것을 알게 된 첫 배낭여행이었다.

이에 자신감을 얻어 대륙을 횡단하고 각 대륙의 끝점을 찍으며 세상을 한 바퀴 돌았다. 아직 가야 하고 보고 싶은 곳이 많다. 이번 중앙아시아 여행도 오랫동안 그려온 여행지다. 특히 악타우에서 카스피해 유람선을 타고 아제르바이잔 땅을 밟으며 어렸을 적 아라비안나이트 이야기 장소를 찾는 꿈을 이루려 했다. 그런데 다른 곳과 달리 서울에서 악타우행 기차표 예매가 되지 않았다. 왜일까? 현지에 와서 방법을 찾기로 하고 떠나온 여행이다.

그런데 누쿠스에서 할머니를 따라갔다가 혼이 난 후 생각이 달라졌다. 어렵게 악타우를 찾기보다 누쿠스에서 직행 기차가 있는 카스피해 북쪽 연안 아티라우로 곧장 가서 카스피해를 구경하기로 했다. 뒤늦게 악타우 기차표 예약은 망기스타우역이나 만기쉬락역으로 해야 된다는 것을 알았다. 이렇게 쉬운 것을….

야간열차의 출입국 심사

웅성거림에 눈을 뜨니 모두 반듯이 앉아 있다. 새벽 1시가 지났다. 국경 검문이다. 군복을 입은 몇 명이 짐을 조사한다. 조금은 삼엄한 분위기다. 여자 군인이 내 여권을 보더니 이것저것 묻기에, 여행 중이라며 일정표가 붙은 사전 조사 노트를 보여 주었다. 그녀는 내 노트를 넘기며 가장 인상 깊은 여행지가 어디였는지 또 묻는다. 늘씬한 키에 군복이 참 잘 어울린다. 돌아서며 "안녕히 가세요!" 우리말로 인사를 한다. 어! 어떻게? 놀랍다. 짧은 시간이지만 호감 가는 사람이다.

기차가 움직인다. 출국 심사로 장시간 정차된 지루함을 날린다. '기차는 달려야 제맛이야!' 바퀴와 철로가 맞물려 달리는 리드미컬한 소리를 들으며 나는 잠이 들었다. 또 흔들어 깨운다. 카자흐스탄 입국 수속이다. 한 명씩 이름을 불러 마치 면접시험처럼 PC 앞에서 입국 심사를 받았다. 승객이 많아 꽤 시간이 흘렀다. 이래저래

잠을 설쳐 다음 날 아침 늦잠을 잤다.

오후 3시 35분 아티라우에 도착했다. 나라가 바뀌니 기차역 분위기도 다르다. 우즈베키스탄은 짐 검사를 철저히 하고 역사 내 출입을 통제했다. 그런데 이곳은 짐 체크도 않고 마음대로 드나든다. 중국의 어느 기차역쯤으로 착각할 정도다. 역 광장에 인접한 대형 쇼핑센터, 길 건너 재래시장 바자르다. 도로는 보수 공사로 차들이 엉켜 혼잡했다.

보통 역 근처에 숙소가 모여 있다. 그런데 숙소 간판이 보이지 않는다. 상점에 들어가 물으니 친절하게 대로변까지 나와 위치를 알려준다. 어디를 가도 참 친절한 사람들을 만난다.

숙박료는 24시간 12,000텡게, 약 30달러다. 12시간, 6시간 단위로 계산을 한다. 방은 넓고 냉장고도 있다. 바자르와 기차역도 가깝다. 무사히 국경을 넘어 카자흐스탄까지 잘 왔고, 숙소도 잘 구했다.

카스피해 차편을 물으니 악타우로 다시 가야 한다고 한다. 앗! 청천벽력 같은 말이다. 잘 모르고 하는 대답이리라 생각하고 다른 사람들에게 물어도 같은 답이다. 조금은 실망했지만 여행에는 실패가 없지 않은가? 카스피해를 구경할 수 있는 또 다른 방법을 찾거나, 아니면 다른 볼거리로 더 큰 감동을 얻을 수 있다고 생각했다.

아티라우 Atyrau

- 카스피해 북안, 우랄강 하구 삼각주, 교통의 요충지
- 도시 남북으로 우랄강 흐름
- 인구 16만, 카자흐족 80%, 러시아인 많음
- 아티라우에서 동쪽 알마티까지 2,679km, 북쪽 악토베까지 630km, 남쪽 악타우까지 897km

숙소
- 차갈라 아티라우 호텔(Ismagulova Street 1, 060002 아티라우, 카자흐스탄)

여행 팁
- 우랄강 유람선과 시내버스로 도시 주변 관광 가능하다.

볼거리
1. 우랄강 Ural River
2. 만자리 회교사원 Manjali Mosque
3. 아티라우 러시아 정교회
4. 아티라우 국립역사박물관 Atyrau National History Museum
5. 아티라우의 공원

새로운 여행 계획을 세우다

누쿠스에서 행선지를 바꿔 아티라우로 왔는데 다시 악타우로 가야 한다니, 약 900km 먼 길을 되돌아갈 수는 없다. 지도상 아티라우도 카스피해 인접 도시다. 악타우만 못해도 카스피해를 구경할 수 있다는 기대는 접어야 했다. 아티라우는 우랄강 하구 삼각주에 위치해 있다. 우리나라 낙동강 하류 김해평야의 도시에서 부산 앞바다를 찾는 식이다.

나는 대륙의 끝점을 찍고 횡단하기를 좋아한다. 아티라우는 중앙아시아 서쪽 끝에 위치한다. 이곳에서 북쪽 악토베를 거쳐 동쪽 2,700km 떨어진 알마티를 지나 우슈토베로 간다면 중앙아시아의 거인이라 불리는 카자흐스탄을 횡단하게 된다.

지도를 펼쳤다. 다음 여행 루트가 눈에 들어왔다. 나는 이미 모스크바에서 북쪽 상트페테르부르크를 여행했다. 앞으로 러시아 남부 곳곳을 둘러보고 내려오면 코카서스(캅카스) 3국 조지아와 아제르바이잔, 아르메니아를 구경할 수 있다. 아제르바이잔 수도 바쿠에서 유람선을 타면 카스피해를 건너 이번에 빠뜨린 악타우도 볼 수 있다. 새로운 여행 계획을 세우니 신이 났다.

사실 이번 여행도 모스크바에서 시작하려 했다. 항공료도 싸고 러시아 기차 이용 방법도 알고 있으니 기차를 이용해 러시아 남부 여러 도시를 구경하고 카자흐스탄으로 들어오려고 했다. 문제는 여행 기간이 100일이 넘어 러시아 남부 여행은 다음으로 미뤘던 것이다. 넘어진 김에 쉬어 간다는 말처럼 악타우에 못 간 대신 아티라우에서 한 템포 쉬기로 했다.

오전 서울에 있는 아이들에게 메일을 보냈다. 딸에게 이번 중앙아시아 여행 준비에 많은 도움을 주어 고맙다는 말과 여름방학 때 손자와 함께 가는 일본 여행 준비를 잘하라고 썼다. 그리고 누나로서 형제간 우애를 항상 생각하라는 당부도 했다. 큰아들 내외에게는 두 손녀의 부모 역할을 잘한다는 격려와 힘든 장사일은 훗날을 위한 저축이라 생각하고 열심히 살아가길 부탁했다. 새살림을 막 시작한 막내아들과 며느리에게는 하나씩 일궈 나가는 삶이 진정한 행복이며 가장 중요한 것은 서로를 신뢰하고 배려하는 마음이라 썼다. 자식들을 멀리 두고 속마음을 전했다. 간단한 메시지를 보내며 큰일을 마친 기분이었다.

오후 시내버스를 이용하여 가까운 마을을 찾기로 했다. 운이 좋으면 카스피해 가까운 지점까지 갈 수 있지 않을까 기대하고 나섰다. 역 앞 정류소에서 동서남북 방향을 가늠하고 58번 미니버스를 탔다. 하늘에 먹구름이 잔뜩 끼었다. 바자르에서 장을 본 사람들이 무겁게 짐을 들고 차에 올랐다. 나도 그들 틈에 앉았다.

넓은 들판 길을 달린다. 곳곳에 집들이 옹기종기 모인 작은 마을이 있다. 버스는 마을을 차례로 돌며 사람들을 내려준다. 나는 더 멀리 들판 길을 달려 나가길 바랐는데, 어느 지점에서 달랑 우리만 남았다. 운전기사는 정해진 코스를 돌며 이상하다는 듯 백미러로 우리를 쳐다보았다. 늦은 시간이고 비가 쏟아질 듯하여 차창 밖 풍경을 보며 다시 돌아 나왔다. 카스피해 근처 기대는 허탕이다.

역 앞에 내리니 빗방울이 떨어졌다. 우즈베키스탄을 여행하는 동안 한 번도 내리지 않던 비가 기차로 22시간을 달렸을 뿐인데 국경이 바뀌니 날씨도 다르다.

역 광장 빵가게에서 큰 전병에 훈제 고기를 넣고 토마토와 감자

튀김에 소스를 뿌려 돌돌 만 샤와르마로 저녁을 먹었다. 이 빵은 그리스, 쿠바와 멕시코 등지를 여행하며 길거리에서 손쉽게 사서 먹던 음식이다. 입에 맞고 푸짐하다.

인생은 흐르는 강물

새벽시장 구경을 나갔다. 하나둘 가게문을 연다. 카자흐스탄 라면은 160텡게, 우리나라 신라면은 400텡게다. 좀 많이 가져올 걸 아쉽다. 미숫가루와 누룽지만 조금 가져왔다. 우리 음식이 그리우면 간이 버너로 밥을 짓고 토마토와 오이, 양파로 김치 겸 샐러드를 만든다. 영양식으로 전기구이 통닭을 종종 먹는다. 중국이나 대만처럼 시장 음식이 많지 않고 거리의 즉석요리도 보이지 않는다. 새벽시장에서 별로 살 것이 없어 따끈한 빵만 샀다.

오늘은 도심 구경을 하려고 14번 버스를 탔다. 다운타운을 통과하여 시 외곽 종점에서 내렸다. 사람들이 장바구니를 들고 다녀 나도 바자르를 찾았다. 반찬가게 앞에 사람들이 줄을 섰다. 방금 만든 소고기볶음, 동그랑땡을 사고 과일도 준비했다. 되돌아 나와 우랄 강변에 자리를 잡았다. 그렇지! 이 강물이 카스피해로 흘러가지 않는가?

우랄 강변
강물에 발을 담그고 주변 경치를 감상했다. 강폭은 넓고 굽이쳐 흐르는 강 건너 도심의 건물들이 우뚝하다. 강변 둑길은 잘 정비되어 산책하기 좋다. 조용하고 한적한 소풍지로 안성맞춤이다.

아티라우 시내의 우랄강

바자르에서 산 음식을 차려놓고 맛있게 먹었다. 그때 물살을 헤치고 유람선이 지나간다. "저 배가 카스피해로…." 유람선은 조금 떨어진 선착장에서 승객을 태우고 되돌아갔다. 잠시 좋다 말았다. 그렇지! 한강 유람선도 잠실에서 여의도까지 운행하고 강화도 서해까지 나가지 않잖아!

쾌속정이 다가오며 "danger! danger!" 하고 외친다. 해양경찰인가? "No Problem!" 나도 소리쳤다. 그들은 손사래를 치며 올라가라 한다. 나는 털고 일어나 둑길을 걸었다. 강물은 유유히 흐른다. 내가 보고 있는 이 강물이 거쳐 온 풍광을 그려 보았다. 우랄산맥에서 발원한 시냇물이 모여 강이 되어 넓은 카스피해를 향해 흘러간다. 크고 작은 바위를 비켜 흐르며 여러 곳의 풍광을 지나 지금 내 앞에 흐르고 있다. 강물은 우리네 인생과 다를 바가 없다.

나는 강변 걷기를 좋아한다. 가슴을 짓누르는 아픔을 느낄 때, 집에서 가까운 한강으로 나간다. 이 생각 저 생각을 하며 걷다 보면

125

세상사 모두 흘러가는 것, 내 삶도 강물처럼 흘러 지금을 살고 있지 않은가! 가슴 아픈 사연을 강물에 흘려 보낸다. 그리고 걷는 이 순간에 감사한다. 강물은 내 스스로를 치유하는 힘을 준다.

　중년기에 겪은 사건의 발단은 희미하나 그날의 경험은 생생하다. 퇴근하여 집안일을 끝내고 잠자리에 누워도 쉬 잠이 들지 않았다. 한강으로 나갔다. 강바람이 상쾌했다. 강변 불빛이 물 위에 어른거려 고흐의 '별이 빛나는 밤' 그림 속 같았다. 한참을 걷다가 강가에 걸터앉아 물장구를 쳤다. 사방으로 흩어지는 물방울이 시원했다.

　그때 인기척에 놀라 돌아보니 남편이 강둑에 서 있었다. 순간 정신이 번쩍 들었다. 다른 날과 달리 타박하지 않고 앞서가던 남편이 "기분이 좀 풀렸어?" 하며 내친김에 봉은사 절 구경을 가자고 했다. 사월 초파일 밤이었다. 봉은사에 도착하니 불을 밝힌 등이 꽃밭같이 아름다웠다. 크고 작은 초를 한곳에 모아 두니 이글거리며 타올랐다. 밤 12시가 넘었지만 넓은 경내에 사람들이 많았다. 대웅전 부처님 앞에서 저마다 두 손 모아 기도를 했다. 사진사는 밤 풍경을 카메라에 담고, 화가는 이젤을 세워 두고 그림을 그린다. 생각지도 못한 초파일 밤 풍경을 보았다.

　연등 아래 소원을 적은 글귀를 읽었다. 우리네 인생살이 사연이 매달렸다. "부처님! 이 모든 이들의 소원을 들어주소서!" 합장하고 빌었다. 돌아오는 길, 남편의 배려가 절 구경 못지않은 감동이라고 말했다.

　다음 날 우리 반 아이들에게 간밤의 절 풍경을 들려주었다. 그리고 등에 매달린 부모의 자식 걱정과 사랑, 소망의 문구를 들려주니 아이들이 숙연해졌다. 내년 초파일 밤 절 구경을 해 보라는 당부도 했다. 밤의 정취와 종교적 분위기는 무엇인가를 깨닫게 된다고 덧붙였다. 늦은 시간 한강변에 나갔다가 얻은 색다른 경험은 내 마음의 정화와 좋은 학습 교재로 활용되었다.

세월은 흘러 우랄 강변을 거닐며 살아온 날을 더듬는다. 강물은 멈추지 않고 흘러간다. 나 또한 세월 따라 황혼기를 맞았다. 인생은 흐르는 강물이다. 나는 여행지에서 강을 만나면 그냥 지나치지 못한다. 아티라우 우랄강은 내가 살아온 세월만큼 빨리 흘렀다.

아티라우의 공원

아티라우 도시 남북으로 흐르는 강 주변 곳곳에 넓은 공원들이 있다. 탱크와 비행기 등 전쟁에 사용했던 무기를 전시하고 놀이시설을 갖춘 넓은 승리공원, 야외 조각을 감상하며 강변을 산책할 수 있는 레트로 파크, 도심 가까이 오블라 키마타 공원 등이 있다. 우리는 다리를 건너와 공원에서 잠시 쉬었다. 넓은 녹지와 잘 꾸며 놓은 공원은 강변 풍경과 어우러져 도시의 격조를 높여 준다. 조용한 숲속 의자에 누워 하늘을 보았다. 서두를 일이 없어 여유롭다. 일상을 떠난 여행의 맛이다.

만자리 회교사원

만자리 회교사원은 사트파예브 거리 대로변에 있다. 돔과 미나레트가 우뚝 서 있는 백색 건물에 청색 라인을 두른 현대적 건축물이다. 우즈베키스탄의 모스크와 외형이 조금 다르나 실내 성전은 같다. 다양한 도안과 파스텔톤 색채, 코란 경전 글씨로 꾸며져 조금은 환상적인 분위기다. 여신도의 기도실은 커텐으로 가려져 있다. 푹신한 카펫에 앉아 성전 크기를 가늠해 보며 기도하는 사람들 모습에 내 자신을 비춰 보았다.

만자리 모스크 전경(왼쪽)과 내부(오른쪽)

아티라우 러시아 정교회

카자흐스탄에는 러시아, 위구르, 우크라이나, 고려인 등 여러 민족이 살고 있는데 러시아인이 20% 넘는다. 때문에 회교국이지만 러시아 정교회가 곳곳에 있다. 특히 아티라우는 러시아에 인접해 있어 백인계 러시아 사람들이 더 많이 보인다.

저녁 햇살을 받아 황금색 돔이 아름답게 빛난다. 방금 예배를 마치고 나오는 신자들은 하얀 피부에 금발의 여인들이다. 안내인이 내게 스카프를 쓰라 하고, 남편에게 반바지를 가리는 옷을 건넨다. 크지 않은 아담한 성당 벽면과 천장에는 성경 내용의 그림이 그려져 있어 마치 성경책을 읽는 기분이다.

지난날 모스크바를 여행하며 여러 정교회 성당에 들렀다. 붉은 광장의 성 바실리 대성당과 크렘린궁 안의 성모승천 대성당을 비롯해 상트페테르부르크의 그리스도 부활 성당과 성 이삭 대성당

아티라우 러시아 정교회 내부(왼쪽)와 전경(오른쪽)

등에서 나는 놀라움을 금치 못했다. 천장과 벽면은 성화로 빈틈이
없었고 성경 내용과 성인들의 행적을 묘사한 그림은 교화를 넘어
예술작품이었다. 곳곳의 정교회 성화는 핵심적인 교리는 같으나
표현이 조금씩 다르다. 나는 이곳 아티라우 러시아 정교회 성화를
보며 하느님 사랑을 묵상했다. 그리고 무탈하게 여행을 할 수 있게
도와 달라고 기도했다.

　아티라우 박물관을 찾으려 했으나 시간이 늦었다. 중앙아시아
여러 곳의 박물관에서 느낀 공통점은 유목민족의 문화와 유물은
거의 비슷하고 단순하다는 것이다. 우리나라 반만년 역사가 남긴
문화재가 얼마나 우수한지 새삼 깨달았다.

우랄강 하구 물줄기라도…

아침 일찍 체크아웃하고 짐을 맡겼다. 밤 8시 기차를 타고 악토베로 떠나기 전 숙소 가까이 있는 재래시장부터 구경했다. 바자르 노점에 무더기로 쌓아 놓고 파는 신발가게, 원색 무늬가 요란한 옷가게, 도금으로 번쩍거리는 액세서리 매장 등 이곳 사람들이 선호하는 물건들이다. 지난날 우리 오일장과 남대문 도매시장 풍경을 합친 것 같다. 시장 구경은 이곳 사람들의 진솔한 삶을 볼 수 있어 좋다.

오후가 되니 또 비가 내린다. 건기에 귀한 비이지만 여행객인 나는 불편하다. 나라가 바뀌니 비가 자주 내린다. 갑자기 소낙비가 내리자 배수 시설이 안 된 도로는 물바다다.

처음 탔던 버스 반대 방향으로 가는 8번 버스를 탔다. 버스는 시내를 달리다가 촌락 길로 접어든다. 마을이 드문드문 있다. 어느 지점부터 승객은 우리뿐이다. 허허벌판을 달려 작은 마을도 지난다. 시내버스 노선이 구석구석까지 잘 되어 있다.

차장이 다가와 묻는데, 알아들을 수가 없다. 종점까지 가겠다고 손짓으로 답했다. 내 생각에 그 벌판을 더 달려가면 카스피해로 흘러드는 물길이 나올 것 같다. 한참을 달려 작은 가게 앞에서 종점이라고 내려라 한다. 사방을 둘러봐도 내릴 곳이 아니었다. 비는 그쳤다. 되돌아 나가겠다고 하니 이 차는 더 이상 운행하지 않는다고 한다. 난감해하자 큰 도로까지 걸어가면 역으로 가는 버스를 탈 수 있다고 일러 준다.

끝 없은 땅 우랄강 하류 넓은 평원! 차로 이동할 수 있는 지점까지 왔다. 비가 그친 상쾌한 평원에서 가슴을 활짝 젖혔다. 카스피해 근처가 아닌 허허별판, 사방이 조용하다. 그 풍경 속에 내가 있다. "이 이상 좋은 수는 없어!" 감탄사가 절로 나왔다. 유명 관광지 못지않다. 잠시 거닐며 해질녘 평원을 내 가슴에 담았다. 여행은 예상치 못한 곳에서 큰 감동을 갖게 한다.

지난 스위스 여행 마지막 날, 마터호른봉을 볼 수 있는 체르마트로 가려고 이른 새벽 인터라켄 기차역으로 갔다. 직행이 아닌 중간역에서 바꿔 타고 유레일 패스 외에 별도 요금도 내야 했다. 돌아올 시간을 계산하니 그곳에서 구경할 시간도 충분치 않았다. 체르마트를 포기하고 마침 출발하려는 몽트뢰행 기차에 올랐다.

가서 보니 기대 이상이었다. 레만호 연안 몽트뢰는 국제재즈패스티벌이 열리는 아름다운 호반 도시였다. 날씨는 맑고, 호수 주변은 겹겹의 알프스산들이다. 호수에 접한 고성 성벽에 오르니 멀리 마터호른봉도 보였다. 호숫가에서 여유있게 즐긴 하루는 예상치 못한 감동이었다. 아티라우 아랄강 하류 허허벌판에서 몽트뢰 그날의 감동을 다시 맛보았다.

평원 길을 걸어 기차역으로 간다는 2번 버스에 올랐다. 그런데 기차역과 반대 방향으로 달린다. 어? 잘못 탔나 봐! 당황하는 순간 버스는 마을을 돌아 어제 탄 시내버스 14번과 나란히 달린다. 눈에 익은 건물과 우랄강 다리를 또다시 건너 기차역으로 돌아왔다. 아티라우 도시를 한바퀴 돈 셈이다. 도시 규모를 대략 파악한 2번 버스는 탁월한 선택이었다.

오후 8시 악토베행 기차를 기다리며 메일을 확인했다. 자식들이 모여 노는 사진을 보내 왔다. 모두 잘 있으니 걱정 말고 안전하게 여행을 하라는 메시지다. 잔잔한 행복감에 젖는다.

　나는 직장생활을 하며 자식을 힘들게 키웠고 그들도 고생하며 자랐다. 이제 저마다 가정을 꾸려 제 자식 키우느라 정신이 없다. 아들이 중학생 손녀를 대견하다고 쓴 답장에 가슴이 찡하다. 큰손녀가 초등학교에 입학한 후 나는 일주일에 한 번 학교생활에 대한 멘토를 했다. 아들 내외가 장사일로 바쁘니 작은 도움이라도 주고 싶었다. 손녀가 4학년 되던 해 내가 살고 있는 이웃 학교로 아예 전학을 시켰다. 주중에는 내 옆에서 학교에 다니고 주말에는 제 엄마 아빠에게 갔다. 이렇게 자란 제 딸이 기특하게 보였는가 보다.

　나는 교사 경험을 살려 손자 손녀들에게 자신감을 주는 할미가 되고 싶다. 바른 인성을 기본으로 제 일을 스스로 하며 자존감을 지닌 아이로 자라도록 도우려 한다. 하지만 때때로 욕심이 앞선다. 지난날 못다 한 부모 역할을 손자 손녀 돌봄으로 갚으려 하는데 생각처럼 쉽지 않다.

악토베 Aktobe

- 악토베주 주도, 인구 26만 명
- 악토베 악은 '하얀색', 토베는 '봉우리'라는 뜻
- 러시아 정교회와 중앙 모스크

숙소
- 나이스 호스텔 Nice hostel 아불카이르 칸 거리와 Akimjanov st 교차 지점, 1인 15달러, 주방도 있다.
- 악토베 기차역 3층 호스텔 도미토리 침대 하나 3,000텡게(약 7.8달러)

여행 팁
- 26번 시내버스는 아불카이르 칸 거리와 Akimjanov st 교차점을 지나면서 차 안에서 시내 볼거리의 위치를 파악할 수 있다.

볼거리
1. 악토베 중앙 모스크 Aktobe Central Mosque
2. 첸트랄니 공원 Tsentral'nyy Park
3. 러시아 정교회 St. Nicholas Orthodox church
4. 악토베 센트럴 경기장
5. 일렉강 저수지댐
6. Muzei 악토베
7. 아리사 기념관 Arasa Memorial hall

기차 역사 내 숙소

악토베는 카자흐스탄 서북쪽에 위치한다. 유럽과 아시아의 경계를 이루는 우랄산맥 줄기 하단이다. 이곳 자연과 사람들의 생활 모습은 어떨까? 새로운 설렘을 안고 오전 9시 30분 악토베역에 도착했다. 앞으로 장거리 야간열차 이동이라 가능한 역사 내 숙소를 이용하려 한다. 이곳 역사 3층에 호스텔이 있다. 1인 3,000텡게, 침대 수에 따라 가격은 조금씩 차이가 난다. 우리는 2인 1실 6,000텡게, 약 16달러다. 로비와 방이 넓고 깨끗하다. 화장실과 샤워실은 공동이지만 역사 안이라 여러 가지 편리한 점이 많다.

짐을 두고 역 광장으로 나갔다. 러시아 국경과 가까운 변방의 작은 도시 정도로 생각했는데 아니었다. 대형 마트에 들어서니 우리나라 이마트 매장과 같다. 각종 물건이 많고 음식 코너도 있다. 이번 여행 중 처음 만나는 편리한 매장이다. 카자흐스탄 사람들의 생활 수준을 반영한다.

역 주변 호텔도 많다. 작은 방 하나에 조식 없이 1일 10,000텡게 정도다. 주변을 구경하며 1km쯤 떨어진 바자르를 찾았다. 입구 노점에 갖가지 과일들이 넘쳐난다. 자두가 이곳 특산물인가? 큰 바구니에 담아서 판다. 우리나라 과일값과 비교하니 싸고 싱싱하다. 북적이는 시장통을 구경하다가 창고형 매장을 보았다. 사람들이 바구니에 가득 담아 계산대에 줄을 섰다. 나도 이것저것 담아 계산을 하니 일반 마켓보다 20% 정도 저렴하다. 짐은 무거워도 며칠간 먹거리를 장만하니 부자가 된 기분이다.

카자흐스탄은 우즈베키스탄보다 경제 사정이 좋은 것을 피부로 느낀다. 시장통에서 찐 옥수수와 닭튀김을 샀다. 남편은 수박까지

들었다. 덕분에 풍성한 저녁상이 되었다. 저녁을 먹고 역 근처 밤 풍경을 보러 나섰다. 역 앞 작은 공원에는 색색의 조명을 밝혀 놓았다. 내일 시내버스 노선만 파악하면 악토베 관광은 문제 없을 것 같다. 숙소로 돌아와 창밖 기차역을 내려다보니 플랫폼에 떠나고 도착하는 사람들로 북적인다. 또 하루가 지나갔다.

밤새 역사 내 안내 방송과 기적 소리, 로비에 늦게 도착한 사람들의 웅성거림, 거기다 모기 몇 마리가 웽웽거려 잠을 설쳤다. 기차역 숙소는 편리한 만큼 불편한 점도 있다.

악토베 시내 구경

버스정류장에서 가고 싶은 곳을 적은 메모지를 보여 주니 26번 버스를 타라고 한다. 이 버스는 시내 여러 관광지를 통과한다고 일러 준다. 차 안에서 번쩍거리는 모스크의 돔과 러시아 정교회, 넓은 도로와 공원 등 볼거리 위치를 대략 파악했다. 악토베는 평원에 자리한 도시이고 아직 높은 빌딩이 많지 않아 상큼하고 시원했다. 26번 버스는 구시가지를 지나 신도시를 거쳐 한적한 마을 근처 종점에 도착했다. 악토베 시내 투어를 대략 한 셈이다. 우리는 다시 걸어 나오며 차례로 볼거리를 찾았다.

악토베 중앙 모스크
'황금사원'이란 이름에 걸맞게 중앙 돔이 햇빛에 반짝인다. 4개의 미나레트가 우뚝 선 이 건물은 3,500명을 수용하는 크기다. 2층 성전은 스테인드글라스로 꾸며져 있다. 중앙 모스크에서 바라보니 멀리 정교회와 쇼핑센터, 넓은 광장 등 도시 전체가 보인다. 여지 껏 회교사원에서 기도하는 사람들은 주로 남자들이었다. 그런데 이곳에서 여신도들이 한꺼번에 쏟아져 나왔다. 다른 사원에서 보지 못한 광경이다. 이들의 신앙 교리를 모르는 나로서 보이는 것이 전부가 아니다. 그래서 관심을 두고 살피게 된다.

러시아 정교회

붉은 벽과 초록 지붕, 금색 첨탑이 잘 어울리는 단아한 러시아 정교회는 넓은 공원을 사이에 두고 중앙 모스크와 마주 서 있다. 멀지 않은 거리에 종교가 다른 두 건축물은 악토베 도심을 격조 있게 한다. 치장이 없는 이슬람 사원과 달리 정교회 성당 내부는 성경 내용을 그린 그림으로 빈틈이 없다. 천장 중심에 예수님의 대형 초상화가 있고 양쪽에 아기 예수를 안은 성모마리아와 예수를 둘러싼 천사의 그림이다.

나는 요셉이 마리아와 아기 예수를 나귀에 태우고 길 떠나는 그림을 유심히 보았다. 나귀 줄을 잡고 두 분을 편히 모시려는 요셉의 마음, "나는 보호자일 뿐입니다"라는 음성이 들리는 듯한 그림이다.

정교회에는 의자가 없다. 사람들은 촛불을 들고 서서 기도한다. 이들 모습을 지켜보며 종교란 자신을 통찰

악토베 성 니콜라스 정교회 내부

악토베 중앙공원의 조형물(위) 성 니콜라스 정교회 외부(아래)

하고, 현실의 어려움을 극복하는 힘을 얻는 것이라 생각했다. 그리고 기도는 자신과의 약속이며, 자신을 위로하는 것이 아닐까? 경건하고 엄숙한 기도 모습은 나를 묵상에 들게 한다.

케루엔시티 몰

　정교회와 멀지 않은 곳에 있는 케루엔시티 몰은 최신 대형 쇼핑몰이다. 신도시 중심에 자리한 이 쇼핑몰 앞에 작은 강이 흐른다.

케루엔시티 몰 앞 수로에서 바라본 악토베 도시 전경(위) 케루엔시티 몰 전경(아래)

다리 위에서 바라본 도시 풍경은 막힘이 없다. 안으로 들어서니 넓은 중앙 홀과 에스컬레이트로 오르는 층층의 매장들이 한눈에 들어온다. 다양한 놀이기구를 갖춘 공간, 휴식 장소, 세련된 쇼윈도, 이슬람 국가 히잡 차림의 여성은 보이지 않는다. 멋쟁이 고객들은 이곳 사람들의 변화된 생활 모습과 여유로움을 보여 준다. 1층 은행에서 환전하고 소파에 앉아 쉬다가 나왔다.

나이스 호스텔

사전 조사해 둔 나이스 호스텔 간판을 보니 반가웠다. 시설을 확인하고 싶어 들어가니 유럽의 호스텔과 같은 분위기다. 주방은 넓고 요리기구도 다양하고 시설이 좋다. 유럽 청년 몇 명이 머물고 있지만 비수기라 빈방이 많다. 2인 1실에 10,000텅게, 약 26달러. 기차역 주변의 작은 호텔과 비슷하다. 우리는 더 싸고 편리한 역사 내 숙소에 계속 머물기로 했다.

첸트랄니 공원

중앙 모스크와 러시아 정교회 사이에 있는 공원은 초대 대통령 '나자르바예프' 공원이라 부르기도 한다. 아직 공원 주변에 건물들이 많지 않아 한적하다. 도심에는 중앙 공원뿐만 아니라 대통령 기념비와 문화센터 인근에도 넓은 공원이 있다. 조형물과 꽃길로 꾸며 놓은 공원들이 도시를 상큼하게 한다. 악토베 도심 여기저기서 개발이 진행중이라 앞으로 변모될 도시 모습을 그려보게 된다.

시청사

시청사를 찾으러 교차로에서 길을 물으니 예쁜 아가씨가 친절하게 가르쳐 주겠다며 앞장서 걷는다. 아가씨는 내 차림을 보고 여행에 대해 이것저것 물었다. 마치 오래전부터 알고 지낸 사이처럼 스스럼이 없다. 시청 건물이 보이자 구경 잘하라며 돌아선다. 나는 같은 방향으로 가는 사람인 줄 알았는데, 미안해하는 나를 안심시키고 손을 흔든다. 만나는 사람마다 친절을 베푸니 여행이 한결 편하고 즐겁다. 네모반듯한 시청 건물에 들어서니 신분증을 확인한다. **139**

악토베 도심 아스타나 공원과 악토베 중앙 모스크(위) 악토베 시청사와 기마상(아래)

중앙홀 없이 바로 2층 계단이다. 시청사가 관광 명소인 유럽과 달리 마치 대학 강의동 같다.

　종일 걸은 탓에 다리가 쉬라 한다. 시청 광장 기마상 아래 대리석 바닥이 따끈하다. 잠시 누워 하늘을 올려다보았다. 여행객의 여유로움이 나를 포근히 감싸 주었다.

아리사 기념관

남편과 내가 주고받는 말을 듣고 "한국 사람입니까?"라며 길을 가던 여대생이 다가와 묻는다. 3년간 학원에서 한국어를 배웠다며 우리말이 능숙하다. 말이 통하는 현지인이라 악토베에서 꼭 봐야 할 곳을 추천해 달라고 부탁했다. 위치를 그려가며 알려 준 곳이 아리사 기념관이다.

이 기념관은 도로변 5층 아파트 맨 아래층이다. 자세히 살피지 않으면 스쳐 지나치기 쉽다. 안으로 들어서니 교실 2개 정도의 넓이다. 아리사는 여군 출신이다. 그녀가 2차 세계대전 때 활동한 사진 자료와 유품들이 전시되어 있다. 그 시절 무슬림 사회에서 여성이 활동하기 쉽지 않았을 텐데, 그녀는 이 지역에서 영웅 대접을 받는다. 나는 유관순을 떠올리며 애정을 갖고 살폈다. 여대생이 이곳을

아리사 기념관 입구

추천한 이유를 짐작해 보았다. 아리사 기념관 근처에 공설운동장, 시청, 대학 캠퍼스 등이 있다.

주바노프 악토베 주립대학교

아리사 기념관에서 육교를 건너니 바로 악토베 주립대학교다. 건물과 건물 사이에 작은 정원이 있을 뿐 잔디밭 캠퍼스가 아니다. 강의실도 많지 않아 보인다. 우리나라 대학교와 비교하니 '어머 이게 대학이야!'라고 할 정도다.

강의실을 보고 싶어 안으로 들어갔다. 벽보에 각 학과 활동 사진이 붙어 있다. 도서실에는 공부하는 학생들이 가득했다. 규모와 시설을 떠나 공부하는 학생들의 열기는 여느 대학과 다르지 않다. 나는 젊음과 열정이 있는 대학 구경하기를 좋아한다.

한때 여행지 곳곳의 큰 대학교를 탐방했다. 캠퍼스 잔디밭에 앉아

주바노프 악토베 주립대학교

그곳 학생들의 젊음을 보고, 서가 가득한 도서실에서 그들의 학구열을 부러워했다.

미 동부 명문 아이비리그 대학 투어를 한 적이 있다. 보스턴 찰스강에서 하버드와 MIT 두 대학의 카누 경기를 보며 청춘은 아름답다고 생각했다. 아인슈타인이 재직한 프린스턴대학 도서관 방명록에 "아! 젊음으로 돌아가 이곳에서 공부하고 싶어라!"는 글귀도 남겼다. 그리고 돌아오는 길에 일본 동경대 도서관 계단에 깔린 붉은 카펫을 밟으며 학문의 깊이를 생각해 보았다.

주바노프 악토베 주립대학교를 밖에서만 보고 돌아서지 않길 참 잘했다. 내 가슴 깊이 각인된 대학들을 다시 떠올리며 열심히 공부하는 이곳 학생들 또한 부럽다.

여행 중 받은 친구의 부고

숙소로 돌아와 깨끗이 씻고 핸드폰 메일을 확인했다. 내 친구 박 선생이 하늘나라로 갔다는 부고다. 억장이 내려앉았다. 오래 투병 생활을 했으나 운명했다는 사실을 접하니 한순간 못다 한 것들이 쏟아진다. 묻고 싶고 해야 할 말이 많은데…. 40년 친구로 지내면서 그 많은 세월을 다 놓쳤음을 한순간 깨닫는다. 일 년에 몇 번 만나도 학교 일과 자식 걱정, 집안 이야기로도 시간이 모자랐다. 정작 속 깊은 대화를 나누지 못한 것이 애통하다. "오! 애재라!" 탄식이 절로 나왔다.

박 선생은 내가 가장 힘든 시기에 동학년 교사로 가까이 지내며 많은 도움을 주고 내 자존감을 세워 준 고마운 사람이다. 언제나 **143**

내 어리석음을 지적하고 고생한다며 가슴 아파했다. 느즈막에 힘든 공부를 왜 하느냐고 소리쳐 놓고 돌아가면 전화로 곧 사과하고 격려해 준 사람, 떨어져 있어도 한두 마디 주고받으면 서로의 마음을 읽을 수 있었다. 얼마 전 만났을 때 힘든 내색 않고 가진 게 돈뿐이라며 맛집 찾아 이것저것 많이 먹으라고 알뜰살뜰 챙겨 준 사람이다.

나는 고맙고 사랑한다는 말도 못했다. 다른 때 같으면 여행 잘하고 오라 당부했는데, 이번 여행은 내 나이를 생각하라며 말리더니 그게 마지막이 될 줄이야. "돌아올 때까지 건강하게!" 나도 부탁했는데 야속하게 떠났다. 내 반쪽을 잃었다. 간밤에 잠을 이루지 못한 그 시간, 박 선생이 저세상으로 갔다.

서울에 있는 딸에게 영정 사진을 보내 달라 부탁하고 하늘나라로 가고 있을 박 선생에게 내 마음을 담은 편지를 썼다. 밖으로 나와 밤하늘을 올려다보니 박 선생 얼굴이 어른거린다. "이 선생! 여행 잘해!" 나를 응원하는 것 같다. 안녕! 내 친구, 내 마음 알지? 그곳에서 아프지 말고 편안하길. 나는 눈물을 흘리며 그녀의 명복을 빌었다.

황량한 벌판 속 바다 같은 호수

늦은 밤 아스타나행 기차를 타야 한다. 아침 일찍 짐을 맡기고 일렉강을 찾아 나섰다. 강으로 가는 버스를 물었더니 몇 사람이 각기 다른 번호를 말한다. 그렇지! 강물이 흐르는 곳이 어디 한 곳뿐이랴. 중년 아주머니가 자신있게 14번을 타라고 한다. 그리고 운전기사에게 우리가 내릴 지점을 상세하게 일러 주며 부탁까지 한다. 고마운 사람을 믿고 14번을 탔다. 차비는 80텡게, 300원이 채 안 된다.

눈에 익은 바자르를 지나 시 외곽으로 빠져 한참을 달린다. 나는 도심보다 농촌 풍광을 좋아한다. 같은 경치가 이어져도 지루하지 않다. 편안하고 아늑한 느낌이다. 일렉강을 찾지 못해도 시골길을 달리는 것만으로도 좋은 관광이라고 생각했다. 운전기사가 벌판에 차를 세우고 내리라 한다. 강은 어디? 보이지 않는다. 도로변에서 1.6km 떨어진 곳에 호수가 있다는 작은 표지판이 있다.

햇살은 맑고 뙤약볕이 내리쬔다. 상쾌한 바람과 들판의 고요함, 확 트인 지평선만으로도 좋은 여행이요 즐거움이다. 한참을 걸으니 눈앞에 놀라운 광경이 펼쳐진다. 황량한 벌판 언덕 아래 바다 같은 호수다. 사막 속 오아시스 같아 신기하고 반가웠다. 일렉강을 댐으로 막았다. 물가에 허술한 방갈로와 탈의실이 있을 뿐 다른 시설

악토베 일렉강 댐

이나 가게도 없다. 몇몇 사람들이 수영을 즐긴다. 나는 입은 옷 그대로 강물에 들어가 누웠다. 물결은 잔잔하고 맑다. 주변을 살피니 언덕 위 작은 나무 두어 그루가 지평선에 걸렸다. 수채화 그림 속에 내가 있다. '이런 호사가!' 여행이 주는 즐거움이다

　　돌아와 짐을 찾아 새벽 2시 아스타나행 기차에 올랐다. 어둠에 휩싸인 창밖을 바라보았다. 박 선생 얼굴이 유리창에 어른거린다. 이제 시공간을 떠난 사람이다. "박선생, 나와 함께 여행해요." 같은 서울에 살면서도 자주 만나지 못했는데 함께 여행을 한다고 생각하니 한결 슬픔이 가볍다. 나는 다시는 만날 수 없는 안타까움을 이겨 내는 방법을 찾았다.

세 명의 멋진 아줌마들

　　아스타나행 기차는 4인 1실 2층 침대다. 잠금장치 문과 머리맡 전등도 있다. 새 차처럼 깨끗한 2등석이다. 나는 장거리 이동을 야간열차로 한다. 오후 늦게까지 여유 있게 관광을 할 수 있고, 숙소도 해결된다. 다음 날 이른 시간 새로운 여행지에 도착하면 하루 시간을 벌게 된다. 기차에서 밀린 일기도 쓰고 일정표를 점검하며 차창 밖 풍경을 즐기다 보면 지루할 틈이 없다. 3등석 침대열차도 깨끗한 시트에 누워 잘 만하다. 3층 6인 칸이라 조금 비좁고 시끄럽지만 나는 그리 개의치 않는다. 사람들이 웅성거려도 깊이 잠들 수 있다. 식구들은 나더러 여행 체질이라 한다.

4인 1실 방에 세 명의 중년 아줌마들이 들어왔다. 남편과 나는 마주보는 아래층 침대다. 셋 중 둘은 위층으로 올라갔다. 좌석을 바꿔 줄 수 없는 처지라 자는 척 눈을 감았다. 한 명은 옆방으로 헤어졌다. '우리가 한 발 먼저 예매했구나! 인생은 타이밍이야!'

다음 날 아침, 조용히 아침 준비를 했다. 2층 아줌마가 소고기장조림과 과일을 건넨다. 사양해도 친절한 표정으로 먹으라 한다. 덕분에 열차에서 맛있는 아침 식사를 마치고 얼른 식탁을 비워 주었다. 옆방 친구도 함께한 그들은 피크닉 바구니에 예쁜 찻잔까지 준비한 러시아계 50대 아줌마들이다. 셋은 친구로 악타우 여행을 마치고 아스타나 집으로 돌아가는 길이라 한다.

나는 여행 일정표를 보여 주며 아스타나의 볼거리 정보를 얻었다. 그리고 간단한 말을 러시아어와 현지어로 가르쳐 달라며 받아 적었다.

그들은 씩씩하게 다니는 내 여행 비결을 물었다. 복도로 나가 늘 하던 맨손체조와 간단한 근육운동 동작을 가르쳐 주었다. 몸도 풀고 마음이 통하니 즐겁다. 그들은 스마트폰에 저장된 가족사진을 보여 주며 자신의 삶을 이야기한다. 자식 걱정과 살아가는

아스타나로 향하는 기차에서 몸 풀기

일상 등 여자의 삶과 생각은 국경을 초월한다. 우리는 오래 사귄 친구처럼 이야기를 나누며 나는 그들의 젊음을 부러워하고 그녀들은 나처럼 여행하고 싶다고 한다. 나는 야간열차의 아련한 추억과 내 중년기 그 시절을 떠올렸다.

1970년대 말, 이삿짐을 트럭에 실어 보낸 뒤 나는 아이들을 데리고 부산역에서 무궁화호 야간열차를 탔다. 서울로 간다고 좋아하던 어린 자식들은 잠이 들었다. 나는 경남에서 10년간의 교직을 접었다. 서울로 가는 밤기차는 내 일생 큰 결단이었다. 남편이 뒤 늦게 공부를 다시 시작했기 때문이다.

나는 뜬눈으로 밤을 보냈다. 기차는 굉음을 내며 굴속을 빠져나와 어두운 벌판과 불빛이 환한 도시를 번갈아 달렸다. '내 삶이 밤기차와 같구나!' 싶었다.

새벽 6시경 서울역에 도착했다. 1월의 매서운 찬바람에 정신이 번쩍 들었다. 운좋게 서울에 복직하여 새롭게 시작한 생활은 지난 아픔과 고생보다 더 세게 나를 몰아세웠고 또 큰 보람도 안겨 주었다. 세월은 흘렀지만 깊이 각인된 그날의 밤기차는 언제나 내 삶을 돌아보게 한다.

젊은 시절, 급식이 없던 때라 아침마다 도시락 6개를 싸며 동동거렸다. '최선'이란 덕목을 믿고 앞만 보고 살았다. 그러다 중년기 삶의 무게에 지치고 내 삶은 빈손임을 알았다. 교사, 엄마, 아내와 자식의 역할뿐, 나는 말뚝에 매인 망아지 신세 같았다.

중년기의 저조함에서 벗어나야 했다. 일단 가장 하고 싶은 여행을 계획했다. 2년간 도시관을 이용하여 배낭여행 방법을 익혔다. 그리고 어려운 상황을 박차고 배낭을 메고 나섰다. 나를 찾기 위한 반란이라 했다. 첫 여행을 통해 살아온 세월이 허무한 것이 아니라 그 시절이 있었기에 여행을 가능케 한다는 것을 깨달았다. '그래, 잘 살았어!' 내 삶을 긍정하는 힘을 얻었다.

내가 없어도 집안일은 돌아가고 자비 연수로 방학을 이용하니 여행을 계속할 수 있었다. 하고자 하는 의지만 있다면 불가능은 없다는 것도 그때 체득했다. 50대 후반 나는 대학원 공부를 시작했다. 내 삶을 산다는 자부심은 힘들고 어려워도 이겨 낼 수 있었다. 초등교사로 정년을 한 후 학위 덕분에 평생교육원 강의도 했다. 내 스스로 깨달아 행동으로 옮기는 것이 바로 용기였다. 용기는 도전을 낳고 도전은 추진력으로 연결된다는 것을 알았다. 50대 나는 허무와 반란, 성취로 나를 찾아가는 시절이었다.

인생의 기차는 쉼 없이 달려 지금 중앙아시아 낯선 벌판을 달리며 현재를 살고 있다. 삶은 누구나 별반 다르지 않다. 이 러시아 50대 여인들도 나와 크게 다르지 않으리라. 나는 애정을 담아 그들과 이야기를 나눴다.

기차는 하루 종일 달린다. 스텝 지역 평원에 저녁노을이 아름답다. 수도 아스타나가 가까워지자 자연 풍광도 달라진다. 얕은 언덕이 나오고 푸르름이 짙어진다. 내릴 때가 되자 그들은 이것저것 챙겨 주며 안전하게 여행하라며 나를 꼭 안아 준다. 나 또한 자신의 삶을 멋지게 가꿔 가길 바란다는 메시지를 전했다. 19시간 참 좋은 사람들과 함께한 기차여행은 내 중년기를 돌아보게 했다. 그리고 노년기의 나를 싣고 40년 훌쩍 지난 그날을 떠올리게 했다.

밤 9시 30분경 아스타나 중앙역에 도착했다. 기차역에 호텔이 있다. **149**

5일간 머물 예정이라 인근 다른 숙소도 알아보러 역을 나섰다. 마침 밤바람을 쐬러 나온 할머니를 만나 호스텔 위치를 물었다. 친절하게도 기차역 광장에서 가까운 버스터미널 2층으로 나를 데리고 갔다. 깨끗한 시트에 적당한 크기의 2인실이다. 가격도 기차역 호텔보다 싸다.

큰 창문으로 시원한 바람이 들어온다. 에어컨 바람을 싫어하는 우리인지라 에어컨의 유무는 상관없다. 일단 3일을 예약했다. 기차역뿐만 아니라 버스터미널 내에도 숙소가 있음을 알았다.

박 선생 발인날이다. 한 줌의 재로 돌아가는 날, 나는 하늘을 올려다보며 그녀의 명복을 빌었다.

아스타나 Astana(누르술탄 Nur-Sultan)

- 1824년 러시아 제국 시절에 건설한 군사 요새
- 1997년 12월 10일 알마티에서 수도 이전
- 카자흐스탄의 상트페테르부르크
- 알마티와 함께 2011년 동계 아시안게임 개최지
- 세계박람회 개최지(2017년 6월 10일~9월 10일)
- 2019년 3월 23일 아스타나에서 누르술탄으로 수도 명칭 변경
- 2022년 다시 아스타나로 환원

숙소
- 누르술탄 역사 내 호텔 요금 15~25달러, 다양한 가격의 방이 있다.
- 기차역 광장 옆 버스터미널 2층 저렴한 도미토리
- Nursat Guest House(Zhideli street 5, Zarechnoe, 010000 아스타나)

여행 팁
- 행정타운 구도시와 바이테렉 상징탑 중심의 신도시
- 계획 도시여서 관광 명소 일직선상에 위치

볼거리
1. 바이테렉 타워 Bayterek Tower
2. 칸 샤티르 엔터테인먼트센터 Khan Shatyr Entertainment center
3. 오페라 하우스
4. 누르 아스타나 모스크 Nur-Astana Mosque
5. 대통령궁 Ak Orda Presidential Palace
6. 카자흐스탄 중앙콘서트홀 Kazakhstan Central Concert Hall
7. 평화와 화해의 궁전 Palace of Peace and Reconciliation
8. 독립광장 Independence Square

9. 독립기념궁 Palace of Independence

10. 카자흐스탄 국립박물관 Kazakhstan National Museum

11. 하즈레트 술탄 모스크 Hazrat Sultan Mosque

12. 카자흐스탄 국립예술대학교 Kazakh National University of The Arts

13. 카자흐스탄공화국 대통령 박물관

14. 2017 아스타나 엑스포 전시 Museum of The Future/The Sphere

15. 한국-카자흐스탄 우호의 숲

16. 전쟁역사박물관 Kazakhstan Military History Museum

17. 조국수호자기념비 Mother Motherland

아스타나(누르술탄) 관광지도

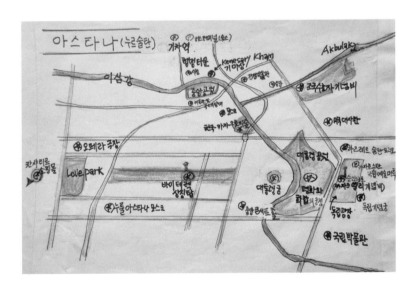

카자흐스탄의 상트페테르부르크

아스타나는 제정 러시아 시대 변방의 요새였다. 1997년 12월 알마티에서 수도를 옮겨 새로 개발한 신흥도시로 2011년 동계 아시안게임 개최지였고 2017년 세계박람회가 열린 곳이다. 기차역과 행정기관이 있는 구시가지와 바이테렉 탑을 비롯한 높은 빌딩들이 모여있는 신시가시로 구분되며, 이심강이 노시 남북으로 흐른다. 이 아스타나를 카자흐스탄의 상트페테르부르크라고도 한다. 그 이유는 초대 대통령 누르술탄 나자르바예프가 러시아 황제 표트르 1세처럼 아스타나를 새로운 수도로 건설하려 했기 때문이다.

러시아 표트르 1세는 작은 어촌 마을 상트페테르부르크를 유럽으로 진출하는 항구도시로 건설하고 수도를 모스크바에서 그곳으로 옮겼다. 그리고 그리스도 부활 대성당과 성 이삭 성당, 겨울궁전 에르미타주 등 웅장하고 아름다운 건축물을 많이 남겨 제정 러시아 문화의 꽃을 피웠다.

이 나라 초대 대통령도 알마티에서 아스타나로 수도를 옮겨 지난날 요새였던 작은 마을을 카자흐스탄의 문화와 행정 중심 도시로 만들었다. 곳곳에 멋진 건축물을 세워 자신을 표트르 1세와 견주어 업적을 남기려 하지 않았을까 싶다. 바이테렉 전망대 1층 영상물이 이를 증명한다. 두 곳은 새롭게 탄생된 신도시라는 공통점을 지녔다. 수도 이름이 2019년 3월 아스타나에서 대통령 이름인 누르술탄으로 공식 개명되었다가 그가 사퇴한 후 2022년 다시 아스타나로 바뀌었다.

아스타나의 볼거리

이 도시를 상징하는 바이테렉 타워를 찾아 나섰다. 먼저 도시 윤곽을 파악하기 위해 역 광장에서부터 걸었다. 넓은 도로변 커다란 건물과 러시아계 사람들이 많아 마치 모스크바의 어느 거리를 걷는 기분이다. 중앙아시아는 다민족 국가다. 그들 속에 나도 이방인 같지 않아 여행하기 편하다. 구도시 행정타운 지역에는 법원, 경찰청, 아바이 동상이 우뚝 선 시청사 등이 있다. 이런 국가기관에는 국기가 펄럭인다. 이른 아침이라 상점 문은 닫혔고, 토요일이라 거리는 한산했다.

도심을 남북으로 흐르는 이심 강변의 풍경은 놀랍다. 굽이쳐 흐르는 강물 따라 높은 빌딩과 멋스러운 옛 건물들이 조화를 이룬다. 강 건너 멋진 공연장과 예쁜 다리, 중앙공원의 숲, 잘 정비된 강둑, 마침 야외 학습을 나온 여중생의 발랄함까지, 이 나라의 수도다운 위상을 보여 준다.

중앙공원

이심강에 인접한 중앙공원에는 우거진 숲길 사이로 냇물이 흐르고 작고 앙증맞은 다리가 곳곳에 놓여 있다. 놀이동산에는 정글짐, 흔들다리 등 체험장이 있고, 일광욕을 즐기는 옥외 수영장도 있다. 잔디밭에는 토요일이라 가족 단위 나들이객들이 많다.

우리도 자리를 깔고 앉았다. 세 명의 젊고 예쁜 엄마가 아이들을 데리고 왔다. 돗자리를 넓게 펼쳐 간식을 차려놓고 이야기꽃을 피운다. 여유를 즐기는 모습을 지켜보니 젊음이 숲처럼 상큼하다. 나는 그들에게 아스타나 시티맵을 보이며 볼거리의 방향을 물었다.

아스타나 법원 앞 동상(위) 아스타나 구시가지 행정타운(아래)

구도시 중심의 건축물(왼쪽)
구도시 도로변의 조형물(오른쪽)

아스타나 이심 강변 풍경(위)
아스타나 이심 강변의 공연장(가운데)
아스타나 중앙공원에 나들이 나온
젊은 엄마들(아래)

영어도 유창했다. 나이를 물으니 스물일곱이라고 한다. 이 나라가 젊어서 많이 부럽다.

공원을 구경하며 도심을 향해 걷다가 공원 끝자락에 있는 체육관을 보았다. 그 앞에 2011년도 동계 아시안게임 기념 조형물이 서 있다. 시끌벅적 환호 소리에 체육관으로 들어가니 씨름 경기가 한창이다. 서울 장충체육관에서 보았던 경기 장면 그대로다. 우리 민속경기를 그곳 사람들과 어울려 응원하며 즐겼다.

한국과 카자흐스탄 우호의 숲

바이테렉 타워를 찾아 지름길로 접어들었다. 나올 것 같은 길이 오히려 돌아가며 생각지도 않았던 '불로문' 한글 현판 대문을 발견했다. 한국식 정자와 우호의 종, 활짝 핀 무궁화 동산과 연못 등 우리나라 정원이다. '한국과 카자흐스탄 우호의 숲'이라는 간판도 있다. 카자흐스탄에 거주하는 10만여 명의 고려인들에게 의미 있는

'한국과 카자흐스탄 우호의 숲' 한국정원

장소이고 시민들의 휴식처다. 이국땅에 우리 문화를 전하려는 노력이 보인다. 주변 소나무는 고향이 그리운지 잎이 누렇게 생기를 잃었다. 소나무들이 싱싱하게 자라길 바라며 잠시 정자에서 쉬었다.

바이테렉 전망대

1997년 알마티에서 수도를 옮길 때 세운 기념탑이다. 도시의 번영을 뜻하는 상징탑으로 불리기도 한다. 관광 명소라 단체 여행객들로 붐빈다. 전망대 외형은 지구의를 떠받친 모양이다. 일직선 기둥 겉면은 곡선의 나뭇잎 형상으로 높이는 1997년 수도 이전을 나타내는 97m이고 입장료는 700텅게, 약 1.8달러다.

아래층 입구로 들어서니 대형 스크린 영상물이 돌아간다. 아스타나 도시 건설 과정과 발전상 그리고 초대 대통령의 업적을 홍보하고 있다.

전망대에 오르니 아스타나 시내 전체가 한눈에 들어온다. 탑 주변은 특이한 형태의 높고 멋진 빌딩들이 숲을 이룬다. 곳곳의 시원한 분수 물줄기가 힘차다. 북쪽으로 중앙공원, 남쪽엔 누르 아스타나 모스크, 동쪽엔 대통령궁, 서쪽엔 최대 백화점 칸 샤티르 쇼핑몰

아스타나 바이테렉 전망대

이다. 이 모든 것들이 어우러 신도시 수도로서의 위상을 뽐낸다.

그리 넓지 않은 전망대 바닥 중심에 대통령의 손도장이 황금색으로 번쩍인다. 사람들은 자신의 손바닥을 손도장에 겹쳐댄다. 그 위치가 바로 탑의 중심축이라는 안내인의 설명에 나도 손을 얹어 보았다.

칸 샤티르 엔터테인먼트센터

2010년 7월 개장한 아스타나 최대 백화점인 이 건물은 원뿔 모양 같기도 하고 유목민 유르트처럼 보이기도 한다. 외관상 크지 않은데 안으로 들어서니 원통형 실내가 넓다. 1층 중앙홀에 있는 큰 놀이기구 앞에 150m 높이에서 떨어지는 스릴을 즐기려는 사람들이 줄을 섰다. 백화점 건물 형태를 활용한 뛰어난 아이디어다. 뻥 뚫린 맨 위층 놀이공간을 비롯해 층층의 유명 브랜드 매장 상품들이 화려하다. 그 속에 큰 우리나라 전자제품 매장이 있다. 고급 레스토랑과 카페, 놀이기구와 미니골프장, 수영장 등 쇼핑과 즐길 거리가 다양하다. 드나드는 사람들도 세련되고 멋스럽다. 스텝 지역 촌락에서 살아가는 사람들을 떠올리며 세상사 다양함을 보았다.

오페라 하우스

칸 샤티르 쇼핑몰 앞 대로 건너편에 있는 유럽풍의 백색 건물은 유라시아에서 가장 큰 극장이다. 26개의 방에 1,250여 명을 수용할 수 있고, 외국 전문가에게 의뢰하여 꾸민 무대 장치와 뛰어난 음향 시설을 갖춘 오페라 극장이다.

공연이 없는 날이라 주변을 구경하며 오스트리아 빈 오페라 하우스를 떠올렸다. 서울에서 미리 티켓을 예약하고 2층 작은 관람방에

아스타나 쇼핑센터 칸 샤티르 엔터테인먼트

서 내려다본 실내는 웅장하고 멋지다. 대리석 조각과 고풍스러운 실내 장식은 박물관 수준이다. 나는 그때 유명한 오페라 하우스도 입장 마감 직전 입석표가 있음을 알았다. 오늘도 입석표를 기대하고 찾았으나 허탕이다. 지붕 위 기마상 조각까지 빈 오페라 하우스를 닮은 외관을 보며 실내 구조와 장식을 상상해 보았다.

누르 아스타나 모스크

바이테렉 탑 근처 누르 아스타나 모스크는 2008년에 건축되었다. 5천 명 이상을 수용할 수 있는 중앙아시아에서 세 번째로 큰 모스크다. 돔 높이 40m는 마호메트가 예언자로 계시받은 나이이고, 첨탑 높이 63m는 그가 사망한 나이 숫자다. 황금색 중앙 돔과 주변의 작은 돔들, 꾸밈없이 매끈하게 올라간 첨탑 등이 웅장해

누르 아스타나 모스크

보인다. 성전에 들어서니 천장 돔에서 들어온 빛으로 실내가 밝다.

보행자 거리와 이어진 바이테렉 탑 주변은 관광 명소다. 이곳 광장에서 동쪽 대통령궁까지도 툭 터졌다. 그 사이 비즈니스센터인 금빛 쌍둥이 빌딩과 정부기관 건물이 돋보인다. 2011년 동계 아시안게임과 2017년 무역박람회를 거쳤으니 도시를 얼마나 다듬었을까! 지금도 도심 곳곳에 고급 주택 단지와 대형 빌딩이 들어서고 있다.

하루 종일 걸어서 시내 구경을 하고 오페라 하우스 근처 정류소에서 12번 버스를 탔다. 역전 숙소로 돌아오는 버스는 조국수호자 기념비와 전쟁기념관 앞을 지난다.

계획 도시 아스타나

대통령궁

도심 구경을 하려고 기차역 광장에서 어제와 다른 노선 10번 버스를 탔다. 다시 바이테렉 탑 근처에서 내렸다. 대통령궁은 기념탑 동쪽 이심 강변에 접한 백색 건축물이다. 철책 담장이라 건물과 마당이 훤히 보여 대통령궁이라기보다 국회의사당처럼 보인다. 장기 집권한 초대 대통령은 자신이 거처할 궁을 지으며 크기와 위치에 얼마나 신경을 썼을까 싶다. 바로 이웃한 2006년에 문을 연 공원은 숲으로 우거져 궁을 더 돋보이게 한다.

대통령궁 앞 넓은 광장은 개방되어 있다. 광장에 서서 한 바퀴 둘러보니 인근의 정부기관과 콘서트홀 등 하나같이 멋스러운 건물들이다.

카자흐스탄 중앙 콘서트홀

대통령궁 광장 가까이 푸른색 유리로 된 이 원통형 건축물은 소비에트연방에서 독립한 후 문화예술 발전을 위해 2009년 건립했다. 3층 구조로 수용 인원 3,000명 규모다. 마치 꽃잎이 개화하는 듯 특이한 형태로 아주 크다. 위치가 대통령궁과 공원 또 넓은 광장에 인접해 있어 더욱 돋보인다. 공연이 없는 날이라 문은 굳게 닫혔다. 주변 악기를 다루는 작은 조각상들이 콘서트홀임을 알려준다. 우리나라와 카자흐스탄 수교 30주년 기념 콘서트가 열린 곳이기도 하다.

아스타나 대통령궁(위) 카자흐스탄 중앙 콘서트홀(아래)

대통령 공원 그리고 평화와 화해의 궁전

이심 강변 넓은 대통령 공원은 여러 방향의 오솔길로 산책하기 좋다. 나무와 꽃밭, 수로와 분수로 상큼하고 시원스럽다. 이 공원 언덕 위에 유리로 된 높이 62m 피라미트 모양 평화와 화해의 궁전이 우뚝하다. 2006년 종교적 화해와 세계 평화를 목적으로 건축되었다. 3년마다 세계종교지도자대회를 개최하는 장소다. 주변은 잔디밭으로 자연친화적이다. 출입구는 잔디밭 아래 통로로 연결되어

유리로 된 피라미드형 평화와 화해의 궁전(왼쪽) 궁전 내부 조형물(오른쪽)

마치 피라미드 지하 입구로 들어서는 기분이다.

　폐관 시간이 임박하여 입구 전시물과 실내를 대략 둘러보았다. 대형 연꽃이 활짝 피었다가 다시 오므리는 입체 전시물을 인상 깊게 보았다. 크리스탈로 표현한 작품도 아름답다. 한국어를 잘하는 안내인을 만나 늦은 시간 편하게 관람할 수 있었다.

독립광장

　독립광장은 대로를 사이에 두고 평화와 화해의 궁전과 마주보고 있다. 일명 '엘리 광장'이라고도 한다. 2009년에 조성되어 2015년 9월 카자흐칸국 550주년 기념식을 거행한 아스타나의 역사적 광장이다. 광장 뒤편 국립예술대학교와 독립기념궁이 받쳐 주고 광장 좌우에는 국립박물관과 하즈레트 술탄 모스크가 있다. 광장 중앙 카자흐 엘리 기념비와 승리의 아치가 있다.

카자흐 엘리 기념비(오른쪽) 승리의 아치와 조각상(왼쪽)

카자흐 엘리 기념비와 승리의 아치

독립광장의 카자흐 엘리 기념비는 1991년 카자흐스탄 독립기념으로 세운 91m 높이의 탑이다. 흰 대리석 기둥 위에 양 날개를 활짝 펼친 황금 독수리가 있다. 독수리상은 독립과 자유, 미래를 향한 비상을 뜻한다. 넓은 광장과 높은 탑은 카자흐스탄 지폐에도 등장한다. 기념비 뒤쪽 승리의 아치는 이 나라 번영을 상징하는 개선문이다. 그 앞에는 산업 역군과 시민의 삶을 표현한 조각상도 있다.

카자흐스탄 국립박물관

독립광장 오른쪽에 있는 이곳은 2014년 7월 문을 열었다. 외관이 특이한 현대적 건축물로, 입구 천장은 이 나라를 상징하는

카자흐스탄 국립박물관 전경(위) 보물 중 보물인 황금 인간(아래)

황금 독수리가 날개를 활짝 펼쳐 날고 있
는 형상이다. 7개 전시실로 중앙아시아 최
대 박물관이라 자랑한다. 고대에서 현대에
이르까지 다양한 전시물을 소장하고 칸의
취임식 등 민족문화를 볼 수 있다. 유목민
족의 옛 생활 도구와 장신구, 민속옷, 전통
악기류 등 다양한 소장품들이 많다.

특히 황금 인간은 보물 중 보물이다. 기원
전 4세기경 알마티에서 50km 떨어진 고분군
에서 발굴된 미라이며, 18세가량 남자로 키
는 168cm 정도다. 황금옷에 아름다운 뿔이
긴 양과 동물이 새겨진 황금관을 썼다. 당시

뛰어난 제련 기술이 놀랍다. 황금 인간은 카자흐스탄 유물을 대표하는 것으로 여러 도시 광장의 높은 탑 위에 세워져 있다. 국립박물관은 많은 전시물과 다양한 체험 활동 공간, 디지털 기술을 활용한 현대적 시설로 자랑할 만하다.

하즈레트 술탄 모스크

독립광장을 사이에 두고 박물관 반대편에 있는 중앙아시아에서 가장 큰 사원이다. 큰 돔은 높이 77m, 4개의 첨탑은 돔과 함께 명품 모스크임을 보여 준다. 중앙 성전은 1만 명까지 수용할 수 있는 크기다. 한아름 대리석 기둥과 푹신하고 아름다운 무늬를 수놓은 카펫 바닥이 위풍당당하다.

기도 시간이 되자 건장한 남자 신도들이 앞에서부터 옆으로 나란히 길게 서서 차례로 줄을 맞춘다. 의식은 울려퍼지는 기도 소리에 맞춰 허리를 90도 굽혀 절하고, 바른 자세로 두 손을 모으기도 한다. 또 바닥에 엎드려 절하고 꿇어앉는다. 일사불란한 동작을 반복한다. 마치 많은 남자들이 펼치는 매스게임처럼 보인다. 몸에 밴 그들의 기도 모습에 감탄했다.

이슬람교 창시자 마호메트는 어린 시절을 불운하게 보냈다. 그가 만난 스무 살 연상의 여인은 후원자이자 아내이며 그의 최초 신자였다. 마호메트가 예언자로 계시를 받은 후 처음에는 점령지를 확보해 나가며 교세를 확장했다. 따라서 전쟁은 필수였다. 한 손에는 코란, 또 한 손에 칼이라는 말이 이에서 나오지 않았을까? 회교는 절제와 인내를 교리의 핵심으로 남자 위주의 종교가 될 수밖에 없겠구나, 내 나름대로 해석해 본다. 나는 성전 뒤쪽에서 기도하는 **167**

중앙아시아에서 가장 큰 사원 하즈레트 술탄 모스크

여신도들 틈에 앉아 남자들의 예배 모습을 지켜보았다. 그리고 종교의 힘을 생각했다.

카자흐스탄 국립예술대학교

독립광장에 인접한 푸른색 유리 원통형 건축물인 이 대학교는 1998년 카자흐스탄 국립음악원으로 설립되었다. 그 후 2009년 카자흐스탄 국립예술대학교로 승격된 명문 대학이다. 8개 단과대학으로 음악, 미술, 민속예술, 연극 등 예술분야와 사회인문학 분야 500여 명의 교수진과 2,000여 명의 학생이 공부하고 있다. 우리나라 연극배우 박정자 씨가 연극분야 발전에 기여한 공을 인정받아 이 학교에서 명예박사학위를 받았다.

나는 이틀간 서쪽 샤티르 엔터테인먼트센터에서 동쪽을 향해 걸었다. 그리고 볼거리를 차례로 찾았다. 모든 것이 일직선으로 놓여 있고, 그 중심에 바이테렉 탑이 우뚝하다. 마치 백지에 그린 설계도를 보는 것 같다. 독립광장에서 아스타나 도심 관광의 마침표를 찍었다. 석양이 비친 광장을 거닐며 한 국가의 수도를 가슴에 담았다.

나는 자식에게 어떤 엄마로 비칠까?

쉼켄트행 밤 기차를 타야 한다. 아침 일찍 전쟁기념관과 조국수호자기념비를 찾아 나섰다. 가는 길에 대형 마트 음식 코너에 들러 볶음밥과 닭고기 튀김, 야채 샐러드를 샀다. 따끈한 즉석요리로 이른 점심을 푸짐하게 잘 먹었다. 여행의 기본 조건은 체력이다. 일단 잘 먹어야 한다. 나는 항상 먹을 만한 음식이 있는지 살핀다. 그리고 예비식으로 일단 사서 음식점을 찾는 수고와 시간을 번다.

조국수호자기념비와 꺼지지 않는 불

조국수호자기념비는 넓은 학생공원 안에 있다. 2001년 2차 세계대전 승전 기념일에 맞춰 준공된 이 기념탑은 카자흐스탄의 모든 전쟁에 참가한 영웅들을 기린다. 우리나라 동작동 국립묘지처럼 외국 정상들도 이곳을 참배한다.

높이 24m 청동기념비 중간에 황금 그릇을 두 손으로 받쳐든 인자한 어머니 조각상이 있다. 황금 그릇은 카자흐스탄 민족의 번영을 나타내고, 어머니의 미소는 평화를 상징한다. 내 눈에는 전쟁에 나간 아들을 걱정하는 어머니로 보여 자꾸 눈길이 갔다. 기념비 앞

아스타나 조국수호자기념비의 어머니상

꺼지지 않는 불은 어머니의 마음이라 생각한다. 기념탑 뒤쪽 벽면 부조는 외세를 물리친 이 나라 영웅들의 활약상을 표현했다. 넓은 공원 우거진 숲과 광장의 분수 물줄기가 기념탑을 성스럽게 한다.

우즈베키스탄 히바에서도 어머니상을 보았다. 그곳 상은 다소곳이 앉아 꺼지지 않는 불길을 바라보고 있었다. 포근하면서도 강인해 보였다. '어머니'란 단어는 끝없는 사랑의 대명사다. 나를 돌아보게 된다.

전쟁역사박물관

조국수호자기념비에서 멀지 않는 곳에 있는 전쟁역사박물관은 월요일이라 휴관이다. 광장에는 비행기와 탱크, 대포 등 무기를 전시해 놓았다. 러시아 군인으로 참전한 역사의 산물이다. 마침 군악대 연주와 전투훈련 시범을 보인다. 특별 행사인지 알 수는 없지만, 시간대를 잘 맞춰 그나마 보게 되어 아쉬움을 접는다.

아스타나 파티마 성모 성당

이번 여행 중 러시아 정교회는 곳곳에서 보았지만 가톨릭 성당을 이곳 아스타나 수도에서 처음 만났다. 다소곳한 마리아상이 반갑다.

나는 오래전 세례를 받았지만 교리를 잘 지키지 못하는 터라 나일론 신자라 자처한다. 하지만 하느님의 사랑을 믿는다. 그리고 모든 종교는 선을 행함이라 생각하기에 절이나 회교사원, 정교회 등 어느 나라 어떤 성전에서든 묵상하고 기도한다.

지난날 주일미사 강론 시간에 신부님께서 "화가 나서 하느님께 전화로 따졌더니 답을 주셨다"는 말씀을 잊지 않고 있다. 내 부족함을 이실직고 용서해 달라 청하고 나면 나 또한 마음이 편해지기 때문이다. 나일론처럼 질긴 것은 없다. 나는 하느님을 의지하며 내 뒤를 받쳐 주시는 분이 계심에 든든하다. 이런 나인지라 여행 중 곳곳의 성지를 찾고, 로마 바티칸 대성당에서 잘 통하지 않는 말로 판공성사도 보았다. 또 산티아고 순례길을 걸으며 주님이 보시기에 좋은 삶을 살고 싶다는 간청도 했다. 오늘은 마침 내 친구 박 선생의 삼우제 날이다. 그녀의 죄업을 사해 주시고 영혼을 거두어 달라고 하느님께 간절히 기도했다.

아스타나 전쟁역사박물관

밤 10시 42분 쉼켄트행 기차에 올랐다. 중학생 축구팀이 경기를 마치고 돌아간다. "안녕하세요." 스마트폰 번역기로 우리말을 찾아 나에게 말을 걸고 깔깔댄다. 중고등학교 시절 축구선수였다는 남편도 저런 시절이 있었겠지? 잠든 남편을 바라보니 인생은 한바탕 꿈이라는 말을 음미하게 된다. 기차는 흘러가는 우리네 인생을 싣고 밤새 쌩쌩 잘도 달린다.

쉼켄트 Shymkent

- 카자흐스탄 세 번째 대도시, 남카자흐스탄 중심지
- 우즈베키스탄에 접한 국경 도시
- 인구 밀도가 가장 높은 지역 (56만 명)
- 시베리아 횡단열차가 지나가는 곳

숙소

- 쉼켄트 기차역 구내 숙소 (ShymArt Guest house—Maily Khoja st 191, 160000, 쉼켄트)

여행 팁

- 도보 관광은 기차역 → 독립공원 → 중앙공원 → 청년공원 → 아바이공원 순으로

볼거리

1. 독립공원 Independence Park
2. 메쳇 오르다바시 모스크 Mechet Ordabasy Mosque
3. 중앙공원 Central Park
4. 청년공원 Youth Garden
5. 아바이공원 Abay Park
6. 정치 탄압 피해자 박물관 Museum of Victims of Political Repression

국경 도시 쉼켄트

　장거리 야간기차는 숙박과 이동을 동시에 해결할 수 있다. 어젯밤부터 하루 낮을 더 달려 밤 9시 30분 쉼켄트에 도착했다. 약 24시간 이어지는 지평선, 정적이 감도는 황량한 평원을 달린 셈이다. 사리사간 지역을 지나자 바다 같은 발하슈 호수와 나란히 달린다. 차창 밖 펼쳐지는 풍광을 바라보며 나는 지나온 여행지 곳곳을 떠올려 보았다. 많은 것을 보고 느끼며 감동한 순간들이 가슴을 따뜻하게 했다.

　쉼켄트는 이 나라 3대 도시다. 남카자흐스탄의 중심지로 시베리아 열차가 지나가는 교통의 요지다. 그리고 이웃 나라 우즈베키스탄의 수도 타슈켄트와 120km 떨어진 국경 도시로 배낭여행자들이 모여드는 곳이기도 하다. 우리는 이곳에서 하루 낮 구경하고 투르키스탄으로 떠난다. 기차역 내 숙소를 구했다. 24시간 숙박료에 샤워비는 따로다. 2인 1실 작은 방은 15달러 정도. 시설에 비해 잠을 잘 잤다.

독립공원

　새벽에 숙소를 나서니 벌써 떠나고 도착하는 여행객들로 기차역은 생동감이 넘친다. 역 광장에서 일직선 도로를 따라 걸으니 독립공원이다. 독립 20주년을 기념하는 공원으로 정문 양쪽에 1991년과 2011년이 새겨져 있다. 이른 아침 장미꽃이 피어 있는 공원은 아름답고 상쾌하다. 삼각기둥 기념탑, 국기계양대의 깃발, 7개 돌기둥 등 조형물들은 자주독립국임을 나타낸다.

　그런데 여기저기 부실 공사 흔적이 보인다. 틈새를 함석으로 덧대고 페인트칠을 했다. 수도 아스타나에서도 허술한 화단 축대를

쉼켄트 독립공원 내 7개의 기둥(왼쪽) 독립공원 정문(오른쪽)

여러 곳 보았다. 급성장에 따른 허점인가? 정문 반대편은 도심으로 연결된다. 계단을 내려서니 바로 독립광장이다. 기념탑이 우뚝하고 분수 물줄기가 힘차다.

메쳇 오르다바시 모스크

독립광장에 인접한 메쳇 오르다바시 모스크의 황금돔 위에 초승달이 달렸다. 이는 마흐메트가 예언자로 계시받은 때의 초승달을 나타낸다. 성전에 들어서니 아이들 경전 읽는 소리가 낭랑하다. 오전 이른 시간인데 각자 작은 책상에서 코란 공부를 한다. 한 명씩 선생님 앞으로 나아가 검사를 받는 태도가 진지하다. 할아버지가 대여섯 살쯤 된 손자와 뒤쪽에 나란히 앉아 경전 읽기를 도와 준다. 할아버지 모습도 진지하다.

식수를 찾다가 홀이 넓은 구내식당을 발견했다. 방금 나온 다양한 메뉴 중에 만두, 볶음밥, 고기 요리로 아침 겸 점심을 든든히 먹었다.

메쳇 오르다비시 모스크의 황금돔

중앙공원

독립공원에서 도심 방향으로 걸으니 중앙공원이다. 숲이 우거지고 곳곳에 조형물이 있다. 이 공원은 노인들의 아지트처럼 보인다. 삼삼오오 모여서 장기, 바둑, 카드놀이를 한다. 숲속 팔각정에서 잠시 쉬는 우리에게 관심을 보인다. 할아버지들은 한국은 잘사는 나라라며 자신의 삼성 핸드폰을 꺼내 보인다. 그리고 최고라며 엄지척한다. 내 나라 국력 덕분에 어깨에 힘이 솟는다.

돌아가는 길에 바자르 구경을 하려고 할아버지들에게 위치를 물으니, 옆에서 듣고 있던 젊은이가 앞장을 선다. 젊은이는 가이드처럼 이 건물 저 건물을 가리키며 알려 주었다. 시장통을 한 바퀴 둘러

보았다. 우리나라 동대문시장 같다. 도매상들이 많아 북적이는 국경 도시 분위기다. 노점상에서 맛있는 음식과 과일을 샀다.

청년공원

튤립을 잘 가꿔 놓은 청년공원에서 젊은이들이 흥겨운 리듬에 맞춰 춤 연습을 한다. 내가 옆에서 따라하니 "브라보!" 하며 함께 하잔다. 숲속 여기저기서 젊은이들이 데이트를 즐긴다. 공원 이름 그대로 젊음이 가득하다.

아바이공원

청년공원을 지나니 아바이공원이다. 아바이(1845~1904)는 문학가이자 사상가다. 이곳에서는 아바이를 영국의 셰익스피어에 견준다. 넓은 공원 울창한 나무가 숲을 이뤄 마치 산속 같다. 2차 세계대전에 참전한 전투기인가? 비행하는 형상으로 세워져 있다. 그 앞 일직선 통로 대리석 벽면에 전사자(1941~1945) 명단을 빼곡히 새겨 놓았다. 그 끝에 2차 세계대전 전승기념탑이 있다. 꺼지지 않는 불이 타오른다. 한 노인이 기념탑 앞 그늘에 앉아 있다. 공원지기인가, 아니면 전우를 그리며 찾아왔을까? 나도 숙연해진다.

정치 탄압 피해자 박물관

기념탑 근처에 정치 탄압 피해자 박물관이 있다. 크지 않은 공간이지만 전시물은 알차다. 소비에트 연방 시절, 스탈린의 억압을 받아 수용소에서 죽어 간 550만 명을 비롯하여 당시 정치적 희생자들을 기리는 곳이다. 사람들이 절규하는 조형물은 보기에도 섬뜩하다.

하루 낮 동안 쉼켄트를 다 둘러볼 수 없지만 국경 도시 규모를 어느 정도 파악하고 분위기를 느꼈다. 밤늦게 출발하는 기차라 여유롭게 도심을 걸어 법원과 공공기관 청사, 번화가를 구경했다. 아바이 공원 북쪽에는 쉼켄트 동물원이 있고, 바담강이 흐른다. 박물관과 근교의 고대도시 사이람, 보랄다이 암각화 등 볼거리를 남겨두고 떠나야 한다. 해가 기우니 선선하다.

행복지수가 높은 삶

기차역으로 돌아가며 독립공원에 도착하니 아침과 또 다른 광경이다. 어둠이 내리자 색색의 조명등이 켜지고, 귀에 익은 명곡이 흐른다. '돌아오라 소렌토로' 노래에 맞춰 분수 물줄기가 춤을 춘다. 공원은 이웃과 만나고 소통하는 장소다. 이게 바로 '행복지수가 높은 삶의 모습이구나' 싶다.

행복은 거창한 것이 아니다. 이들처럼 사소하고 평범한 것을 현재 즐기는 일상이 바로 행복이다. 젊은 날 최선을 다한다며 놓친 것들이 이곳 사람들을 통해 보인다.

밤늦게 출발하는 기차라 서두르지 않았다. 내 엄마가 좋아했던 '스카브로우의 추억' 노래가 흘러나와 엄마를 그리워하며 즉석음식으로 저녁을 먹었다. 저녁 한때 공원에서 그들과 어울려 여유롭게 즐긴 시간은 쉼켄트 관광의 하이라이트다.

숙소에 돌아와 샤워하고 짐을 챙겨 나왔다. 자정이 지난 0시 7분 투르키스탄행 기차에 올랐다. 3시간 후 내려야 하기에 기내 차장에게 깨워 달라 부탁하고 잠을 청했다.

투르키스탄 Turkistan

- 16~18C 카자흐 칸 수도
- 이슬람 교인들의 정신적 고향
- 동서양을 이어주는 무역로 실크로드 중간 지점
- 시르다리야강 유역

숙소

- 투르키스탄 기차역 앞 호텔(1일 4,000텡게)

여행 팁

- 쉼켄트에서 당일 관광 가능(북서쪽 160km, 2시간 30분 소요)
- 영묘는 투르키스탄 기차역에서 4km 지점(13번 미니버스, 요금 50텡게)

볼거리

1. 코자 아흐메드 야사위 영묘 Mausoleum of Khoja Ahmed Yasawi

2. 카잔 Kazan

3. 아흐메드 야사위 석관

4. 라비아 술탄 베김 영묘

5. 성벽

전자 매장에서 만난 고려인

새벽 3시 30분경 투르키스탄에 도착했다. 역 부근에 있는 작은 호텔을 잡았다. 1일 4,000텡게, 10달러 정도인데 넓은 방에 에어컨도 있다. 이번에도 비수기 덕을 톡톡히 봤다. 오전에 푹 쉬고 오후 시내 구경을 나섰다.

투르키스탄은 옛 카자흐 칸의 수도로 이슬람 교인들의 정신적 고향이다. 실크로드 중간 지점 시르다리야강 유역이다. 이곳에 세계문화유산에 등재된 코자 아흐메드 야사위 영묘가 있다. 나는 이 영묘를 보러 이곳에 왔다.

작은 밥솥을 구하려고 전자 매장에 들렀다. LG와 삼성 제품들이 반갑다. 직원이 시원한 음료를 건네며 우리말로 자신을 소개했다. 몇 년간 한국에서 일을 했고 고려인이라 한다. 우리 동포라는 말에 손을 덥석 잡았다. 여행 중 어려운 일이 있으면 도와 주겠다며 전화번호를 건넨다. 나이와 봉급이 궁금해서 물었다. 25세로 곧 아빠가 되며 월 900달러 정도 받는다고 한다. 친절하고 성실한 젊은이다. 헤어져 뒤를 돌아보니 손을 흔들며 서 있다. 같은 민족 동질감은 부정할 수 없는 DNA다.

바자르 저녁장은 활기차다. 과일과 채소가 풍성하고 싱싱하다. 투르키스탄은 내가 좋아하는 여행지 조건을 갖췄다. 볼거리가 있고, 숙박료가 싸며, 큰 바자르에 풍성한 먹거리가 있어 마음이 편했다. 이것저것 사가지고 숙소에 돌아와 양배추 김치를 담고 빨래를 했다. 개운하고 여유롭다.

여행을 떠난 지 한 달이다. 상반기가 지나면 일정은 쏜살같이 지나간다. 남은 일정을 체크했다. 서울에서 기차표 예약을 한 덕에 계획대로 여행을 하고 있다. 예상보다 숙박비는 적게 들고 물가는 싸다. 남편은 "지닌 돈은 줄어들지 않는데 구경을 많이 했다"고 한다. 최소 경비로 최대 효과를 얻는 여행을 잘하고 있다는 증거다. '이 나이에 배낭여행을 할 수 있을까?' 하는 걱정은 기우다. 한 달 동안 이상 무! 참 다행이다.

외손자 훈이가 제 어미와 일본 여행 중 후지산에 오르는 영상을 보내왔다. '세 살 버릇 여든 간다'는 속담을 믿고 32개월 된 손자와 70일간 유럽 여행을 한 덕분인가? 그때 손자 뒤를 따르며 "꼬마 대장 나가신다, 길을 비켜라!" 노래를 부르며 손자의 기운을 북돋아 주었다. 그 손자가 벌써 초등학교 2학년이 되어 후지산에 올랐다니, 대견하고 기특하다. 손자를 생각하니 힘이 솟는다.

나는 걷기를 좋아한다

코자 아흐메드 야사위 영묘에 가려고 역 광장에서 13번 미니버스를 탔다. 4km 떨어진 거리 버스 요금은 50텡게(160원)다. 어제 걸었던 길을 버스에서 바라보았다. 시간은 절약되고 편하지만 걸어야 보이고 보아야 느끼는 감동을 놓쳤다.

나는 걷기를 좋아한다. 지난날 교직 정년 자축 행사로 우리나라 국토 순례를 했다. 10월의 가을 속을 걸었다. 음식점에 들어가면 자기 대신 걸어 달라며 고기를 듬뿍 넣어 주는 설렁탕집 아주머니, 늘그막에 씩씩하게 잘 걷는다고 밥값을 내 준 중년 신사, 과수원 배 따기 체험을 하며 잘 도와줬다고 맛있는 새참에 칭찬을 아끼지 않던 과수원 주인 아저씨, 휴게소에서 만난 아가씨는 나처럼 걸어 보겠다며 파이팅을 외치며 힘을 주었다.

때로는 들국화 핀 들길에 누워 가을 하늘을 바라보며 잠이 들고, 한계령 고갯길 설악 단풍에 감탄했다. 혼자 걸어도 혼자가 아니었다. 따뜻하고 친절한 사람들과 내 마음을 읽어 주는 자연이 함께했다. 땅끝마을에서는 친구 부부가 현수막을 내걸고 깜짝 이벤트를 해 줬다. 차로 달리면 고작 20~30분 거리를 하루 종일 걸었다. 그 길에서 만난 사람들에게 감동하고 펼쳐지는 자연을 보며 힐링했다. 그리고 '걷는 만큼 보인다'는 사실을 깨달았다.

걷기의 자신감은 산티아고 순례길로 발전했다. 프랑스 생장 마을에서 피레네산맥을 넘었다. 각국 순례객들과 이국적인 풍경 속을 함께 걸었다. 만나는 사람들과 눈빛으로 대화하고 나 혼자 묵상하며 걸었다. 도착한 스페인 산티아고 데 콤포스텔라 대성당 마당에 두 팔 벌리고 누워 걸어온 길을 더듬었다. 정오 12시 순례자 미사는 장엄하고 경건했다. 걷기는 즐거움이요, 성찰이며 체력 단련이다.

코자 아흐메드 야사위 영묘

코자 아흐메드 야사위는 이슬람교 수피즘의 정신적 지도자다. 수피즘은 금욕과 청빈, 명상을 통해 자신을 성찰하고 깨닫는다. 그리고 신과 교감하는 경지에 이르는 것을 목표로 한다. 율법을 존중하되 형식을 배제하며 정신적 내면을 강조한다. 야사위는 1103년 이곳에서 태어나 살다가 1166년 이곳에 묻혔다. 그는 오늘날까지도 소원을 들어주는 신적 존재로 추앙받는다. 2003년 세계문화유산에 등재된 이 영묘는 이름난 관광지다.

미니버스를 탔더니 이른 시간에 도착해 관광지 주변이 한산했다.

코자 아흐메드 야사위 영묘와 라비아 술탄 베킴 영묘(위)
코자 아흐메드 야사위 영묘(왼쪽)
코자 아흐메드 야사위 영묘 천장(오른쪽)

간이 벽을 세우고 주변 복원 공사가 한창이다. 벌판에 성벽과 영묘가 덩그렇다.

영묘 안으로 들어서니 '와!' 감탄사가 절로 나온다. 높이 39m, 지름 18.2m 원통형 건축물은 중앙아시아에서 가장 큰 영묘다. 로마의 판테온에 들어선 느낌이다. 기둥 없는 높은 돔 천장 구멍으로 햇빛이 쏟아진다. 그 아래 큰 청동솥 카잔이 턱 버티고 있다. 이 큰 솥은 제사 의식 때 사용했다. 영묘 내부에는 회의실, 모스크, 도서실, 별실

183

등이 있다. 작은 방에는 도자기류, 이슬람 경전, 옛 생활 용품들이 전시되어 있다. 차례로 둘러보니 작은 박물관 같다.

영묘 안 작은 모스크와 야사위 석관이 있는 별실 앞에서는 두 손을 모으고 기도를 드린다. 푸른빛이 감도는 별실 천장은 반투명 설화석고로 장식되고 석관과 벽면은 청색 타일의 정교하고 다양한 문양으로 꾸몄다. 사마르칸트의 샤히진다 영묘에 버금가는 아름다움과 신비로움을 자아낸다.

나는 넓은 영묘 안을 맴돌며 쉽게 자리를 뜰 수가 없었다. 기둥 없는 구조로 웅장하면서도 단순하고 견고한데다, 빛과 공기의 순환을 감안한 과학적인 건축물이라 밝고 상쾌하다. 이 영묘 건축공법은 사마르칸트의 많은 건축물 시공의 기초가 되었다니 놀랍다. 건축 연대를 계산하니 우리나라 고려 말쯤이다. 입장료는 기부금 형식이다.

영묘 근처 성벽은 일부 구간만 복원된 상태다. 이 지역을 요새화하기 위해 19세기에 축성된 성곽에 오르니 주변은 넓은 벌판이다. 저 멀리 낙타 행렬 조형물이 마치 살아 걸어가는 듯 실크로드 지역이었음을 알려 준다. 야사위 영묘 옆에 작은 라비아 술탄 베김 영묘가 있다. 이 영묘의 주인은 티무르 대제의 증손녀다. 벌판 위 두 영묘는 서로를 외롭지 않게 한다.

영묘 주변은 발굴 공사 현장이다. 사방으로 공사 트럭이 다니며 진흙 먼지를 일으키니 걷기 힘들다. 곳곳의 천막 안은 복원한 옛 주거지에서 출토된 유물을 전시해 놓았다. 복원이 잘 된 목욕탕은 이탈리아 폼페이에서 본 것과 유사하다. 탈의실과 사우나실을 갖췄다. 몇 년 후 영묘 주변 전체가 제대로 복원되면 히바의 이찬 칼라 명성에 버금가는 유적지로 탈바꿈될 것 같다.

발굴 현장 끝자락에 특이한 형태의 건물이 있다. 한 개의 미나레트에 사방 유리로 된 이슬람 사원이다. 기존 형태와 달라도 너무 다르다. 옛것에 집착하지 않는 과감한 변신이다. 안으로 들어서니 오후 시간이라 텅 빈 공간에 햇살이 마구 쏟아진다. 어째 신앙심이 햇볕에 날아갈 것 같다.

역으로 돌아오는 길, 어제 들른 바자르 앞에 내려 저녁을 먹었다. 그리고 공원과 주택가를 지나며 구경했다. 도심을 벗어나니 포장이 제대로 안 된 도로와 작은 마을들은 우리나라 70년대 모습이다. 기차역 위 육교로 연결된 건너 마을 구경도 했다. 넓은 공터에 아이들이 왁자지껄하다. 하얀 얼굴에 노랑머리 러시아계, 코가 높은 중동인 모습, 고려인인 듯한 동양계 등 생김새가 다르다. 그래도 어울려 재미있게 고무줄놀이를 한다. 어릴 적 우리 동네 아이들 모습이다. 세월이 흐르고 나라가 달라도 아이들 놀이는 변하지 않고 국경도 없다.

크질오르다 Kyzylorda

- 19세기 요새로 건설된 도시
- 제정 러시아 몰락 후 짧은 기간 카자흐스탄 공화국 수도 (1924~1929)
- 1929년 5월 알마티로 수도 이전
- 크질오르다는 카자흐어로 '붉은 수도'라는 뜻
- 중앙아시아 강제 이주 고려인 기착지
- 홍범도 장군 추모공원

숙소

- 크질오르다역 왼쪽 주택가 호스텔 KOHAK YN-XOCTE JI (1박 1룸 4,000텡게)
- 크질오르다역 앞 작은 호텔 8,000텡게

여행 팁

- 홍범도 장군 묘역은 크질오르다역 남쪽 10분 거리에 있다.

볼거리

1. 홍범도 장군 묘역 (1868~1943)
2. 북우(北愚) 계봉우 선생
3. 타운 공원 Town park
4. 아이트바이 모스크 Aitbai Mosque

홍범도 장군 추모공원

새벽 6시 30분경 크질오르다에 도착했다. 역사 3층 숙소에 빈방이 없다. 역 앞 가게 위층 작은 호텔은 시설에 비해 요금이 비싸 역에서 조금 떨어진 주택가 호스텔을 찾았다. 가정집을 호스텔로 운영한다. 침대 4개인 방을 통째로 5,000팅게라 한다. 천장은 높고 창문도 크다. 샤워와 화장실은 공용이다. 호텔 절빈 값에 좋은 방을 잘 구했다. 발품을 판 덕이다.

연이어 야간열차로 이동해 오전에 푹 쉬었다. 이곳을 찾은 이유는 1937년 연해주에서 강제 이주된 고려인 홍범도 장군의 흔적을 찾고 싶어서다. 옛 수도 분위기를 느낄 수 있으면 그건 덤이라 생각한다.

홍범도 장군 흉상

더위가 한풀 꺾인 오후, 역 광장에서 직진으로 30분 정도 걸었다. 로터리에서 장군의 추모공원 위치를 물으니 몇몇은 모른다고 대답한다. '남의 나라 역사에 관심이 있을 리 없지.' 용케 아는 이가 대학 건물을 끼고 오른쪽으로 15분 정도 가라고 한다. 조용한 도로, 버스는 자주 오가지만 통행인은 없다. 마을이 끝날 즈음 한글로 '통일문'이라 쓴 대문이 나타났다.

홍범도 장군 추모공원 입구 '통일문'(위) 공원의 정자(아래)

철조망 담장이라 정자와 장군의 흉상이 훤히 보인다. 철사로 감
아 놓은 대문을 열고 들어서니 넓지 않은 마당에 마른 장미꽃이 여
기저기 흩어져 있다. 장군 묘역 뒤는 잡풀이 뒤덮인 공동묘지다.
'세계 평화'라는 글귀가 새겨진 비석도 있다. 나는 음료수 잔을 바
치고 예를 올렸다.

홍범도 장군은 일제 침략기 봉오동과 청산리 전투를 승리로 이
끌었으나 1937년 고려인 강제 이주 때 연해주에서 이곳으로 끌려

왔다. 그리고 연해주에 있던 고려극장을 옮겨 민족지도자로 역량을 다한 분이다. 80여 년 전 이역만리 이곳에서 장군이 겪었을 고생과 서러움을 생각하니 가슴이 먹먹했다. 해방을 2년 앞두고 이곳에서 생을 마친 장군을 추모하기 위해 1982년 한인들이 힘을 모아 흉상과 기념비를 세웠다. 2021년 그의 유해는 우리나라 대전현충원에 안장되었다.

장군의 기념비 옆에 한국인 묘소도 여러 기 있다. 함경도 출신의 계봉우(1880~1959) 선생도 신민회 비밀결사대 독립운동가다. 이분 역시 강제 이주로 크질오르다에서 살다 생을 마감했다.

이곳을 찾아서 온 사람들은 우리나라의 아픈 역사에 휩쓸려 간 이들을 생각하고 추모하며 장미꽃을 바쳤으리라. 메마른 꽃송이가 말한다. 나는 흩어진 장미꽃을 모아 다발을 만들어 흉상 앞에 다시 바쳤다. 그리고 잡풀 속 비석들을 둘러보았다. 새겨진 젊은 날의 모습은 세월의 무심함을 말한다.

장군이 살았다는 생가와 거리도 찾았다. 홍범도 장군과 계봉우 선생 이름으로 명명된 거리를 걸으며 그분들의 발길이 닿은 곳이 어디 여기뿐이랴. 나는 크질오르다 도심 거리를 걸어 시르다리야 강변으로 향했다. 황혼녘 굽어 흐르는 강변 풍경은 아늑하다. '내일은 저 다리를 걸어 봐야지!'

바자르에 들러 방금 찐 옥수수를 샀다. 알갱이를 떼어 먹으며 동포들이 살았던 곳이라서인지 낯설지 않은 거리를 걸어 숙소로 돌아왔다.

무에서 유를 찾는 여행의 묘미

아침 일찍 기차역 광장에서 시르다리야강 건너 마을을 구경하기 위해 1번 시내버스를 탔다. 어제 걸었던 길을 버스에서 바라보았다. 운전기사가 다리 입구에 내려 주었다.

이 강은 시르다리야강의 본류다. 강폭이 넓고 다리는 길다. '아! 강이 있어 고려인들이 이곳에 내려졌구나!' 싶었다. 80여 년 전 강제로 끌려와 허허벌판에 내던져진 그 심정이 어떠했을까? 강둑에 서서 넓은 들판을 바라보니 그들의 모습이 그려졌다.

어제 강 건너편에서 바라본 풍경과 사뭇 다르다. 그림 같아 보이던 강촌 마을은 사람들이 떠난 빈집들이다. 잡풀이 우거진 곳에 소 떼들이 어슬렁거린다. 아파트 건설 공사 트럭이 먼지를 일으키며 다닐 뿐, 한적함이 감돈다.

우리는 강둑 끝에 자리를 잡고 점심을 먹었다. 갑자기 소들이 떼지어 몰려왔다. 선두 소가 겁에 질린 나를 봐주기라도 하듯 방향을 틀어 둑 아래로 내려가자 그 뒤를 줄줄이 따르는 모습은 장관이었다. 얼마 후 암수 두 마리가 무리에서 떨어져 사랑을 나눈다. 딱히 볼 것은 없지만 크질오르다를 깊이 각인시킨 풍광이다.

강촌의 빈집, 유유히 흐르는 강물, 소 떼의 이동과 짝짓기 등 하찮게 보이는 것들이 의미 있게 다가온다. 세상사 변하지 않는 것이 없고, 자연의 질서가 우리 삶을 관장한다는 것을 보여 준다. 외진 곳, 시간 낭비라 할 수 있다. 하지만 여행의 여유로움은 보이지 않은 것에서 큰 것을 얻게 한다. 그래서 여행은 자신을 찾아가는 과정이라 말하는가 보다.

옛 수도, 크질오르다

강촌에서 돌아나오며 다리를 다시 건넜다. 시내 방향으로 접어드니 공설운동장이다. 아이들이 롤러스케이트를 신나게 탄다. 잠시 나무 그늘에서 쉬다가 씩씩하게 걸어 도심 광장으로 나왔다. 광장 주변에는 법원과 대학, 극장과 호텔 등 큰 건물들이 옛 수도의 면모를 지녔다.

크질오르다는 19세기 요새로 건설된 도시다. 소비에트 연방 시절 1924년부터 1929년까지 잠시 카자흐스탄의 수도 역할도 했다. 그 흔적으로 도로는 넓고 잘 가꾸어진 공원과 격조 있는 건축물들이 있다. 수도를 알마티로 이전한 후 카자흐스탄 중부지방의 중심지로 결코 작은 도시가 아니다.

과일 장수 고려인

"어! 내 수첩?" 남편이 공설운동장에서 메모 수첩을 빠뜨렸다며 왔던 길로 되돌아선다. 그때 수레에 과일을 실은 사람이 우리 말을 듣고 멈춘다. 고려인 3세라 한다. 이국땅에 살면서도 우리말을 잊지 않은 동포다. 한국에 한 번도 다녀간 적은 없지만 어릴 때 부모에게 듣고 배운 말이라며 우리를 반긴다.

고려인은 중앙아시아에서 인정받는 소수민족이다. 불모의 땅에 버려져도 성실과 근면으로 삶의 터전을 이룬 사람들이다. 더러는 학자와 정치가로, 또 예술과 기술 분야에 이름을 떨친 사람들도 많다. 그런데 수레를 끌며 장사하는 그의 모습에 가슴이 찡하다. 악수를 나누고 돌아섰다. 그날 따라 남편이 겉옷을 걸치지 않았다. 하나 벗어 주었더라면… 아쉬워 돌아보니 우리를 바라보고 손을 흔든다. 왠지 자꾸 눈물이 난다.

기차역에는 중부지방의 교통 요지답게 선로가 복잡하다. 긴 화물열차도 줄지어 섰다. 1937년 10월 고려인들이 실려 왔음직한 화물차다. 당시 20만 명이 한 달 넘게 굶주림과 추위에 떨며 화장실도 없는 화물칸으로 이동했다. 자고 나면 옆 사람이 숨을 거둔 채였고, 태어난 아기는 그 자리에서 죽어 나갔다니 그 아픔과 회한이 어떠했을까?

이들은 중앙아시아 10여 곳에 흩뿌리듯 헤어졌다. 과일 장수 조부모님도 홍범도 장군과 함께 이 크질오르다에 내려져 이곳에서 생을 마감했다. 나는 양팔 벌려 균형을 잡고 선로 위를 걸으며 그날의 광경을 그려 보았다. 자꾸 과일 장수 얼굴이 어른거린다.

새벽 3시에 출발하는 기차에 올랐다. 알마티를 거쳐 고려인들이 가장 많이 살았던 우슈토베로 간다.

'멍때리기' 절호의 찬스

우슈토베로 이동하기 위해 크질오르다역에서 새벽 3시 37분 기차를 탔다. 지나온 투르키스탄과 쉼켄트를 다시 거쳐 알마티까지 1,100km 거리를 26시간 달린다. 하루 밤낮을 기차에서 보내고 그다음 날 오전 9시 40분 알마티 1역에 도착한다. 그리고 그곳에서 5시간 후 우슈토베행 기차를 또 타야 한다. 이번 여행에서 가장 긴 기차여행이다. 땅이 넓은 나라임을 실감한다.

열차에 오르니 빈 좌석이 많다. 기차여행은 나에게 휴식 시간이다. 일단 잠을 푹 잔다. 한꺼번에 많은 시간이 주어지니 몸도 마음도 느슨해진다. 왔던 길을 되돌아가는 길이라 차창 밖 풍경이 낯설지 않다. 며칠 전 새로운 여행지에 대한 기대와 설렘은 느낌과 감동으로 생각을 일깨운다. 찾지 않았더라면 결코 겪지 못했을 경험들이다. 투자한 시간과 돈에 비해 얻은 것이 더 많다. 이게 여행의 목적이고 가치다.

나는 가끔 무상무념에 잠기고 싶은데 그게 잘 안 된다. '멍때리기'에 빠져 보는 것이 내 희망 사항 중 하나다. 기차에서 꼭 해야 할 것도, 누구의 간섭도 없다. 멍때리기를 할 수 있는 절호의 기회인데, 생각을 비우려니 이놈의 생각은 더 달라붙는다. 유연한 사고, 여유로운 삶의 태도를 지닌 자만이 누릴 수 있는 특권인가?

걷기를 좋아하는 나는 한강변을 거닐면서도 머릿속이 비워지지 않는다. 오히려 평소에 맺혔던 잡다한 생각들이 정리되는 기분이다. 내 성향 탓인가? 해가 기울자 시간만 허비한 것 같아 핸드폰 사진을 정리하고 서울 자식들에게 마음을 담은 메일을 보냈다. 오늘도 멍때리기는 실패다. 나는 아직 멀었나 보다.

여행하기 좋은 나라, 그 이유는?

도착한 알마티 1역에서 5시간 후 다시 우슈토베행 기차를 타야 한다. 플랫폼 나무 아래 자리를 잡고 역 주변을 구경했다. 알마티는 대도시다. 역광장에 이 도시를 상징하는 큰 사과 조형물이 먼저 눈에 들어온다. 역사도 크고 북적이는 사람들로 활기차다. 주변 상점과 먹거리가 많아 맛있는 음식을 골라 아침을 먹었다.

안내소에서 구한 알마티 시티맵과 홍보 사진첩을 참고하여 우슈토베를 다녀온 후 이곳의 볼거리를 점검했다. 중년 남자가 우리말

알마티 1역 앞 조형물 사과. 알마티는 '사과의 아버지'란 뜻이다.

을 하며 다가왔다. 5년간 한국에서 일했다며 경기도 일대를 나보다 더 잘 안다. 모스크바에서도 일을 했는데 월 500달러 정도의 수입으로 방세를 내고 나면 별로 남는 게 없어 돌아왔다고 한다. 한국에 다시 가고 싶지만 불법 체류 이력 때문에 재입국이 어렵다고 하소연한다. 지금은 기차역에서 짐 나르는 일을 하고 있단다.

그가 이 나라 경제 사정을 들려주었다. 역무원은 1일 일하고 3일 놀며 월 200달러 정도 받는다. 일자리가 부족하여 나눠서 근무하기에 투잡을 뛰어야 생활할 수 있단다. 그래도 지난날보다 경제가 좋아져 앞날에 희망이 있다며 밝게 웃는다. 나는 박물관과 기차역에 필요 이상의 안내원과 역무원이 있는 이유를 그제야 알았다.

그의 유창한 우리말에 놀라고, 적극적인 성향이라 더 놀랍다. 아는 것도 많고 붙임성 있게 말도 잘한다. 러시아어와 이웃 나라 말도 할 수 있다니 보통 사람은 아닌 듯하다. 이런 사람이 '우리나라에서 번 돈은 다 어쩌고 짐을 나르고 있지?' 조금은 의아했다. 이야기 도중 기차가 들어오자 잽싸게 뛰어간다. 그리고 한참 후에 돌아와서 하던 이야기를 이어간다. 참 재미있는 사람이다.

그의 이야기를 들으며 이번 중앙아시아 여행을 편하고 재미있게 느끼는 이유를 짚어 보았다. 찜통더위와 건기의 삭막한 환경, 아직은 낮은 경제 수준, 이질적인 이슬람 문화 등 장기 여행지로 선호할 만한 곳은 아니다. 유럽과 비교하면 이슬람 문화와 실크로드 역사성을 제외하면 딱히 볼거리가 많다고 할 수도 없다. 그런데 나는 어느 나라를 여행할 때보다 편안하고 즐겁다. 왜일까? 사람들이 친절하고, 종교가 생활화되어 안전하며, 잘사는 나라에서 왔다고 나를 대우해 주고, 자신의 꿈을 한국에서 이룰 수 있다며 우리나라 국력을 부러워하기 때문일까? 결코 이것만은 아니다.

나는 어렵고 힘든 것에는 그만한 이유와 가치가 있다고 믿는다. 더울 때는 땀을 흘리고, 추위를 이겨 내야 건강에 좋다고 생각하기에 찜통더위 속에서도 씩씩하게 여행을 한다. 이런 내 개인적 성향과 여행 관점이 한몫하지 않을까 싶다.

여행을 좋아하는 나는 30여 년간 세상을 구경하면서 어디 한 곳 좋지 않다고 생각한 적은 없다. 단지 경제, 문화, 종교, 역사, 자연환경의 다름으로 사회상과 사람들의 생활 모습에 차이가 있을 뿐이다. 좋다 나쁘다, 편하고 불편하다는 이분법적 관점이 아닌 모두 값진 경험이라 생각한다. 그리고 누구나 좋아하는 것을 할 때는 신나고 즐겁다. 어떤 어려움과 불편함도 이겨 내는 힘을 발휘하게 된다. 내 여행 패턴은 이에서 비롯되었다.

1950~60년대 우리나라도 개발도상국이었다. 1970년대와 80년대를 거치며 빠르게 성장해 지금은 선진 대열에 선 나라의 국민으로 살고 있다. 어려운 시절을 겪었기에 젊은 시절 그 어떤 어려움도 참고 최선의 노력을 하려 했다.

패전으로 옥토를 잃은 국민에게 "하늘은 스스로 돕는 자를 돕는다"고 한 덴마크 달가스의 말을 나에게 적용했다. 실의에 빠진 국민을 일으켜 세계 제일의 낙농국이 된 나라가 아닌가. 최선의 노력과 성실, 인내로 스스로 운명을 개척하자는 말이라 생각하고 그 격언을 굳게 믿었다. 나는 근검절약으로 무에서 유를 일구며 그 과정의 고생을 당연하게 받아들였다. 앞날을 내다보고 '나는 할 수 있고 해야 하며 그것이 옳은 삶의 태도'라 생각했다.

그러다 보니 '피곤'이란 개념은 머리로 알 뿐, 자고 나면 새 힘이 솟았다. 자식들이 중고등학생이 되고, 남편의 학위 공부가 끝날 즈음 나는 중년기를 맞았다. 아! 인생이란? 뭔가 크게 놓쳤음을 알았다. 중년기의 억눌린 감정을 주체하지 못해 강변을 거닐고 산속을 찾으며 자연 속에서 아픔을 치유하려 했다. 나를 일으키는 것 또한 내 몫이다. 용기 내어 어려운 상황을 막차고 배낭을 메고 나섰다.

하지만 젊은 날의 생활 습관은 타고난 내 기질과 어울려 쉽게 떨어지지 않았다. '삶의 지혜'와 '순리'가 빠진 '최선'과 '노력'은 후회와 회한으로 내 가슴에 맺혀 있다.

남들은 장기간 씩씩하게 여행하는 나를 보고 "멋지다"고 말하지만 나는 웃고 넘길 뿐이다. 진정한 긍정은 자신의 삶을 인정하는 자신감과 여유에서 나오는 것이 아닐까? 내 활동 에너지는 겉으로 드러난 모습일 뿐, 내 가슴에 쌓인 지난날의 아픔을 떨쳐 내기 어렵다.

이런 내가 황혼기 중앙아시아 여행에서 내 삶을 총체적으로 돌아보게 된다. 최선을 다한다며 놓친 것들과 중년기의 아픔, 이에서 벗어나려 허둥된 노년 초기 시절도 다 지난 지금 인생길 끝자락에서 흐르는 강물처럼 순리대로 살길 원한다. 어느 한쪽으로 기울지 않은 중용의 도를 실천하고 싶은데 '세상사 공짜 없다!'는 말처럼 살아온 이력 때문에 생각대로 잘 될까? 나를 다잡아 본다. 인생은 연습이 없는 일회성이다. '황금'보다 '지금'이 중요하지 않은가!

50여 일 여행하며 지난 삶을 이곳에서 다시 접하고 만나는 사람들에게 나를 비춰 보았다. 이들은 내가 바라는 삶의 태도를 일상에서 자연스럽게 행하고 있다. 부족하고 불편함을 그리 개의치 않고 주어진 현실에서 열심히 밝게 순리대로 살아간다. 그들의 모습에 내 어찌 감탄하지 않겠는가? 나는 그들을 동정하고 이해하며 공감한다. 어쩌다 잘사는 한국인이라 과분한 친절과 부러움을 받으면 어쩐지 미안하다. 그러나 한편 보상을 받는 기분이기도 하다.

알마티역에서 만난 그분은 비록 짐을 나르고 있지만 밝은 모습에 희망을 읽는다. 그리고 한편 부럽기도 하다. 이 나라는 넓은 국토와 풍부한 지하자원을 지녔다. 분단국도 아니고 핵 걱정도 없다. 또한 아이들이 많아 나라가 젊다. 무엇보다 주어진 환경에 순응하며 밝고 순수하게 살아간다. 지난날 우리나라가 발전했듯 이들 또한 머잖아 옛말 하며 잘살게 되리라 나는 믿는다.

오후 2시 45분 우슈토베행 기차에 올랐다. 기차는 끝없는 호수를 끼고 달린다. 톈산산맥에서 발원한 빙하수가 일리강을 거쳐 발하슈 호수로 흘러든다. 그 면적은 남한의 1/5을 차지한다니 놀랍다. 저녁

석양 속 호숫가 경치를 바라보며 이 생각 저 생각에 잠긴다.

중앙아시아는 톈산과 파미르고원 지대를 끼고 있다. 이곳의 만년설 빙하수는 철을 가리지 않고 흐른다. 그 덕에 큰 강이 흐르고 곳곳에 호수도 많다. 이런 수자원과 내리쬐는 태양, 매장된 지하자원, 넓은 국토, 실크로드의 영광과 자연을 잘 활용하면 농업과 관광으로 부국이 될 수 있을 텐데….

내 생각은 비약한다. 라스베이거스도 사막 속 도시이고, 캐니언 물길을 막은 후버댐은 수자원 이용과 관광지를 만들었다. 아프리카 남아공 기차여행에서 몇 시간 동안 이어지는 사바나 관개농 포도밭도 보았다. 두바이 아부다비는 사막 위에 세운 최신 도시다. 자연을 어떻게 이용하느냐에 따라 나라와 개인의 삶의 질이 달라진다. 여행하며 어렵게 살고 있는 사람들을 떠올리며 나는 괜한 걱정을 한다.

침대열차 위층 젊은이가 여행일기를 쓰는 나에게 관심을 보인다. 그리고 이것저것 묻는다. 나는 그간의 여행 사진들을 보여 주었다. 30대 초반 젊은이는 자신의 핸드폰에 저장된 가족사진을 보여 준다. 아들과 딸을 둔 가장이다. 사진 속 부모 형제를 소개하며 자기 부인이 예쁘고 멋쟁이라 자랑한다. 무슬림 남자의 가정적인 모습과 가족애를 엿보았다. 과일까지 대접하는 넉넉함을 지닌 젊은이와 함께한 시간은 또 다른 여행 경험이다.

우슈토베 Ushtobe

- 알마티 북쪽 380km 지점, 고려인 강제 이주지 (1937년 10월 중순 도착)
- 우슈토베역에서 7km 지점 고려인 최초 정착지 바스토베
- 바스토베 토굴 생활 (1937년 10월 9일~1938년 4월 10일)
- 카자흐어로 우슈토베는 '세 개의 언덕', 바스토베는 '큰 언덕'을 의미함

숙소
- 기차역에서 약 100m 지점 KOHAK YU 호텔 (1일 1인 3,000텡게)

여행 팁
- 우슈토베에서 7km 지점 고려인 최초 정착지 바스토베 언덕까지 들길이 잘 닦여 있다. 자동차로 쉽게 다녀올 수도 있지만 순례길에 5~6시간 투자할 만하다.

볼거리
1. 우슈토베 Ushtobe
2. 벼농사 한계선 바스토베 Bastobe
3. 카라탈강 Karatal River
4. 우슈토베 중앙공원
5. 발하슈 호수 Balkhash Lake

밤 9시경 우슈토베에 도착했다. 역 구내와 역 부근에 숙소가 없어 늦은 시간이라 조금은 당황스럽다. 상점에 가서 호텔 위치를 물으니 옆에서 듣고 있던 60대 아주머니가 우리말로 따라오라며 앞장을 선다. 그는 고려인 후손으로 이곳에서 태어나 자랐고 지금은 알마티에 살고 있으며, 오늘 옛 친구를 만나러 방금 내가 타고 온 기차에서 내렸단다. 덧붙이는 말, 고려인들은 이미 타지로 떠나 이곳에 남은 사람은 많지 않다고 한다.

기차역 광장을 벗어나니 일직선 공원이다. 아주머니는 공원 옆에 있는 2층집을 가리킨다. 입구에 러시아어로 된 작은 간판이 붙었다. 2층으로 올라가니 피부가 하얀 러시아계 아주머니가 나온다. 실내는 깔끔하다. 침대 2개 1박 5,000텡게, 2일간 머물기로 했다.

자연의 고마움을 노래하다

우슈토베는 알마티 북쪽 380km 지점이다. 발하슈 호수로 흘러드는 카라탈강 유역에 위치한다. 1937년 10월 중순 스탈린은 연해주에 사는 고려인들을 일본의 첩자로 몰아 약 20만 명을 강제로 중앙아시아 여러 곳으로 이주시켰다. 그 중 가장 많은 사람들이 겨울에는 영하 30도인 우슈토베에 내려졌다. 당시 이곳은 시베리아 열차가 알마티를 거쳐 마지막 정차하는 작은 마을이었다.

나는 아침 일찍 순례길을 걷는 심정으로 고려인들이 토굴을 파서 정착한 바스토베를 찾아 나섰다. 기차역에서 길을 물었다. 정기 교통편이 없으니 택시를 타라고 한다. 나는 무작정 7km 떨어진 작은 언덕을 찾아 걸었다.

바스토베 토굴 첫 정착지

기차역에서 왼쪽 방향으로 1km 거리에 'Bastobe'라는 작은 팻말 이정표가 나온다. 그 길로 접어들어 몇 번 좌우 회전을 거듭하니 작은 마을도 나오고 학교도 있다. 우리나라 시골 동네 같다. 한참을 걸어 냇물이 힘차게 흐르는 작은 다리도 건넜다.

마을 길을 벗어나니 넓은 평야가 펼쳐진다. 경지정리로 네모반듯한 농경지다. 가끔 차들이 지나다니지만 사방은 조용하다. 얼마쯤 걸어도 토굴이 있을 만한 언덕은 보이지 않는다. 인적이 없으니

우슈토베 기차역 철로(위) 바스토베 토굴을 찾아가는 길(아래)

물을 수도 없다.

날씨는 쾌청하고 산들바람이 분다. 확 트인 평원에 맑은 햇살이 쏟아진다. 바람에 일렁이는 갈대와 수로에 졸졸 흐르는 냇물이 아늑하고 평화롭다. 예상치 못한 풍경이다.

자리를 잡고 주변을 둘러보며 점심을 먹었다. 나는 80여 년 전 이곳을 걸어갔을 고려인들을 떠올려 보았다. 굶주림에 기진맥진 서로를 의지하며 황무지 벌판을 걸어갔으리라. 자리를 털고 일어나 그날 그들의 심정으로 묵묵히 걸었다.

멀리 고래등 같은 작은 언덕이 보인다. 가까이 다가가니 그 앞에 냇물이 흐르고 갈대가 우거졌다. 맨손과 숟가락으로 언덕에 토굴을 파고, 갈대로 추위를 막으며 칼바람 한겨울을 어떻게 지냈을까? 남쪽을 향한 토굴과 물길, 갈대가 그들을 살렸다. 가져온 볍씨로 이듬해 땅을 일궈 농사를 지었다. 첫 수확을 할 때까지 그들의 피나는 노력을 생각하니 쏟아지는 햇살도 일렁이는 바람도 예사롭지 않았다.

한 달 넘게 화물칸에 짐승처럼 실려 와 한겨울을 이기지 못하고 죽어 간 사람들의 묘지 앞에 비석이 섰다. '이곳은 원동에서 강제 이주된 고려인들이 1937년 10월 9일부터 1938년 4월 10일까지 토굴을 짓고 살았던 초기 정착지다.' 다듬지 않은 돌에 한글로 그들은 흔적을 남겼다. 이역만리 강제로 끌려와 역경을 이겨 내고 살아 있음을 알리는 글이고 자신들을 잊지 말라는 간곡한 당부다. 나는 그 앞에 음료수 잔을 바치며 편안히 영면하길 빌었다. 잔잔한 슬픔이 밀려왔다.

남편과 나는 많은 무덤을 돌아보고 낮은 산에 올라 들판을 바라보았다. 황폐한 땅을 옥토로 바꾸어 벼농사 북방 한계선을 세운

바스토베 토굴 기념비(위) 고려인 무덤(가운데) 바스토베의 벼농사 북방 한계선 들판(아래)

고려인의 끈질긴 인내와 아픈 역사를 지닌 땅이다.

바람막이 언덕을 어떻게 알고 이곳에 찾아왔을까? 배고픔을 어떻게 참았지? 살기 위한 그들의 노력을 생각하니 쏟아지는 햇살과 일렁이는 바람, 그들에게 삶의 힘과 희망을 준 자연이 고마워서 시로 읊어 보았다.

알맞은 높이의 작은 산
멀지 않은 물길
그 곁에 갈대가 자라서 고맙습니다.
남향 토굴 보금자리 그들을 품고
따사로운 햇살이 그들을 살렸네!
모든 것을 품은 넓은 평원
이곳의 대자연 감사합니다.

나는 5,6월 벼가 자란 논에서 울어대는 개구리 소리 듣는 걸 좋아한다. 때맞춰 이곳에 다시 와서 언덕 아래 텐트를 치고 하룻밤을 보내고 싶다. 또 손자 손녀를 앞세우고 한겨울 칼바람이 불 때나 7,8월 뙤약볕 아래 이 길을 다시 걸어야지! 돌아서 나오며 또 하나의 여행 계획을 세웠다.

타박타박 걸으니 자동차가 와서 멈추더니 타라고 한다. 내 걸음이 무겁게 보였나? 고맙지만 걷겠다고 사양하니 의아해한다. 동네 어귀에 들어서니 꼬마들이 모여서 놀고 있다. 내 얼굴을 닮은 아이를 보니 반갑다. 고려인 후손인가? 껌을 하나씩 나눠 주었다. '어! 자꾸 내 뒤를 따라오네.' 토굴을 찾아 걸었던 하루는 명상과 힐링의 시간이었다.

마음을 열게 하는 자연, 세월을 뛰어넘다

바스토베 토굴을 다녀온 하루가 마치 오랜 세월을 훌쩍 지난 느낌이다. 오늘 밤 알마티로 돌아가는 기차를 타야 한다. 우슈토베 마을 구경을 나섰다. 작은 가게에 들어가 강으로 가는 길을 물었다. 서툰 우리말로 자신은 고려인 3세로 이곳에서 태어나 자랐고 부모님은 바스토베 묘지에 모셨다고 한다. 그리고 우리와 사진을 찍자며 형제처럼 대한다. 동포를 그리는 마음이다.

우슈토베는 생각보다 작은 시골이다. 역전 주변 바자르와 상설가게 그리고 아담한 모스크가 있다. 우리나라 행정구역 '면' 정도이다. 불모지에서 살아낸 고려인들이 더 넓은 세상을 찾아 떠날 만하다는 생각이 든다.

우리는 카라탈강을 찾아 걸었다. 가는 길에 작은 모스크에 들르니 히잡을 쓴 여중생들이 여선생님과 경전 공부를 하고 있다. 처음 보는 광경이다. 옆에 앉아 책을 들춰 보니 소리 내어 읽어 준다. 소녀들은 스마트폰 번역기로 한국어를 찾아 이것저것 묻는다. 수줍어하면서도 재미있다고 깔깔댄다. 눈동자가 아주 해맑다. 잠시나마 내가 더 재미있었다.

젖줄기 카라탈강

카라탈강은 발하슈 호수로 흘러가며 바스토베 넓은 들판 벼농사를 가능케 하는 젖줄이다. 다리 교각은 아이들로 북적이는 다이빙 장소다. 작은 시골 마을 아이들에게 강물은 더없이 좋은 놀이터다. 꼬마들이 용감하게 풍덩! 풍덩! 신이 났다. 아프리카 마사이족 소년이 맨발로 달리는 모습을 연상케 한다. 개발의 손길이 닿지 않은 강변 풍경이 아늑하다. 흐르는 물길 따라 강변에 모래가 쌓여 그 위에 잡풀이 우거졌다. 유유히 흐르는 강물 속 작은 모래밭에 어린 나무 몇 그루가 주변 풍경과 조화롭다.

유년 시절, 나는 낙동강 강변에서 잠시 살았다. 아련한 기억이다. 엄마 따라 강물에 들어가 재첩 조개를 잡고 물놀이도 했다. 이곳은 어릴 적 강변 풍경을 떠올리게 한다. 나는 입은 옷 그대로 강물로

카라탈강 풍경(위) 우슈토베 기차역에서 파는 말린 생선(아래)

들어갔다. 얕은 강바닥이라 물살을 헤쳐 저편 언덕에 섰다. 마침 야유회를 나온 중년의 다섯 자매를 만났다. 나는 그녀들과 어울려 강물 속에서 놀았다. 자연은 마음을 열게 하고 몇십 년 세월을 훌쩍 뛰어넘게 한다.

강변 모래밭에 누웠다. 하늘을 우러러보며 여행 중 부고를 받은 내 친구를 떠올렸다. 살아생전 못다 한 말이 너무 많아 내 가슴을 아프게 한다. 참 그립다. 지금쯤 하늘나라에 적응했을까? 잠시 인생을 생각하게 된다. 앞만 보고 내달린 지난날들이 조금은 억울하다. '여행을 마치고 돌아가면 무엇을? 어떻게?' 내 남은 생을 그려 보았다. 흐르는 강물처럼 순리를 따르자! 두 며느리에게 여성 동지로 그들의 마음을 읽고, 손자 손녀에게 포근하고 미더운 할미가 되어야지! 자연이 감싸 주니 생각 또한 여유롭다.

저녁 햇살에 옷을 말리며 걸었다. 작은 바자르에 들러 먹거리를 찾았다. 파장 때라 복숭아, 토마토, 옥수수를 떨이로 샀다. 새벽 3시 19분 알마티행 기차에 올라 총 7,000km 이상 달린 기차여행을 끝낸다. 파미르고원 횡단을 남겨 두고 있지만, 서쪽 카스피해 인근 아티라우에서 동쪽 우슈토베까지 왔으니 중앙아시아 동서 횡단을 거의 다해 간다.

알마티 Almaty

- 카자흐스탄 남동부 최대 도시
- 1997년 12월 10일까지 카자흐스탄의 수도
- 알마티는 '사과의 아버지'라는 의미
- 톈산산맥 해발 500m에 위치한 도시
- 산업, 정치, 경제, 교육, 문화, 교통의 중심지
- 인구 177만 명, 카자크인 65%, 러시아인 15%, 기타 고려인

숙소

- 올드 스퀘어 호스텔 (117 Nazarbayev st. Door Code 26, 전화 8-707-500-60-08) 판필로프 거리에서 도보로 5분, 넓은 주방과 방도 다양하다.

여행 팁

- 판필로프 거리 주변 다양한 숙소
- 동서, 남북 거리와 3개의 물길을 기준 삼아 볼거리 위치 찾기

볼거리

1. 판필로프 거리 Panfilov Street
2. 공화국 궁전 Republic Palace
3. 콕토베 공원과 알마티 타워 Kok-Tobe Park&Almaty Tower
4. 공화국 광장, 독립기념탑, 황금 인간 동상 Republic Square, Independence Monument, Golden man Statue
5. 국립중앙박물관 Central State Museum of Kazakhstan
6. 중앙공원 Central Park
7. 알마티 동물원 Almaty Zoo
8. 젤료니 바자르 Zelyony bazaar/Green bazaar
9. 알마티 중앙 모스크 Almaty Central Mosque

10. 고려극장 State Korean theater

11. 판필로프 공원과 28인 조각상 Panfilov's 28 Guardsmen Park

12. 민속악기박물관 Museum of Folk Music Instruments

13. 젠코브 대성당 Zenkov Cathedral

14. 알마티 목욕탕 Arasan Wellness&SPA

15. 메데우 Medeu

16. 침블락 Chymbulak과 곤돌라 Gondola

17. 카자흐 국립서커스공연장 Kazakh State Circus

18. 카스테예프 주립미술관 Kasteyev State Gallery

19. 대통령 공원 First President's Park

20. 탈가르봉 트레킹 Talgar tracking

21. 빅 알마티 호수 Big Almaty Lake

22. 텐산 천문대 Tien shan Astronomical Observatory

23. 차린 협곡 Charyn Canyon

24. 탐갈리 암각화 Tamgaly petroglyphs

알마티 관광지도

판필로프 거리에서 즐긴 여유

우슈토베역에서 새벽 3시 29분 알마티행 기차를 탔다. 마지막 기차여행이다. 오전 9시경 알마티 1역에 도착했다. 알마티 기차역은 1역과 2역으로 나뉜다. 도심 관광의 중심지에 가까운 2역으로 이동했다. 기차역에는 숙소가 없다. 역 부근 호텔은 1일 80달러가 넘고, 인근 호스텔에 달랑 침대 두 개가 남았다. 비좁은 방에 침대 하나에 4,000텡게다. 대도시 숙소 사정에 정신이 번쩍 든다.

카자흐스탄 남동부 최대 도시로 해발 500m에 위치한 알마티는 1997년 12월까지 수도였다. 키르기스스탄과 중국에 국경을 접하며 톈산산맥의 만년설을 시내 어디에서나 볼 수 있다. 이곳에 고려인들이 가장 많이 살고 있다. 근교에는 경치가 아름다운 침블락과 메데우, 알마티 호수 등이 있다.

알마티 2 기차역

젤료니 바자르

알마티 관광 명소인 젤료니 바자르는 푸른색 지붕으로 일명 '그린 바자르'라 불린다. 알마티 2역에서 조금 떨어진 거리지만 바자르 주변에는 음식점이 많아 다양한 메뉴를 골라 먹을 수 있다. 고깃국과 볶음밥을 먹고 시장을 한 바퀴 둘러보았다. 대도시 종합시장답다. 고려인 가게에 여러 종류의 김치와 나물, 갖가지 반찬이 가득하다. 이제 먹거리 걱정은 안 해도 된다. 대도시라 풍족하고 편리하다.

판필로프 거리

시장 구경을 마치고 관광의 시발점인 판필로프 거리를 찾았다. 주변에 호스텔과 게스트하우스가 많다. 요금이 적당한 호스텔을 찾았다. 처음부터 이곳으로 올 걸! 내일 체크인하기로 하고 판필로프 거리를 구경했다.

즐겨 먹던 라그만(왼쪽) 알마티 젤료니 바자르 식품점 풍경(오른쪽)

판필로프는 2차 세계대전 때 독일군을 상대로 대승을 거둔 장군이다. 이를 기리기 위해 거리와 공원에 그의 이름을 붙인 곳이 많다. 판필로프 거리는 보행자 전용이다. 주변에 작은 공원과 레스토랑, 오페라 하우스 등이 있어 마치 유럽의 이름난 관광지 거리를 걷는 기분이다. 다양한 형태의 의자도 놓여 있다. 다리를 뻗고 편히 눕는 긴 의자, 머리까지 닿는 등받이가 높은 의자 등 모양도 제각각이다.

남편과 나는 긴 의자에 누웠다. 바자르 위치도 알았고, 숙소도 잘 구했다. 이곳을 중심으로 반경 1km 이내 알마티의 볼거리가 모여 있으니 걱정도 없다. 하루 관광을 마친 홀가분함에 여행의 여유를 즐겼다.

큰 집으로 이사한 기분

판필로프 거리 근처 올드 스퀘어 호스텔로 옮겼다. 넓은 주방과 침대도 많다. 우리는 2인 1실 가족방을 얻었다. 비수기 요금으로 1일 6,000텅게, 5일간 예약했다. 할인 폭이 커서 좋다. 방도 넓고 우리 입에 맞는 음식을 내 손으로 만들어 먹을 수 있다. 주인은 친절하게 내 편의를 최대한 봐준다. 마치 큰 집으로 이사 온 기분이다.

가방을 정리하고 오전에 푹 쉬었다. 그리고 바자르에 가서 생닭과 마늘, 과일과 식재료를 사 왔다. 큰 찜통에 닭백숙을 하고 이것저것 만들어 숙소에 있는 사람들과 나눠 먹기로 했다. 푸짐하다. "한국 음식 짱!" 모두 맛있어 한다. 단번에 친분이 생겼다. 그들은 음료수와 과일을 내놓았다. 시내 큰 호텔에서 야간 근무를 하는 장기 체류자

청년은 매너도 좋다. 볼펜과 메모지를 선물로 주며 친절을 베푼다. 식구 같은 분위기다.

연이은 기차여행의 피로를 시설 좋은 숙소에서 한 템포 쉬며 풀기로 했다. 저녁을 먹고 가까운 판필로프 거리 야경을 보며 산책했다. 해가 지니 거리는 또 다른 풍경이 펼쳐진다. 레스토랑과 카페에 몰려든 관광객들, 거리 악사의 신나는 연주, 마술 공연 등 볼거리가 많다. 야광등 장수까지 거리를 흥겹게 한다.

가족 단위로 혹은 연인, 친구들끼리 편한 자세로 의자에 앉아 쉰다. 불을 밝힌 오페라 하우스와 분수 물줄기가 밤거리를 수놓는다. 그 속에 내가 있다. '여행은 바로 이 맛이야!' 5분 거리에 숙소가 있으니 더더욱 여유롭다.

절묘한 타이밍!

침블락은 알마티 관광에서 빼놓을 수 없다. 그곳에 가는 12번 버스를 타려고 그린 바자르 쪽으로 걸었다. 벤치에 앉아 있던 고려인 2세 할머니가 우리더러 쉬어 가라고 한다. 우리를 보니 경기도 파주로 시집간 딸과 손자 생각이 난다는 할머니는 73세 나이에 비해 참 곱다.

강제 이주한 부모님의 삶을 들려주며 자신은 부모 덕에 고등교육을 받았다고 한다. 얼마 전 우리나라 대통령이 알마티를 방문했을 때 고려극장에서 '아리랑'을 불렀다며 스마트폰 영상을 보여 준다. 교회 활동과 취미 생활로 자기 삶을 살아가는 인텔리 할머니다.

나는 알마티 관광에 대해 이것저것 물었다. 버스요금은 충전식 교통카드로 1회 80텡게, 현금은 150텡게라 한다. 우리는 도스틱 거리에서 12번 시내버스를 탔다.

메데우

알마티 남동쪽 15km 지점 톈산 중턱 해발 1,691m 골짜기 메데우에 2011년 동계 아시아게임 빙상 경기장이 있다. 침블락으로 오르는 케이블카가 경기장 위를 지나다닌다. 경기장을 끼고 잘 닦아놓은 산길을 올랐다. 톈산의 빙하수가 힘차게 흘러내린다. 메데우 산등성 전망대에서 바라본 풍경이 가슴을 탁 트이게 한다.

내친김에 케이블카 두 번째 정거장까지 트레킹을 하려는데 갑자기 비바람이 몰아쳤다. 침블락에 올라도 제대로 구경을 할 수 없어 내일 다시 오르기로 하고 서둘러 하산했다.

산 중턱에서 바라본 메데우 빙상 경기장

시내 구경을 하려고 곧장 버스를 타고 아바이 거리에서 내렸다. 알마티에서 가장 높은 카자흐스탄 호텔과 공화국 궁전, 콕토베 전망대가 보인다. 정류소 근처 인포메이션에서 근교 차린 협곡과 알마티 호수 투어를 알아보았다. 대중교통이 없으니 패키지 상품을 이용해야 할 것 같다. 시간이 될까? 최선을 다해 봐야지!

공화국 궁전

레닌 탄생 100주년을 기념한 문화궁전이다. 많은 축제와 문화행사가 열리는 이곳 광장에는 분수와 아바이 동상이 있다. 행사가 없는 날이라 광장은 조용했다. 콕토베 전망대로 오르는 케이블카 승강장 앞에 사람들이 줄을 섰다. 편도 2,000텡게다.

콕토베 공원과 알마티 타워

공화국 궁전에서 콕토베 전망대를 바라보며 걸었다. 직선거리여서 멀지 않아 보인다. 지름길을 찾으러 동네로 접어들었더니 길이 막혔다. 그 덕에 도시 주택가 구경을 잘했다.

95번 버스 종점에는 콕토베 정상까지 운행하는 셔틀버스가 있다. 우리는 산길을 걸어 올랐다. 콕토베는 카자흐어로 '그린 피크'라 한다. 해발 1,100m 알마티 남동쪽에 우뚝 솟은 산이다. 이곳에 높이 371.5m 텔레비전 송신탑이 있다. 시내 어디서도 쉽게 볼 수 있는

알마티 콕토베 전망대

일명 '알마티 타워'다.

알마티는 남쪽에 톈산이 있고 북쪽을 향해 경사진 도시다. 이곳 전망대에서 도시 전체가 한눈에 들어온다. 일몰을 감상하기 더없이 좋은 곳이다. 이미 전망 좋은 카페는 만원이다. 비가 갠 후 석양이 장관이다. 어둠이 내리니 야경이 도시를 밝힌다. 석양 구경을 마치고 내려오니 거리의 건물은 네온사인으로 화려하다. 곳곳의 분수가 힘찬 물기둥을 내뿜는다. 감탄사가 절로 나온다.

카자흐스탄호텔

화려한 건물 중 26층 카자흐스탄호텔이 가장 돋보인다. 꼭대기 왕관은 불을 밝히니 마치 여왕처럼 밤하늘을 장식한다. 야경을 카메라에 담고 싶은데 배터리가 떨어졌다. 호텔 로비에서 잠시 충전하고 나오는데 "이리 오세요!" 하고 우리를 부른다. 아는 사람이 있을 리 없는데, 호텔 야외 레스토랑에서 일행 4명이 우릴 보고 손짓한다. 그들은 알마티에서 사업하는 사람, 키르기스스탄 수도 비슈케크에서 농장을 운영하는 사람, 서울에서 사진작가로 활동하며 변호사 여자 친구와 여행 온 사람, 모두 친구 사이다.

우리가 머뭇거리자 그들은 의자를 내주며 맥주잔을 건넨다. 나이 먹은 우리를 스스럼없이 대한다. 통성명을

카자흐스탄 호텔 야경

하고 보니 남편과 고향이 같다며 술잔이 오간다. 예상하지 못한 만찬이다.

자연히 여행 이야기가 나왔다. 씩씩하게 다니는 용기가 대단하다며 우리를 칭찬한다. 그리고 자신들도 시간을 내어 자유여행을 하겠다며 부러워한다. 맛있는 음식과 과분한 칭찬에 내 기분은 업된다. 함께 사진을 찍고 여행 중 어려운 점을 도와 주겠다며 메일을 주고받았다. 그 친절함에 진한 동포애를 느꼈다. 야경보다 더 즐겁고 유익한 시간이었다.

비가 내려 침블락에 오르지 않길 참 잘했다! 석양 구경도 잘하고, 호텔에서의 만남도 절묘한 타이밍이다. "인생은 타이밍이야!"

그녀들을 만난 것은 행운

아침 일찍 서둘러 침블락행 버스를 탔다. 어제와 달리 날씨가 화창하다. 버스 안에서 교민을 만났다. 60대 초반 친구 셋 등산팀이다. 현지인은 60세부터 비싼 케이블카 요금이 무료란다. 그녀들은 빙하 골짜기까지 트레킹을 한다며 함께 가도 좋다고 했다. 좋은 가이드를 만났는데 포기할 내가 아니다.

침블락
침블락에 오르는 케이블카를 탔다. 4.5km를 세 곳의 정거장을 거쳐 정상에 오르는 루트다. 어제 트레킹을 하려다 비가 내려 그만둔 길을 하늘에서 내려다보았다. 자동차가 오간다. 골짜기 초입 산등성이를 넘자 펼쳐지는 풍경이 일품이다. 알프스산 자락에 들어

217

침블락에 오르는 케이블카에서 바라본 산속의 숙소(위)
침블락으로 오르는 길에서 만난 들꽃(왼쪽) 침블락 설산 트레킹(오른쪽)

온 듯하다. 로지의 지붕이 햇빛 아래 빛난다. 레스토랑, 카페 등 케이블카 정거장 근처는 관광객들로 붐빈다. 겨울에는 스키장이지만 여름철이라 완만한 경사면은 푸르고 들꽃으로 아름답다. 케이블카 비싼 요금이 아깝지 않다. 알마티 시내 어디서나 톈산의 만년설을 볼 수 있다. 그중 침블락 봉우리 2,200~2,800m는 중앙아시아 최대 스키장이다. 2011년 동계 아시아게임을 치른 곳이다.

케이블카 마지막 승강장에 내리니 겹겹의 톈산 봉우리들이 눈앞에 있다. 험한 듯 아름다운 산세다. 빙하를 즐기는 트레커들이 보인다. 가슴이 뻥 뚫린다. 한국 단체 여행객들도 만났다. 교사 팀, 친구 팀 등 모두 펼쳐진 풍경 앞에 환호한다. 나더러 케이블카 요금을 할인받았느냐고 묻는다. 외국인도 65세 이상은 할인이 된다는 정보를 준다. 나는 교민이 친절하게 도와 티켓을 끊는 바람에 전액 요금을 지불했다. 조금은 아깝다.

우리는 빙하를 목표로 오르다가 넓은 바위에 점심상을 차렸다. 나는 삶은 달걀과 볶음밥, 과일을 준비했다. 친구 셋은 젓갈로 담근 김치, 텃밭에서 기른 쌈, 갖가지 나물과 장아찌 등 한국 음식을 가져왔다. 남편과 나는 우리 양념으로 만든 맛있는 음식을 좋은 경치를 바라보며 우연히 만난 사람들과 푸짐하게 먹고 있다는 사실이 꿈만 같았다.

음식을 나누다 보니 금방 친구가 됐다. 만년설 위에 벌렁 누워 "참 좋다!" "행복하다!" 저마다 소리치며 즐거워한다. 대자연 앞에서 삶의 군더더기를 던져 놓고 동심으로 돌아간다. 가슴 벅찬 순간은 단순하고 순수하다. 언니, 오라버니, 아우로 부르며 한마음이 되었다. 내가 그들을 만난 것은 큰 행운이다.

침블락 정상은 바위투성이다. 남편은 위험하다며 돌아서자고 한다. 여자들이 더 용감하다. 나를 포함한 여자 넷은 "앞으로!"를 외치고 남편은 그 자리에서 기다리겠다고 한다. 우리는 바위를 뛰어넘으며 "좀 더 멀리! 높은 곳까지!" 씩씩하게 올랐다. 나아갈수록 또 다른 경치가 펼쳐져 돌아서기 어렵다. 자꾸 욕심을 내다보니 케이블카 막차 시간이 임박했다. 아쉽지만 돌아섰다. 그들은 또 다음 산행

침블락에서 바라본 톈산의 빙하(위) 침블락으로 오르내리는 케이블카(가운데)
침블락 설산 앞에서(아래)

침블락 트레킹 중 맛있는 점심 식사(위) 침블락 빙하로 만든 8월의 눈사람(아래)

약속을 한다. 탈가르봉 트레킹에 셋 모두 찬성이다.

탈가르봉은 알마티 시내 남쪽 어금니 모양의 산이다. 최고봉은 4,979m다. 메데우에서 시작하여 침블락 정상을 거쳐 탈가르봉 쪽으로 종주하는 루트다. 맑은 날씨엔 탈가르봉 정상과 톈산산맥 줄기를 볼 수 있다고 한다. 나도 함께 했으면…. 오늘은 시간이 없어 아쉽고, 다음은 함께 갈 기회가 없어 애석했다.

예상치 못한 산행은 값으로 매길 수가 없다. 그녀들도 나를 만난 것을 행운이라 했다. 한발 앞선 인생길, 여행 경험, 70을 넘긴 나이에 자유여행 등 배운 것이 많다고 좋아한다. 남편이 청일점으로 분위기를 띄우니 더 즐거웠다. 내려오면서 '여자의 삶과 인생이란?' 철학적인 이야기를 나누었다. 몇 시간의 산행이지만 전반부는 감동과 흥분으로 가득했다면, 후반부는 차분한 사색의 하산 길이다. 나는 '인생이란?' 질문을 던졌다. 셋은 한마디씩 했다.

"현재에 중점을 두어야 하는 삶."

"떨리는 가슴으로 살아야 하는 시간들."

"두 번 다시 돌아갈 수 없는 길."

나는 "긴장과 이완의 반복이 인생이다"라고 말했다. 그리고 덧붙여 연습이 없는 일회성의 삶이라 오늘 하루 좋은 경험을 갖게 되어 감사하다고 인사했다. 그리고 용기와 도전으로 우리 모두 파이팅을 외치며 멋진 인생을 살자고 약속했다.

외국에서 산다는 것은 호락호락하지 않다. 그 삶을 살아가는 60대 여인들의 지혜와 용기, 성실함과 현명함을 나는 배웠다.

현지인 무료 티켓은 이른 시간에 케이블카 승차가 마감되어 그녀들은 먼저 내려갔다. 우리는 논스톱으로 올랐기에 내려갈 때는 정거장마다 내려 잠시 풍광을 즐겼다. 카페에 앉아 관광객들과 어울리고 들꽃이 만발한 초원에 벌렁 누워 풀 냄새를 맡으며 올려다본 파란 하늘과 골짜기의 산세, 이 또한 멋진 관광이다.

하루 침블락 구경을 완벽하게 한 기분이다. 2002년 남미 푼타아레나스에서 경험한 세 자매 바위 계곡 트레킹을 이곳에서 다시 맛보았다. 침블락은 멋진 산이고 자연을 잘 활용한 관광 상품이다.

이곳에도 삼성과 LG 대형 광고판이 있어 내 어깨가 으쓱했다.

어제 오늘 좋은 사람들을 연이어 만났다. 여행이 아니면 경험하지 못할 일이다. 여행은 내 인생을 풍요롭게 한다. 그리고 또 다른 추억을 더한다. 이게 자유여행의 매력이고 가치다.

아쉽게 포기한 근교 볼거리

차린 협곡과 탐갈리 암각화

멀리 떨어진 차린 협곡과 탐갈리 암각화 구경은 일정상 포기했다. 차린 협곡은 알마티 동쪽 약 150km 지점에 있는, 카자흐스탄의 그랜드 캐니언으로 불리는 곳이다. 협곡 길이가 150km에 이르고 깊이는 300m다. 서울에서 대전까지 전체가 붉은 협곡 지역이라 상상해 보았다. 참 장관일 것이다!

탐갈리 암각화는 기원전 2,000년 동물 사냥과 말 다루기, 소와 사슴 등을 바위에 새겼다. 400여 개가 넘는 암각화는 그 시대 생활모습을 알 수 있는 자료다. 유네스코 세계유적지로 등록된 곳이다. 알마티 서쪽 170km 지점 길 옆이라 찾기도 쉽다. 이 또한 다시 오면 렌터카로 다녀와야지!

빅 알마티 호수와 텐산 천문대

빅 알마티 호수는 도심에서 남쪽 15km 지점 트랜스 이리 알라타우산에 있다. 해발 2,511m 산정호수로 석회 성분이 많아 에메랄드 물빛이 아름답고 주변 경치가 뛰어나 꼭 가봐야 할 곳이다. 호수 위쪽 2km 정도 떨어진 곳에 텐산 천문대도 있다. 해발 2,700m

관측소에서 망원경으로 톈산의 풍경을 볼 수 있다고 한다. 키르기스스탄과 국경이 가까워 검문검색을 한다.

이 두 곳을 다녀오려고 교통편을 알아보았다. 28번 버스를 이용하고 어느 구간은 개인택시를 타야 한다. 택시비 흥정은 필수란다. 마침 그때 어제의 그녀들이 빅 알마티 호수 근처 온천으로 가고 있다는 소식을 전해 준다. 아뿔싸, 한발 늦었네! 친구 셋이 인생을 참 멋지게 산다.

나는 계획을 바꿔 아직 못다 본 알마티 시내 구경을 하기로 했다. 아쉬움을 접으며 나는 항상 핑계를 댄다. '다시 오면 렌터카로 둘러봐야지!' 그리고 지난날 유사한 여행지를 떠올린다. 캐나다 로키 빅토리아 빙하 아래 레이크 루이스의 에메랄드 물빛, 뉴질랜드 남섬 데카포 호수변의 풍경을 그려보았다.

알마티는 도시 전체가 숲속 같다. 넓은 공원도 많고, 특히 가로수 우거진 보행로는 한낮에도 짙은 그늘이다. 차근차근 시내 볼거리를 찾아 걸었다.

알마티 시내 관광

알마티 목욕탕

숙소에서 멀지 않은 곳에 있는 원통형 대형 건물은 마치 실내 체육관 같다. 시티맵에 위치가 표시될 정도의 목욕탕이라 우리나라와 어떻게 다른지 알고 싶었다. 실내를 둘러보고 정보를 얻었다. 요일과 시간대에 따라 차등 요금이다. 월요일부터 금요일까지 오전 7시에서 오후 4시 사이 1시간 1,200텡게, 오후 4시부터 밤 11시

알마티 목욕탕 Arasan Wellness&SPA

30분 사이 1시간 2,400텡게, 주말과 일요일은 종일 1시간 2,400텡게다. 스파와 사우나 등 다양한 시설을 갖췄다. 욕심이 생긴다. 떠나는 날 새벽 1시간 정도 목욕을 하기로 마음먹었다.

중앙공원과 동물원

1856년에 조성된 중앙공원은 크기를 가늠할 수가 없다. 다양한 나무와 꽃, 숲이 우거져 상큼하고 아늑하다. 공원에는 사방으로 통하는 산책로도 넓다.

백설 공주와 일곱 난쟁이를 비롯해 동화 속 주인공들과 만화 캐릭터를 실물 크기로 공원 곳곳에 세워 두었다. 연못에는 뱃놀이를 즐길 수 있고, 분수와 워터파크 등 없는 것이 없다. 어른과 아이 모두 하루를 즐길 수 있는 공간이고 휴식 장소다. 중앙공원 근처 알마티 동물원에서는 다양한 야생 동물, 특히 사슴과 늑대, 비버, 금독수리 등을 만날 수 있다.

알마티 중앙공원 입구(위) 중앙공원 내부 모습들(아래)

알마티 중앙 모스크

그린 바자르와 가까이 황금 돔이 우뚝 선 모스크는 1890년에 건립되었다. 47m 미나레트와 돔이 어우러져 알마티 중앙 모스크다운 위상을 뽐낸다. 7,000여 명이 예배를 볼 수 있는 크기다. 시장이 가까워 기도 시간이 아니어도 언제나 사람들로 붐빈다.

고려극장

이곳은 시흘리나 거리와 바겐바이 바트 거리 교차로에서 가깝다. 우리 민족과 수난을 함께해 온 이 극장은 1932년 러시아 연해주에서 창단되었다. 1937년 강제 이주 당시 크질오르다를 거쳐 고려인이 가장 많이 살았던 우슈토베에서 그 역할을 이어갔다. 그리고 1968년 알마티로 이전했다. 2층 건물 500석 규모의 극장 공식 명칭은 '카자흐스탄 국립아카데미 고려극장'이다.

2017년 이 나라 정부는 현재 건물을 전용극장으로 승격시켜 고려인들에게 주었다. 연극, 노래, 무용 그리고 사물놀이 등을 공연하며 수백 편의 연극을 올렸다. 우리말을 러시아어로 동시통역하며 한민족 문화 전수에 큰 몫을 하고 있다. 우리 역사의 아픔을 함께한 장소라 애틋했다.

알미티 국립중앙박물관

대로를 사이에 두고 대통령 거주지와 마주보고 있는 이곳에 초등학생들이 단체 견학을 왔다. 아이들은 1층 홀 유리상자 안 황금 인간 앞에 모였다. 복제품이지만 자신의 키를 대보며 진지하게 관람한다. 진품은 아스타나 박물관에 있다. 2층은 카자흐스탄 민속 자료와 초대 대통령의 업적이 전시되어 있다. 1991년 독립 후 초대

알마티 국립중앙박물관(위) 알마티 국립중앙박물관 소장 황금 인간(아래)

대통령이 각국 정상들과의 만남 그리고 받은 선물들을 보여 준다. 우리나라 김영삼 대통령 사진과 거북선, 신라금관 모형도 있다. 그리고 고분에서 출토된 금으로 된 장신구와 크기가 다른 작은 황금 인간도 있다.

유목 생활을 알 수 있는 토기와 의상, 장신구 등이 주종을 이룬다. 낫과 쟁기, 절구 등은 우리나라 것과 비슷하다. 웅장한 박물관 외관에 비해 전시물이 좀 빈약한 듯하다. 한편 이들의 조상이 유목민이라는 점을 감안하니 이해는 된다.

지난날 인도 콜카타 박물관에서 크고 많은 전시물에 중압감을 느낀 적이 있다. 보아도 보아도 끝이 없었다. 처음엔 자세히 감탄하며 보다가 유사한 전시물이 계속되니 대충 스쳐도 피로감에 젖어 감동 또한 옅어졌다. 박물관 관람도 독서의 정독과 다독처럼 소장품 종류와 수량, 주어진 관람시간에 따라 방법을 달리해야 효과적이라는 생각을 했다.

대통령 거주지

대통령 거주지는 나자르바예프 거리를 사이에 두고 박물관 맞은편에 있다. 마침 승용차가 나오는 열린 문으로 들여다보니 정원은 잘 가꿔 놓았으나 건물은 크지 않다. 아스타나로 수도를 이전하기 전 대통령 거주지였고, 지금은 대통령이 알마티를 방문하면 이곳에서 머문다고 한다.

판필로프 공원

판필로프 공원은 1960년대 조성되어 숲이 우거져 있다. 도심 속 넓은 공원이라 여러 방향의 산책로는 통행로 구실을 한다. 나도 그린 바자르를 오가며 자주 들르곤 했다. 이곳에 볼거리가 여럿 있다. 제2차 세계대전 기념탑과 '28인 용사 조각상', 젠코브 러시아 정교회 성당, 민속악기박물관, 군사박물관 등이다.

2차 세계대전 전사자 추모 공간에는 기념탑이 우뚝하고, 꺼지지 않는 불길이 타오른다. 판필로프 장군과 28인 용사들이 독일군 탱크에 맞서 치열하게 싸운 장면을 사실적으로 표현한 청동 조각상도 있다. 이 공간은 바로 앞 군사박물관 건물과 한 세트처럼 보인다.

민속악기박물관

1908년에 완공된 민속악기박물관은 목조 건물이다. 뾰족지붕에 러시아 양식으로 젠코브 대성당 건축가의 작품이다. 아담하고 앙증스런 건물에서 카자흐스탄 민속음악이 은은하게 흘러나온다. 카자흐스탄 민속악기 60여 점을 비롯해 세계 50여 개국의 크고 작은 악기 1,000여 점이 있다. 장구, 북, 징, 가야금 등 우리나라 악기도 전시되었다. 박물관 외양과 전시물 모두 볼거리다.

판필로프 공원에 있는 28인 용사 조각상(위) 민속악기박물관(아래)

성화는 우리 삶에 대한 경고!

젠코브 대성당

판필로프 공원 중앙에 있는 이곳은 지금껏 보아온 러시아 정교회 성당과 달리 외관이 다양한 무늬로 조금 유아틱한 느낌을 준다. 어찌 보면 주변 공원과 잘 어울리는 듯하다. 1907년에 지은 건축물로 높이가 56m, 세계에서 두 번째로 높은 목조 건물로 유명하다. 못을 사용하지 않았고, 1911년 지진에도 끄떡없었다.

성전에 들어서니 정면에 황금색 이콘이 있고, 사방에 성경 이야기 그림이다. 문맹자에게 성경 내용을 알려 주는 차원을 넘어 예술품이다. 성화는 글보다 메시지를 확실하게 전달한다.

나는 로마 바티칸 박물관에서 미켈란젤로의 '천지창조'와 '최후의 심판' 그림 앞에서 반나절을 보낸 적이 있다. 두 그림은 성경 내용의 핵심을 단도직입적으로 알려 준다.

러시아 정교회 젠코브 대성당

'천지창조'는 천장화다. 미켈란젤로가 7명의 동료와 4년간 구약을 9가지 주제로 나누어 그렸다. 특히 중간 부분 '천지창조'는 유명한 그림이라 눈에 익다. 마치 세워서 그린 대작을 그대로 천장에 척 올려붙인 듯하다.

나는 미켈란젤로의 집념과 천재성을 생각하며 그림을 보았다. 열정과 몰입, 외골수의 성향에 두둑한 배짱을 지닌 사람이 아니었을까? 소재에 제한을 두지 말고, 그림에 간섭하지 말 것이며, 대금을 미리 지불한다는 계약을 맺은 후 그림을 그리기 시작했다고 한다. 그리고 그림이 완성되기 전 볼 수 없다는 약속을 어긴 교황과 다투기까지 했다. 화가 난 교황이 막대로 치자 이에 격분하여 아예 고향 피렌체로 돌아가 버렸다. 급기야 교황은 금화를 주며 사과했고, 그 후 완성한 그림이 '천지창조'다. 미켈란젤로는 이 그림으로 부와 명예를 얻었지만 목디스크과 시력 저하로 고생도 했다.

20년 후, 그는 60세에 '최후의 심판' 벽화를 그렸다. 390명이 넘는 나체 그림이라 말썽이 되자 후배 화가가 약간 손을 보았다. 중앙의 예수님은 아랫부분을 살짝 가리고 옆의 마리아도 벗은 듯 걸쳤다. 르네상스 시대정신이라 가시관을 쓴 야윈 예수님도, 슬픔을 이겨 내는 어머니 마리아도 아니다. 예수님은 건장한 청년으로, 마리아는 풍만한 여인의 모습이다.

그림 전체를 자세히 살피니 무섭다. 나에게 내려질 심판 광경을 보는 것 같다. 천국의 열쇠, 요르단 강가의 울부짖음, 천상으로 오르는 영혼들을 명확하게 표현했다. 제목 그대로 최후의 심판날 모습이다. 그가 존경한 단테의 신곡 지옥, 연옥, 천상의 세계를 그림으로 나타냈다. 그림 앞에 서니 '바르게 살거라!' 하느님 말씀이 들리는 듯했다. 우리 삶에 대한 경고다. 그는 일생 말년 바티칸 대성당 건축

책임자로 거대한 돔을 설치했다. 그리고 하느님께 받은 자신의 재능에 보답한다며 거액의 보수를 사양했다. 통큰 천재 예술가다. 89세로 생을 마감한 미켈란젤로는 '천지창조'와 '최후의 심판' 두 그림을 한 세트로 남겨 이를 보는 이로 하여금 옷깃을 여미게 한다.

나는 이 두 그림을 자세히 본 다음부터 성당의 벽화를 대하면 그 뜻을 헤아리고 이야기를 들으려 한다. 알마티 젠코브 대성당 벽화는 하느님의 사랑을 생활 속에서 실천하라는 경고로 들린다.

공화국 광장과 황금 인간 동상

공화국 광장은 판필로프 거리 남쪽 사트파예프 거리와 나자르바예프 거리 교차점에 있다. 넓은 광장은 국가 공식행사와 축제의 장이다. 카자흐스탄 국민의 정체성과 독립정신이 깃든 곳으로 알마티를 상징한다. 광장 중앙에 높이 28m 독립기념탑이 우뚝하다. 이 기념탑은 1986년 소련 통치에 대항한 시위를 기념하기 위해 세웠다. 꼭대기에는 날개 달린 표범과 그 위에 황금 인간 동상이 서 있다. 탑 아래 초대 대통령 손바닥을 새긴 조형물 헌법책이 놓였다.

공화국 광장 남쪽 시청사는 직사각형 큰 건물이다. 카자흐스탄 남동부 최대 도시의 정부기관이다. 살그머니 문을 열고 안을 들여다보았다. 중앙홀이 없는 방들이다. 청사 앞에서 내려다보니 공화국 광장의 기념탑이 우뚝하다.

젤톡산 기념비

공화국 광장 서쪽 젤톡산 거리와 사트타예프 거리 교차점에 기념비가 있다. 두 개 벽면 사이에 날개 달린 여인상, 일명 자유의 여명 기념비가 있다.

1986년 12월 러시아인이 카자흐스탄 공산당 서기장으로 임명되자 이에 격분하여 일어난 시위로 250여 명이 희생되었다. 소련에 대한 최초의 대규모 시위였는데, 이때 희생된 사람들을 추모하는 기념비다. 2006년 20주년 기념일에 건립되었다.

젤톡산 기념비. 일명 자유의 여명 기념비

초대 대통령 기념공원

대통령 기념공원은 도심에서 서쪽으로 7km 떨어져 있다. 63번 버스를 탔다. 공원 입구가 웅장했다. 계단을 오르니 더 놀라웠다. 톈산 줄기의 높은 산이 뒤에서 공원을 받쳐 준다. 멋진 분수와 대통령 동상이 기념공원답다. 우리는 공원을 산책하며 잠시 쉬었다. 나무 그늘에 누워 책 읽기 딱 좋은 환경이다. 기념공원이 시 외곽에 자리한 이유를 알 것 같다. 초대 대통령은 재임 시절 자신의 기념물에 신경을 많이 썼구나 싶다.

알마티 여행 마지막 날 오후. 서커스공연장, 중앙경기장, 워터파크, 미술관 등이 모여 있는 서쪽 지역을 빠뜨릴 수 없어 아침부터 걸었다. 나는 걷기에 지치면 위인 김정호를 떠올린다. 어릴 때 읽은 동화책 내용의 수준이지만, 그의 집념과 인내를 닮고 싶다. 대동여지도를 완성하기까지 그의 노력을 생각하며 걸으면 내 발걸음이 가벼워진다.

초대 대통령 기념공원 입구

국립서커스공연장

중앙아시아 각국 대도시에는 상설 서커스 공연장이 있다. 공연 시간이 맞으면 관람하려고 찾았다. 1972년에 개장한 카자흐스탄 국립서커스공연장은 1,600석 규모에 유르트 모양의 원형극장이다. 나는 어릴 때 본 서커스에 대한 추억을 안고 있다. 이번 여행 중 꼭 보고 싶었다. 그런데 입구에 '8월 11일까지 공연 없음'이라는 안내문만 달랑 붙었다. 광장에 서 있는 서커스 묘기 조형물만 보고 돌아섰다. 공연장 앞 아바이 거리 건너 카자흐스탄 아카데미 드라마 극장 앞도 조용하다. 사진만 한 컷 남겼다.

카스테예프 미술관

서커스 공연장 길 건너편 카스테예프 미술관을 찾았다. 1976년에 건립된 이곳은 1984년 예술가 카스테예프(1904~1973)를 기리기 위해 그의 이름으로 명칭을 바꿨다. 러시아 제국과 소비에트 시절의 작품, 카자흐스탄 예술품과 유럽의 그림 등이 전시되었다. 중국

235

알마티 서쪽 카자흐스탄 국립서커스공연장

과 인도 등 동양 작품도 더러 있는데, 폐관 시간이 임박해 많은 그림을 앞에 두고 돌아서려니 아쉬웠다.

걷지 않았다면 만나지 못했을 사람

다음 날 떠날 준비를 해야 하지만 알마티 시내를 내 발로 끝까지 걸어보기로 마음을 다잡고 올 때와 다른 거리로 접어들었다. 저녁 나절 시내 중심부를 흐르는 물길 근처에서 "여기서 또 만났네! 우리 인연인가 봐요!" 하며 반갑게 내 손을 덥석 잡는 이가 있다.

며칠 전 판필로프 공원에서 만난 아줌마다. 그녀는 미국인 남편 출장길에 따라온 교포다. 어릴 때 한국을 떠났지만 우리말을 잊지 않았다. 외국에서 한국 사람인 나를 두 번이나 우연히 만나 반갑다며 자기 남편을 소개한다. 그리고 함께 저녁 식사를 하자고 했다.

공원에서 처음 만났을 때 그녀는 자신이 살아온 이야기를 잠깐 들려주었다. 고아로 자라 육영재단에서 편물 기술을 배웠고, 미국에 가서 온갖 궂은일을 하며 공부를 했고, 이제는 어깨를 펴고 당당하게 살고 있다. 어릴 때 떠난 한국이 그리워 매년 우리나라를 찾고 아직도 김치와 된장을 손수 만들어 먹는다고도 했다. 그녀의 진솔한 이야기에 공감하며 가슴이 찡했었다. 오늘은 그녀 옆에 중후한 미국인 남편이 있어 든든해 보였다.

나는 내일 떠날 준비로 바쁘다며 포옹하고 헤어져 돌아오며 곧 후회했다. 어려운 시절을 살아내고 굳건히 자기 삶을 개척해 온 그녀와 저녁을 함께하며 응원의 마음을 전할 걸. 걷지 않았다면 만나지 못했을 사람이 나에게 큰 울림을 주었다.

하루 동안 알마티 시내를 휘젓고 다닌 기분이다. 조금 지쳤지만 씩씩하게 걷다 보니 숙소 근처 판필로프 거리까지 왔다. 불을 밝혀 놓은 오페라 극장 앞을 지나며 황량한 스텝 지역에 살고 있는 사람들을 떠올린다. 저마다 삶의 방법은 다르다. 하지만 조금 전 만난 교포 여성이나 나나 모두 같은 인생길을 걸어가는 동반자라 생각된다.

살기 좋은 도시 알마티!

알마티에는 3개의 큰 수로가 남북으로 흐른다. 침블락 계곡에서 시작해 중앙공원 근처로 흐르는 동쪽 물길, 메데우 골짜기에서 시작해 도심 속 주택가를 흐르는 물길, 빅 알마티 호수에서 시작해 사이란 호수로 흐르는 서쪽 물길이다. 세 갈래 물길은 적당한 거리를 두고 흘러 살기 좋은 도시 알마티라는 인상을 준다.

서쪽 지역까지 구경하고 나니 알마티 도시 윤곽을 어느 정도 파악한 듯하다. 아바이 거리와 토레비 거리를 기준 삼고, 남북으로 세차게 흐르는 세 갈래 물길을 파악하면 볼거리 위치도 쉽게 찾는다.

톈산의 설산이 받쳐 주는 알마티는 넓은 도로와 우거진 가로수, 곳곳의 공원과 고풍스러운 건물들로 옛 수도의 위상을 지녔다. 집 떠난 지 40일이 넘는다. 25일간 카자흐스탄 8개 도시를 구경했다. 내일을 키르기스스탄 수도 비슈케크로 간다.

알마티 도심의 물길

키르기스스탄

Kirgizstan

비슈케크 Bishkek • 이식쿨 호수 Issyk-Kul Lake

발리크치 Balykchy • 촐폰아타 Cholpon-Ata

카라쿨 Karakul • 파미르고원 Pamir Mountains(I) • 오슈 Osh

사리타슈 Sary Tash와 사리모굴 Sary Mogul

이 나라는 중앙아시아 내륙국으로 1991년 소련에서 분리 독립했다. 국토의 90% 이상이 톈산산맥과 그 지맥으로 산의 나라로 불린다. 이 중 40%는 해발 3,000m가 넘는 산간 지방이다. 최고봉은 7,439m의 피크 포베다(Pik Pobeda)이며, 톈산 빙하 물줄기들이 모여 시르다리야강을 이룬다. 알프스와 안데스 대자연을 두루 품어 중앙아시아의 스위스로 불린다. 우즈베키스탄, 타지키스탄, 카자흐스탄, 중국 4개 나라와 국경을 이루고, 국토 면적은 한반도보다 조금 작다. 북동부에 위치한 이식쿨 호수는 해발 1,600m 산정호수로 세계에서 두 번째 크다. 동서 180km, 남북 60km, 둘레는 700km다. 여행하기 좋은 때는 5월에서 10월 사이로 60일간 무비자 입국이 가능하다.

1. 역사

타민족의 지배를 받았지만 끝까지 살아남은 유목민족으로 그들의 역사를 고대, 중세, 현대로 나누어 간단히 살펴보면,

고대는 시베리아 중부 예니세이강 상류 삼림지대에서 유목과 수렵 생활로 집단을 이루며 살던 철륵 민족이었다.

중세는 1207년 칭기즈 칸의 침략으로 몽골에 예속되었다가 돌궐(튀르크) 문화를 받아들이면서 서쪽으로 이동했다. 이때 지금의 스텝 지역에 자리 잡은 카자흐스탄과 현재의 산악지역 키르기스스탄으로 나뉘었다. 그래서 카자흐인과 키르기스인의 기원은 같다. 키르기스는 투르크 언어로 '40'을 의미하며 이는 민족 서사시 '마나스'에 등장하는 40개 부족을 뜻한다.

현대는 19세기 러시아 혁명 이후 소련의 지배를 받다가 1991년 소련에서 독립했다. 2005년 민주화 혁명(튤립혁명)으로 독재정권을 몰아내고 2010년 또 한 번의 혁명을 거쳐 헌법을 개정했다. 중앙아시아에서 최초로 의원내각제를 도입한 나라다.

2. 버스 이동

알마티 사이란 버스터미널에서 키르기스스탄 수도 비슈케크 서부 버스터미널까지 버스가 운행된다.

3. 출입국사무소

국경검문소 하차 → 출국 심사 → 걸어서 이동 → 입국 심사 → 승차

(짐을 가지고 하차했다가 입국 심사 후 타고 온 버스에 승차)

4. 중국 카스에서 키르기스스탄 국경 넘기

- 중국 카스 → 키르기스스탄의 사리타슈로 들어와 카라쿨이나 무르갑으로 이동
- 중국 카스 → 톈산 토루가르트 고개 → 키르기스스탄의 나린(이식쿨 호수의 발리크치로)

5. 기초 정보

- 수도 : 비슈케크
- 인구 : 673만 명(2023년)
- 언어 : 키르기스어와 러시아어가 공용어
- 국토 : 199,900km²(한반도와 비슷. 남한의 2배)
- 기후 : 대륙성기후
- 민족 : 키르기스인 69.5%, 기타 러시아인 9.0%, 우즈벡족 4%,

고려인 0.3% 등

- 종교 : 이슬람교(75%), 러시아 정교회(20%), 개신교 등 기타(5%)

- 특산물 : 견과류, 주류, 꿀

- 거주증 필요 없음

- 주 키르기스스탄 대한민국대사관

  주소 : 35, Str. Akhunbaev, Bishkek, Kyrgyz Republic, 720064

  전화 : +996-312-579-771

  E-mail : korea.kg@mofa.go.kr

6. 여행 경로

비슈케크 → 이식쿨 호수(발리크치, 촐폰아타, 카라쿨) → 다시 비슈케크 →
오슈 → 사리타슈

비슈케크 Bishkek

- 키르기스스탄의 수도, 인구 약 100만 명
- 해발 774m 위치
- 알라타우산 4,800m 만년설

여행팁
- 시내 볼거리는 오슈 바자르를 기점으로 서쪽에 몰려 있다.
- 츄이 거리와 지벡 졸루 거리를 파악하면 관광하기 편하다.

숙소
- 비슈케크 서부 버스터미널 오른쪽 호스텔 (1일 1인 15달러)
- 비슈케크 서부 버스터미널 왼쪽 COH-КФА, 저렴한 숙소
- 대통령궁 근처 센트럴 호스텔 (전화 996-776-90-10-60)

볼거리
1. 알라 투 광장 Ala-Too Square
2. 마나스 동상 Manas Statue
3. 국립역사박물관 State History Museum
4. 키르기스스탄 국립대학교
5. 필하모니 홀 Philharmonic Hall
6. 자유의 동상 freedom/Erkindik statue
7. 러시아 동방 정교회 Holy Resurrection Cathedral
8. 민족 간 우호 기념탑 Stella of Friendship of Nation
9. 화이트 하우스 White House
10. 자유를 위해 죽은 자들의 기념물 Monument to Those Who Died For Freedom
11. 비슈케크 시청 Bishkek City Hall
12. 국립미술박물관 National Museum of Fine Arts

13. 오페라&발레 극장 Opera&Ballet Theater

14. 혁명순교자기념비 Monument to the Martyrs of the Revolution

15. 스파르타크 스타디움 Spartak Stadium

16. 오크 파크 Oak park

17. 판필로프 공원 Panfilov Park

18. 국립서커스 Kyrgyz State Circus

19. 승리광장 Victory Square

20. 비슈케크 중앙 모스크 Bishkek Central Mosque

21. 오슈 바자르 Osh Bazaar

22. 알 아르차 국립공원 Ala Archa National Park

23. 부라냐 탑 Burana Tower

비슈케크 관광 지도

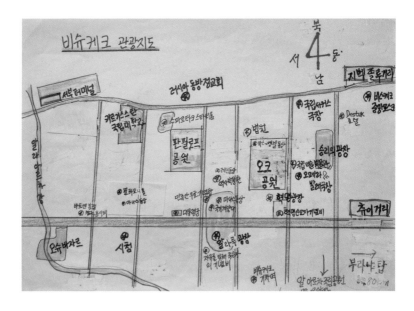

국경을 넘어 비슈케크로!

알마티 서쪽 사이란 버스터미널에서 오전 8시 30분 비슈케크행 버스로 출발한다. 티켓은 예약하지 않은 상태다. 호스텔 숙소 앞 정류장에서 사이란 버스터미널로 가는 126, 37, 45, 19번 등 시내버스가 많다. 버스는 어제 걸었던 길을 달린다. 눈에 익은 건물들이 지나간다. 터미널에 도착하니 예상 밖으로 한산하다.

"비슈케크?" 하고 물으니 시동이 걸린 버스를 타라 한다. 요금은 1,800텡게, 약 4.7달러다. 국경을 넘는 버스요금이 이렇게 저렴할 수가! 딱히 출발 시간이 정해진 것이 아니라 정원이 차면 떠나는 시스템인 듯하다. 이웃 나라로 이동하는 교통편이 참 편리하다.

3시간 정도 달려 국경검문소에 도착했다. 두 나라 출입국사무소가 멀지 않다. 40여 분간 심사를 마치고 다시 버스에 오르니 운전기사가 우리 짐 검사를 대신했다며 수고비를 달라고 한다. 타고 온 버스가 그대로 국경을 넘는다기에 짐을 두고 내렸는데, 돈 달라는 말을 농담으로 넘겼다. 국경이 바뀌어도 차창 밖 풍경은 다르지 않다. 5시간 동안 조용한 시골 풍경이 이어졌다.

도착한 비슈케크 서부 버스터미널 분위기는 알마티와 다르다. 조금은 무질서하고 낙후된 듯하다. 환전부터 했다. 돈 단위가 달라지니 조금 헷갈린다. 터미널 근처에 숙소를 잡고 오슈 바자르를 찾아 나섰다. 터미널 앞 지벡 졸루 대로를 건너 직진했다. 바자르로 가는 길가의 허름한 마을에 한 집 건너 호스텔과 게스트하우스 간판이 있다. 가격은 7~10달러 정도. 일터를 찾아온 현지인들이 많이 이용하는 듯하다.

오슈 바자르

나라가 바뀌어도 바자르 형태와 분위기는 비슷하다. 풍성하고 활기차다. 물가는 조금씩 차이가 있다. 나는 토마토와 오이 등 과일과 채소 가격으로 그 차이를 느낀다.

리어카에 말린 자두가 가득하다. 쉽게 상하지 않으니 비상식으로 2kg을 샀다. 시장을 한 바퀴 돌며 문구 도매점에서 볼펜을 사려고 하니 주인이 선물이라며 하나 골라 가지란다. 한국 여행객에 대한 배려인가? 가는 곳마다 대접을 받으니 송구스럽다.

저녁을 먹고 터미널 주변을 산책하며 다음 행선지 이식쿨 호수와 오슈행 교통편을 알아보았다. 티켓 창구에서 버스표를 예매할 수 없다. 운행 시간표에는 카라쿨행이 밤 9시, 10시, 11시, 3대뿐이다. 남편은 이리저리 다니며 알아보고 이동이 쉽지 않을 것 같다며 걱정한다.

이식쿨 호수는 키르기스스탄 최고 관광지다. 버스로 약 3시간 거리다. 상식적으로 야간버스만 3대일 리가 없다. 걱정 말라는 말에 남편은 자기가 알아본 것을 믿지 않는다며 화를 낸다. 현재의 여행에 집중하는 나와 미리 확인에 비중을 두는 남편이다. 지나친 확인으로 시간을 허비할 때 나는 답답하다. 우리말을 알아듣는 사람도 없고 어둠이 깔린 시간이다. 그동안 쌓인 감정이 터져 나도 목소리를 높였다. 여행을 하다 보면 생각의 차이로 다툴 때가 있다. "우리는 여행 동지야!"라고 맞장구를 치다가도 '이런 여행을 계속해야 하나?' 서글플 때가 한두 번이 아니다.

숙소로 돌아오니 카운터에서 늦은 시간 밖은 위험하니 나가지 말라고 한다. 이번 여행 중 처음 듣는 소리다. 안전 제일! 그동안 사람들의 친절에 긴장을 푼 나에게 경각심을 일깨워 준다. 누워도 잠이 오지 않는다. 나갈 수 없으니 갇힌 기분이다.

여행뿐만이 아니다. 일상생활에서도 생각 차이로 크고 작은 사건은 다툼의 원인이 된다. 싸움은 언제나 큰일에서 비롯되지 않는다. 그래서 상처를 주는 쪽은 쉽게 잊는다. 하지만 상처받는 사람의 가슴에는 멍으로 남는다. 누적된 감정이 한 번씩 폭발하면 잠재되어 있던 일까지 튀어나온다. 이쯤 되면 지난 일을 되씹는 넋두리로 취급받아 가슴을 친다. 사건의 발단은 미미하나 결과적으로 큰일로 번진다. 급기야 부정적 성향이란 말까지 나오면 입을 닫는다. 가슴에 또 하나의 한(恨)이 싹트고 자라는 순간이다. 긴 세월 달라지지 않는 둘의 평행선은 때때로 절망과 슬픔을 넘어 비애다.

남편은 잠이 들었다. 이런 여행을 계속할 필요가 있나? 그동안 참아온 감정이 이성을 쫓아낸다. 잠에서 깬 남편은 "별일도 아닌 것을…." 판에 박은 말을 한다. 듣고 싶은 말만 듣고, 별일 아니라고 생각하는 그 자체가 더 서글프다. 이렇다 보니 항상 문제의 소지를 안고 '내 팔자야!' 한탄하며 살아간다. 서로 자기 생각을 내세우다가 새벽녘에 지쳐서 잠이 들었다.

반나절 관광을 알차게!

오전이 흘러갔다. 밖으로 나오니 해가 노랗다. 여행 중 다툼에는 공통분모가 있다. 효과적인 여행이란 과제 앞에서 서로 버틸 수 없다. 결말도 없고 풀리지도 않은 감정만 쏟아낸 시간이 아깝다. 오전을 놓쳤으니 절반의 시간으로 구경을 해야 한다

비슈케크의 볼거리는 지벡 졸루 거리와 츄이 거리 사이에 모여 있고 오슈 바자르를 기점으로 동쪽에 치우쳐 있다. 먼저 서쪽부터 구경하기로 했다. '애걔, 수도가 왜 이래?' 볼 것도 없고 쉴 공원도 없다. 포장이 제대로 안 된 도로에는 먼지가 펄펄 난다. 꼭 어젯밤 다툰 내 마음과 같다. 가로수 우거진 알마티와 너무 다르다. 시 외곽으로 나가는 길목인 듯하다. 우리는 돌아섰다.

방향을 바꿔 동쪽 로터리를 지나니 사뭇 다른 분위기다. 도로 폭이 넓고 주변 건축물은 유럽의 거리를 걷는 기분을 느끼게 한다.

수도 비슈케크는 키르기스스탄 북부 해발 774m에 위치한 도시다. 알마티와 가깝고 1878년 러시아 제국의 군대 주둔지로 건설되었다. 도시의 역사가 짧다. 볼거리를 찾기보다 톈산산맥을 끼고 있는 높은 산과 계곡, 호수와 초원 등 자연 경관을 찾는 여행객들의 거점 도시로 각광받는다. 알라타우산의 만년설을 도심에서 볼 수 있으며, 중심 거리 츄이와 지벡 졸루 사이에 볼거리가 모여 있어 관광하기 편하다.

국제대학과 키르기스스탄 국립대학교

츄이 거리에 있는 석조 건물 벽면에 국제대학이라 쓰여 있다. 2층의 백색 원기둥 건축물은 마치 박물관처럼 보인다. 근처 작은 분수와 숲, 벤치로 공원처럼 꾸며 놓은 키르기스스탄 국립대학교 진입로가 있다. 이곳은 1925년 키르기스 교육대학으로 설립되었다가 사범대학을 거쳐 1951년 키르기스스탄 국립대학교로 승격되었다. 책을 든 동상과 학자들의 흉상이 교정 곳곳에 있어 면학 분위기를 자아낸다. 차분히 대학 캠퍼스를 구경할 시간적 여유가 없어 한 바퀴 둘러보았다.

키르기스스탄 국제대학교 건물(위) 비슈케크 시청사(아래)

필하모니 홀

동쪽으로 향할수록 놀랍다. 필하모니 홀은 일직선의 직사각형 건물이다. 시인이자 작곡가인 토투굴을 기리기 위한 콘서트홀로 1,100석 규모이며, 신년 음악회를 비롯해 각종 연주회가 열린다. 그 앞에 마나스 기마상이 서 있다. 알라 투 광장의 마나스 기마상보다 먼저 세워진 것으로 받침기둥과 기마상에서 힘이 느껴진다.

마나스는 8,9세기경 위구르 제국을 멸망시키고 40여 키르기스 민족을 통일한 이 나라의 전설적인 영웅이다. 키르기스 민족 영웅

서사시에 나오는 주인공이기도 하다. 돌아오는 길에 조명으로 빛
나는 이 건물을 다시 보았다. 보라와 분홍 등 여러 색이 어우러진
야경은 또 다른 아름다움을 선사한다.

알라 투 광장

알라 투 광장은 에이러 투 광장으로도 불리며 비슈케크 중심 광
장이다. 높이 45m 국기게양대에 깃발이 펄럭인다. 2시간마다 게양
대 아래서 초병 교대식이 있다.

중심 광장인 만큼 역사의 흐름에 따라 동상의 주인공도 바뀌었
다. 처음 이 광장은 소비에트 사회주의 공화국 창립 60주년 기념으
로 조성되었고, 당시 레닌 동상을 세웠다. 독립 후 '자유'를 상징하
는 여신상으로 바뀌면서 처음의 레닌 동상은 역사박물관 뒤편으로
옮겼다. 그리고 키르기스스탄 독립 20주년을 맞이한 2011년 지금
의 마나스 기마상으로 교체되었다. 넓은 광장 단 위에 높게 세워진

알라 투 광장의 마나스 기마상과 국립역사박물관

마나스 기마상은 민족의 정체성과 국민의 자긍심을 일깨워 준다. 이 도시 중심 광장에 잘 어울린다.

광장에 군인들이 일렬로 집결해 있다. 무슨 큰일이 벌어질 것 같다. 며칠 전 알마티 호텔 야외 레스토랑에서 만난 이곳 교민이 보낸 메일이 생각난다. 비슈케크에 폭동이 일어날 우려가 있으니 여행 중 조심하라는 내용이었다. '이 일을 두고 한 말이었구나!' 그제야 알았다. 우리를 잊지 않고 걱정해 주어 참 고맙다.

군인들이 대기하고 있지만 광장 분위기는 자유롭다. 시민들은 마치 산책을 나온 듯 분수대에 걸터앉아 쉬고, 마나스 기마상 아래 모여 담소를 나눈다. 우리만 '어쩌지?' 긴장했다. 한참을 앉아 있어도 아무런 동요가 없다. 이 나라 깃발이 힘차게 펄럭이고 마나스 기마상이 지켜보고 있으니 모든 것이 잘 해결되리라 믿고 우리는 자리를 떴다.

국립역사박물관

알라 투 광장 뒤쪽 직사각형 건물이다. 1984년 레닌 박물관으로 건립되었으나 독립 후 국립역사박물관으로 이름이 바뀌었다. 키르기스 유목민들의 문화와 역사를 전시해 놓았으며, 유목민의 유르트와 동물 사육에 사용했던 로프, 생활 도구, 악기 등 다양한 유물이 소장되어 있다.

박물관 뒤쪽에 레닌 동상이 있다. 레닌은 칼 마르크스 사회주의 사상을 발전시킨 지도자다. 오른팔을 치켜들고 하늘을 향한 그의 모습은 '행복한 미래'를 의미한다. 100년도 채 되지 않아 그의 사상은 빛을 잃었다. 레닌의 시선과 팔의 방향은 땅으로 향해야 옳을 것 같다. 이는 인간의 본능에 입각한 소유욕을 간과한 때문이 아닐까 싶다.

러시아와 키르기스스탄의 우정을 형상화한
'민족간 우호 기념탑'

민족 간 우호 기념탑

알라 투 광장을 조금 비켜서 두 개의 흰 대리석 탑이 쌍둥이처럼 높이 세워져 있다. 하나는 러시아인, 또 하나는 키르기스인을 상징한다. 두 나라 우정을 형상화한 조형물은 역사의 산물이다.

화이트 하우스

알라 투 광장 가까이 있는 이 백색 건물은 대통령 집무실이다. 철제 담장이라 안이 훤히 보인다. 이 건물은 그 자리에 놓여 있는 것만으로도 도심의 볼거리를 제공한다. 2005년 튤립혁명과 2010년 키르기스스탄 폭동으로 건물 일부가 부서지는 아픔을 겪었다. 튤립혁명은 2005년 2월 27일과 3월 13일 부정선거에 항거한 반정부 시위다. 결국 15년간 장기 집권한 아스카르 아카예프 대통령은 러시아로 도피했다. 그 후 선거를 거쳐 쿠르만베크 바키예프 대통령이 당선되었다. 튤립혁명은 레몬혁명 또는 핑크혁명으로도 불린다.

자유를 위해 죽은 자들의 기념물

대통령궁 앞에 세워진 흑백 대리석 조형물은 자유를 위해 희생된 사람들을 추모하는 기념물이다. 2005년과 2010년 두 번에 걸쳐 대통령

대통령 집무실 화이트 하우스의 야경(위) 자유를 위해 죽은 자들의 기념물과 알라 투 광장(아래)

의 독재에 맞선 민중의 힘이 느껴진다. 흰 대리석은 빛이요, 검은색
은 악이다. 선이 악을 이긴다는 것을 상징하는 조형물인 듯하다.

판필로프 공원

알미티 판필로프 공원과 이름이 같다. 지벡 졸루 거리 가까이 녹
음이 우거진 이 놀이동산 공원에는 접시비행기, 회전목마 등 각종
놀이기구와 게임기 등 즐길 것이 많다. 도심 속 넓은 공원은 시민
들의 휴식 공간이다.

키르기스스탄의 유명한 발레리나 촐폰벡 바자르바에프 동상

오페라&발레 극장

츄이 거리와 지벡 졸루 거리 중간 지점 작은 광장에 두 개의 동상이 있다. 날렵한 춤동작 동상은 키르기스스탄의 유명한 발레리나 촐폰벡 바자르바에프(1949~2002)다. 그 옆 악기를 든 동상은 유명한 시인이자 작곡가인 토투굴이다. 두 동상 가까이 유럽풍 건축물은 오페라&발레 극장이다. 유럽 어느 오페라 하우스 앞에 선 듯하다. 지붕 모서리 흰 대리석 조각은 작지만 우아하다. 오페라 하우스는 발레와 음악가 두 동상과 어울려 문화가 깃든 수도 비슈케크임을 말해 준다.

국립미술박물관

조형미가 돋보이는 사각 콘크리트 구조물은 특이한 형태로 첫눈에 미술관임을 알겠다. 입구 곳곳에 조각품들을 세워 야외 전시장 같다. 키르기스스탄 최고 갤러리로 민족의 삶을 묘사한 작품들을 많이 소장하고 있다.

오크 파크

걷다 보니 잔디밭에 조각상이 줄지어 있다. 제주도 돌하르방처럼

국립미술박물관

생긴 민속적인 것도 있고, 마르크스와 엥겔스가 마주 앉아 이야기
를 나누는 동상도 있다. 이 도시에서 가장 오래된 공원으로 참나무
가 많아 붙여진 이름이다. 한여름 숲으로 상큼하다. 계절이 바뀌면
어떤 모습일까? 낙엽지는 가을과 눈덮인 겨울 풍경을 상상해 보았
다. 근처에 키르기스스탄 대법원이 있다.

굼 백화점

도심 동쪽 츄이 대로변에 굼 백화점과 도르도이 플라자 등 대형
쇼핑몰이 모여 있다. 비슈케크 상업 지역답게 조금 화려하다. 광장
을 감싸고 있는 건물 위 황금색 돔이 주변 전체를 빛나게 한다. 러
시아 여행 때 모스크바 붉은광장에 있는 굼 백화점을 구경한 적이
있다. 국영 백화점 매장에는 고급 물건들이 가득했다. 특이한 점은
화장실을 갤러리처럼 꾸며 입장료를 받았다. 이곳의 굼 백화점도
국영인가? 세련된 상품과 푸드코트에는 다양한 음식이 가득하다. **255**

내 눈에는 우리나라 삼성전자 매장이 돋보인다. 이용하는 고객들
도 멋쟁이다.

승리광장

1984년에 조성된 광장 중앙에 3개의 큰 곡선 기둥 윗부분이 안으
로 모여 마치 유르트를 닮은 듯, 또 멀리서 바라보면 모자 형태로 보
이기도 한다. 이 큰 구조물 아래 여인상이 있다. 전쟁에 나간 남편이
돌아오기를 기다리는 상으로 유명하다. 그 앞에 꺼지지 않는 불이
타오른다. 이 조형물과 어울리는 동상도 주변에 여럿 있다.

국립서커스공연장

승리광장에서 공연장이 바로 보인다. 떨어져서 바라보니 비행접
시 모양으로 금방이라도 하늘로 날아오를 것 같은 형상이다. 알마
티에는 서커스 공연이 없어 이곳에서 볼 수 있기를 기대했지만, 역
시 한여름이라 공연 자체가 없다.

어렸을 적 천막 서커스단이 들어오면 동네 꼬마들이 먼저 들떴다.

승리광장의 조형물

승리광장 가까이 있는 국립서커스공연장

나는 맨 앞자리에 앉아 신기한 재주와 묘기에 정신을 빼앗겼었다.
이 나이에 다시 보면 어떤 감동일까? 꼭 보고 싶었는데 아쉽다. 재
미있는 영상물이 넘쳐나는 요즘 우리나라에서는 서커스 공연 보기
가 어렵다. 이 공연장을 보니 조금은 부럽다.

비슈케크 중앙 모스크

비슈케크 동쪽 시 외곽에 자리한 중앙 모스크가 저녁놀에 반짝
인다. 외관은 터키 이스탄불 소피아 모스크를 닮은 듯 웅장하다.
2017년에 완공된 이 나라에서 가장 큰 모스크로, 2만여 명이 기도
할 수 있는 비슈케크 랜드마크다. 중정에 들어서니 큰 중심 돔 아
래 작은 돔들이 다소곳하다. 청색 빛이 감도는 실내는 화려하면서
도 고요하다. 푹신한 카펫에 앉아 사람들의 기도 모습에 나를 투영
해 보았다. 어젯밤 남편과의 다툼은 서로의 다름을 인정하지 않은
데서 비롯되었다. 언제 이 어리석음에서 벗어날 수 있을까?

257

비슈케크 중앙 모스크

오슈 바자르에서 시
작한 비슈케크 시내 관
광을 일단 중앙 모스크
에서 마쳤다. 크지 않은
도심이라 부지런히 걸
어 도시 윤곽을 어느 정
도 파악했다.

바자르를 기점으로
동쪽으로 향할수록 '과
연 수도는 수도다!' 감
탄하며 걸었다. 도로 폭
은 넓고 직선으로 뻗은
츄이 거리 양편에 각각
특색을 지닌 건물들이
제자리를 지키고 있다.

광장과 꽃밭 그리고 공원이 곳곳에 있어 상큼하다. 복잡하지 않으
면서 이 나라 역사도 엿볼 수 있었다. 무엇보다 볼거리가 멀지 않
은 곳에 모여 있어 편했다. 비슈케크 관광은 소박하게 차려진 식탁
앞에 앉은 기분이었다.

숙소로 돌아오는 길에 센트럴 호스텔 간판을 보고 들어갔다. 게
시판에 다양한 관광 상품과 렌터카 안내문이 붙어 있다. 복도식 룸
과 부엌은 서구 유스호스텔 형식이다. 1일 1인 15달러. 몇 명의 트
레커들이 묵고 있다. 역전과 달리 깔끔하고 편리하다. 나도 며칠간
비슈케크에 머문다면 숙소를 이곳으로 옮겼을 것이다.

세월따라 바뀐 나의 여행 방법

센트럴 호스텔을 나오면서 처음 배낭여행을 시작했던 시절을 떠올려 보았다. 당시 나는 연회비를 내고 유스호스텔 회원으로 가입했다. 회원증은 전 세계 유스호스텔에서 통용되었다. 당시 캐나다와 미국 곳곳의 유스호스텔에서는 회원증을 요구했고 방을 우선적으로 배정했다. 30년 전이지만 도미토리 침대 1개 10달러 정도였던 것 같다.

유스호스텔에는 관광 안내 팸플릿이 많고 각국 여행객들이 모여 서로 정보를 나눌 수 있었다. 무엇보다 음식을 만들 수 있는 대형 부엌이 있어 좋았다. 편리한 시설에 요리기구도 충분했다. 어떤 곳은 기본 양념이 준비되어 있어 입에 맞는 음식을 만들어 경비를 절약했다. 세탁과 샤워는 공동이지만 불편함이 없었다. 간혹 위치가 도심에서 벗어나 찾아가기 힘들었지만 대신 주변 경치가 좋았다.

어느 정도 여행에 자신감이 생긴 후에는 도착 지점 인근에 있는 숙소를 이용했다. B&B나 게스트하우스가 많아 손쉽게 구하고 며칠 묵게 되면 가격도 흥정할 수 있다. 내 여행 방법은 세월에 따라 조금씩 바뀌었지만 '최소 경비로 최대 효과를 얻는다'는 명제는 변함이 없다. 그리고 걷는 만큼 보이고, 감동은 사전 준비에 비례한다는 것을 터득했다. 날이 갈수록 여행 감각을 더하여 민박으로 현지인들의 삶을 접하며 사람 사는 곳은 어디나 같다는 믿음을 갖게 되었다. 또한 여행에는 실패가 없고 힘든 만큼 감동 또한 크다는 사실을 체험으로 알아갔다. 세상사 노력 없이 얻어지지 않는다는 이치는 여행에도 적용된다.

근교 볼거리

시 외곽에도 이름난 관광지가 있다. 비슈케크 남쪽 약 40km 지점에 알 아르차 국립공원이 있다. 산, 폭포, 빙하를 즐길 수 있어 중앙아시아의 스위스로 불린다. 그리고 비슈케크 동쪽 약 80km 지점에 토크목 마을 근처 부라나 탑도 있다. 이 탑은 키르기스스탄 북부 추 계곡(Chuy Valley)에 있는 큰 미나레트다. 높이 25m로 평원의 전망대 또는 천문대 구실을 했다고 한다. 옛 실크로드 대상들이 다니던 길을 조망할 수 있지 않을까? 찾고 싶지만 시간이 없어 교외 볼거리는 다음 기회로 미룬다.

어느 곳이나 떠날 때는 아쉬움이 남는다. 비슈케크는 더더욱 그렇다. 기회가 되면 다시 와서 복습하듯 구경해야지! 그때는 더 큰 감동을 얻게 되리라.

이식쿨 호수 Issyk-Kul Lake

세계에서 두 번째로 큰 산정호수인 이식쿨 호수는 1948년 자연보호지역으로 지정되었다. 호수 물은 온천수와 톈산산맥의 빙하수로 약 0.7%의 염분이 함유되어 있다. 호수 주변 카라콜봉 5,216m를 비롯하여 4,000~5,000m 산들이 병풍처럼 둘러싸고 있다. 과거 실크로드 대상들이 오가던 곳이며, 키르기스스탄 농업 생산의 중심지다. 여름과 겨울철에도 일정한 온도를 유지하여 휴양지로 유명하다.

호수는 고구마 모양이다. 그 끝 카라콜까지는 북쪽과 남쪽 두 노선이 있다. 관광지 발리크치와 촐폰아트 마을은 북쪽 길에 있다. 우리는 이 두 마을을 차례로 구경하고 카라콜로 가면 된다. 만약 카라콜에서 다음 행선지 오슈행 버스가 없으면 다시 비슈케크로 나와야 한다. 이때 남쪽 길을 택하면 이식쿨 호수를 한 바퀴 돌게 된다. 이 또한 좋은 여행이다. 차비와 소요 시간은 두 노선 거의 비슷하다.

이식쿨 호수

발리크치 Balykchy

- 비슈케크 북쪽 170km
- 해발 1,900m 위치, 옛 실크로드 길목
- 이식쿨 호수 서쪽 시작 지점(호수에 접한 넓은 초원)
- 주요 산업 : 양모, 곡물 가공업, 선박
- 비슈케크에서 오는 철도 종착지, 운송의 중심지
- 중국 국경 토루가르트(Torugart) 고갯길로 통하는 마을

숙소
- 발리크치 버스터미널 근처와 발리크치 호수 근처에 숙소가 많다.

여행 팁
- 호수는 발리크치 버스터미널에서 약 1km 떨어져 있다.

볼거리
1. 호수와 초원의 목가적인 풍경
2. 호수를 배경으로 한 톈산산맥 설산 조망
3. 키르기스스탄에서는 보기 드문 철도길
4. Mechet 모스크
5. Skver park
6. Gorodskoy Museum

순간의 선택

아침 일찍 터미널에 나오니 미니버스가 줄줄이 대기하고 있다. 비슈케크 서부 버스터미널은 규모가 크다. 알마티, 카라쿨, 오슈 등 장거리 버스 승하차 구역도 다르다.

마침 "카라쿨!" 하고 외치는 미니버스에 두 좌석이 남았다. 1인 400솜인데 350솜에 타라 한다. 얼른 차에 올랐다. 운전기사가 시동을 건다. 그때 옆 차에서 "발리크치!" 하고 소리쳤다. 순간 나는 "스톱!"을 외쳤다. 남편이 걱정했던 것과 다르다. 호수 마을을 구경하고 카라쿨로 갈 수 있다. 차에서 내리니 두말 않고 차비를 내준다. 한순간의 결정이다.

급히 서둘 일이 아니다. 카라쿨로 가는 미니버스가 의외로 많다. 밤 9시, 10시, 11시, 이 운행 시간표는 이식쿨 호수를 거쳐 다른 지방으로 가는 장거리 야간 대형버스다. 이 티켓만 매표소에서 취급한다. 그 외 미니버스는 정해진 출발 시간이 없고 인원이 차면 떠나는 시스템이다. 차비는 승차 때 운전기사와 거래한다는 것을 알았다.

옆 차가 발리크치까지 250솜이라 한다. 방금 내렸던 차에 비하면 전체적으로 비싸다. 350솜에 카라쿨까지 갈 수 있는데 두 마을에 들르면 550솜이 된다. 어째 속는 듯하다. '운전기사 마음대로?' 참 이상한 요금 체계라 고개를 갸웃거리니 옆에서 지켜보던 청년이 설명을 한다. 비슈케크에서 발리크치까지 250솜, 그곳에서 촐폰아타까지 100솜, 그다음 카라쿨까지 200솜, 총 550솜이 된다는 것이다. 더 많은 금액은 두 도시를 구경하는 값이다.

미니버스에 오르니 큰 가방은 별도 요금을 내야 하는데 우리는 두 명이라 서비스라고 한다. 이러니 어젯밤 남편이 혼동하고 걱정할 만하다. 토투굴을 거쳐 가는지 물었더니 대답은 "NO"다. 나는 맨 앞좌석에 앉았다.

이식쿨 호수 첫 마을

비슈케크 도시를 벗어나니 겹겹의 산들이 펼쳐진다. 여지껏 보아온 스텝 지역의 풍광과 완전 다르다. 날씨는 맑다. 뭉게구름이 두둥실 잘 닦여진 파란 하늘 아래 일직선 도로를 시원하게 달린다. 산이 많은 키르기스스탄의 경치는 영화의 화면처럼 스친다. 빙하 시냇물이 도로를 따라 흐르고 간간이 나오는 휴게소는 관광지로 가는 길목답게 북적인다. 우리나라 고속도로 휴게소 축소판이다. 3시간 정도를 달려 발리크치에 도착했다. 호수는? 둘러봐도 작은 마을에 호수는 보이지 않았다. 차에서 내리면 바로 호수 마을인 줄 알았다.

발리크치는 비슈케크에서 북쪽 길 170km 지점 마을로 이식쿨 호수가 시작되는 지점이다. 해발 1,900m에 있는 옛 실크로드 길목으로 중국과의 국경 토루가르트 고갯길로 통하는 마을이기도 하다. 그리고 비슈케크에서 오가는 철도 종착지로 지난날 호수 선박 산업이 번창했던 곳이다.

일단 터미널 근처 숙소를 찾았다. 방 하나에 600숨이다. 대형 마트와 작은 음식점이 있을 뿐 주변에 볼 것은 없다. 남편에게 짐을 맡기고 호수를 찾아 나섰다. 터미널에서 1km 정도 걸어 철길을 건너니 바다 같은 호수다. 호수에 접한 푸른 초원이 그림처럼 펼쳐졌다.

이식쿨 호수 첫 마을 발리크치의 호숫가(위) 발리크치의 호수에 인접한 평원(아래)

물가 모래밭엔 수영을 즐기는 사람들로 붐빈다.

호수 근처에 숙소를 잡았다. 작은 방 하나에 400솜이다. 정원에는 접시꽃이 화사하게 피었고, 사과나무에 열매가 주렁주렁 달렸다. 작은 벤치까지 있어 갑자기 호화로운 여행객이 된 기분이다.

해가 기울기 전 물에 들어갔다. 물은 맑고 차지 않았다. 이식은 '뜨거운', 쿨은 '호수'를 의미한다. 해발 1,600m 이식쿨 호수는 온천수가 솟는 '뜨거운 호수'로 겨울에도 얼지 않는다. 페루 티티카카 호수 다음으로 세계에서 두 번째로 큰 산정호수다. 제주도 3.3배 크기라니 놀랍다. 호수라기보다 바다다.

해질녘 들판 풍경은 아늑하다. 목동이 소와 양떼를 몰고, 엄마 찾는 송아지 울음소리가 들판에 울린다. 작은 물길에 오리떼가 헤엄을 친다. 드넓게 펼쳐진 푸른 평원과 끝없는 호수를 4,000~5,000m 높은 산들이 둘러싸고 있다. 이 모든 것이 어우러진 평화로운 풍경 속에 지금 내가 있다. 행복하다. 예상치 못한 풍광을 접하니 약간 흥분된다. 스톱! 외친 순간의 판단은 옳았다.

여행은 흘러간 세월도 잠시 되돌린다

저녁을 먹고 마을 구경을 나섰다. 정교회 황금 돔이 빛난다. 공원과 상가가 있는 대로변은 작은 도시다. 카페와 레스토랑이 즐비하다. 마침 큰 레스토랑에서 결혼식 피로연이 한창이다. 한낮 더위를 피해 시원한 저녁에 결혼식을 올린다.

숙소로 돌아오니 상현 반달이 호수에 내려앉아 반짝인다. 고요한 밤 호수 물결이 내 마음을 어루만진다. 이 하룻밤 관광은 백만

불짜리다. 남편과 나는 남미 티티카카 호숫가 마을에서 보낸 그날의 추억을 떠올리며 이야기를 나눴다.

2002년 남미 일주 여행을 했다. 마추픽추 구경을 마친 다음 티티카카 호수 1박2일 여행상품으로 유람선을 탔다. 토토라 갈대섬 우로스에서 그들의 삶을 보았다. 제법 큰 갈대섬에는 학교도 있었다. 저녁때가 되어 유람선은 호수에 접한 제법 큰 마을에 도착했다. 가이드 인솔로 마을 뒷산에 올라 안데스 겹겹의 산과 호수 풍경을 바라보았다. 그리고 몇 명씩 현지인 집에 배정되었다.

민박집 아가씨가 저녁밥을 짓는 부엌에 따라 들어가 보니 찌그러진 양은 냄비 몇 개와 이빨 빠진 접시, 감자와 옥수수, 파 등 식재료도 보잘 것이 없었다. 나뭇가지에 불을 지펴 부엌에 연기가 자욱했다. 그 속에서 맛있는 저녁상이 나왔다. 나는 그때 알았다. 정작 내 생활에 필요한 물건은 그리 많지 않다는 것을.

우리 집을 떠올리니 몇 년간 손도 대지 않은 그릇과 냄비들이 자리만 차지하고 있지 않은가. '무소유와 버림의 미학?' 여행의 여유로움은 철학적 사색을 유도한다. 집에 돌아가면 정리해야지!

저녁을 먹고 인디오 아가씨가 민속옷을 입혀 준다. 겹겹의 치마에 블라우스를 받쳐 입고 조끼를 걸쳤다. 그리고 모자를 쓰니 나는 영락없는 인디오 여인이었다. 남편은 펄럭이는 망토에 챙이 넓은 모자를 썼다.

전깃불이 없어 등불을 들고 앞장선 처녀를 따라 밤길을 걸어 내려갔다. 하늘에는 별이 총총하고 안데스의 상큼한 밤바람이 살랑살랑 불었다. 희미한 불빛이 새어 나오는 마을 공회당에서 인디오 노래가 흘러나왔다. 문을 열고 들어서니 어두컴컴한 무대 위에서 악단이 연주를 했다. 넓은 홀 가장자리에는 각국에서 모인 관광객들이 쭉 둘러앉아 있다.

순간 나는 한 손으로 치맛자락을 사뿐히 올려 잡고 또 한 손을 높이 들고 리듬에 맞춰 춤을 추며 안으로 들어갔다. 그리고 크게 원을 그리며 춤을 췄다. 무대 위 악단은 내 춤동작에 맞춰 신나게 연주를 하고, 둘러앉은 관광객들이 손뼉으로 장단을 맞추었다. 어떤 건장한 신사가 내 앞으로 나오더니 전문가다운 춤 솜씨를 뽐내자 사람들이 하나둘 일어났다. 어느새 모두 흥겨운 리듬에 몸을 흔들며 그야말로 춤판이 벌어졌다. 선두에 선 나를 따라 서로의 허리를 잡고 홀을 넓게 돌았다. 남미 특유의 경쾌한 악기 연주는 더더욱 흥겨웠다.

나는 초등학교 교사로 운동회 매스게임 지도를 못한다고 줄곧 피해 왔다. 평소 놀이팀에서 제대로 박수를 치지도 못했다. 그런데 그 순간 부끄러움도 두려움도 없었다. 여행의 맛을 즐기는 순간이었다. 3,000m가 넘는 고지, 가만히 있어도 고산증을 걱정해야 하는데 춤까지 추었으니…. 잠시 휴식 시간에 나는 악단에게 맥주병을 하나씩 건네고 살그머니 나왔다. 숙소로 돌아오니 가슴이 쿵쾅쿵쾅. 잠시 들떠 즐겼던 춤으로 하룻밤 잠을 설쳤다.

다음 날 아침 유람선에서 다시 만난 관광객들은 나더러 "Good dancer!"라며 엄지손가락을 치켜세워 칭찬했다. "I am Korean!" 그날 하루 나는 민간 외교사절 역할을 톡톡히 했다.

여행은 깊이 내재된 자신을 돌아보게 한다. 그 후 놀 때는 신나게! 노래방 마이크도 사양하지 않는다. 지금도 그 하룻밤을 잊지 못한다. 20년이 지났지만 중앙아시아 이식쿨 호수와 자연이 그날 밤 추억 속으로 나를 이끌었다. 여행은 흘러간 세월도 잠시 되돌린다.

촐폰아타 Cholpon-Ata

- 발리크치에서 90km, 택시로 20분, 호수 중간 도시
- '촐폰'은 '샛별', '아타'는 '보호자'라는 뜻으로 '비너스의 아버지'란 의미(신화에 나오는 수호신)
- 해발 1,633m 위치, 인구 약 12,000명
- 이식쿨 북쪽 중간 지점, 사계절 휴양도시

숙소
- 호수 진입로 주변에 숙소가 많다.
- 언덕 위 저렴한 숙소 'Freya(Кафе)'
- 크고 작은 호텔과 게스트하우스, 민박집 다수

여행 팁
- 중심 대로 10분 거리 호수
- 트레킹 코스와 액티비티 활동 체험

볼거리
1. 호수 주변
2. 암각화 야외공원 Open Air Museum of Petroglyphs
3. 문화센터 야외박물관 Rukh ordo

중앙아시아 내륙국에서 이런 호사를…

새벽에 일어나 호숫가 평원을 산책했다. 저 멀리 유르트에서 아침 연기가 피어오른다. 하룻밤 자고 떠나려니 무척 아쉽다. 새로운 여행지 촐폰아타는 발리크치에서 90km 떨어진 이식쿨 북쪽 길 중간 도시로 해발 1,633m에 위치한다. 사계절 휴양지로 이름난 관광지다.

어제 걸었던 터미널까지 갈 필요가 없다. 대로변에 나가 차를 잡으면 된다. 마침 빈 택시가 우리를 보고 멈춘다. 1인 100솜이다. 끝없는 호수와 나란히 1시간 30분 정도 달렸다. 어제 경험이 있는지라 운전기사에게 호수 옆에 내려 달라고 부탁했다.

호수로 가는 길목에서 내려 골목으로 들어서니 수영 용품과 먹거리, 기념품 가게가 즐비하다. 숙소부터 찾았다. 골목길 근처에 숙소가 많다. 그러나 작은 호텔, 호스텔, 홈스테이 등 빈방이 거의 없다. 가격 또한 놀랍다. 보통 1인 1,000솜, 아침 포함 1,200솜~1,500솜이다.

호수 구경

골목길을 200m쯤 내려가니 바다 같은 호수다. 색색의 파라솔이 모래밭에 줄지어 섰고 일광욕과 수영을 즐기는 사람들로 북적인다. 하늘에는 행글라이더가 날고, 호수에는 수상 제트기가 신나게 달린다. 구름 한 점 없는 날씨, 자연과 사람이 만드는 관광지 풍경이다. 우리나라 어느 해수욕장 같다. 이 많은 사람이 모여들었으니 빈방이 있을 리 없고 가격 또한 높을 수밖에 없다.

이식쿨 호수 중간 마을 촐폰아타 호수의 물놀이

　남편이 기다리는 곳으로 되돌아 나오며 숙소를 물색했다. 마침 현지 아줌마가 따라오라고 한다. 허물어진 돌담을 넘어 발길이 뜸한 오솔길로 접어든다. 흙길을 걷기가 어려워 돌아서려는데 언덕 위 마을을 가리킨다. '옳거니! 저런 곳에는 방이 있을 수 있어!' 언덕을 오르니 북적이는 골목이 내려다보인다. 그리고 한 집 건너 대문에 호스텔 간판이 붙었다. 침대 두 개인 방 하나에 400솜이다. 잘못 들었나? 1박에 약 6달러다. OK!

　방도 넓고 침대도 깨끗하다. 단 샤워실과 화장실은 허술하고 밖에 있다. 공동 부엌도 있다. 번잡한 골목 주변보다 조용한 언덕이라 전망도 좋다. 일단 숙소를 잘 구했다. 짐을 두고 수영 준비를 하고 나섰다. 조금 돌아가니 호수로 가는 반듯한 길도 나온다. 파도가 없으니 수영하기에 좋다. 즐거운 여행이요 여유로운 휴식이다.

　숙소로 돌아오는 길 숲속에 2층 큰 호스텔이 있다. 호수와 가깝고 조식 포함 가격도 적당하다. '손자 손녀를 데리고 오면 딱이다!' 좋은 정보를 찾았다.

나는 여행 중 편한 숙소나 볼거리, 또 즐길 수 있는 곳을 만나면 꼭 손자 손녀를 데리고 다시 찾을 계획을 세운다. 큰돈 들이지 않고 아이들에게 체험 기회를 주고 싶다. 오래도록 여행을 다닌 할미가 그들을 돕는 방법이고 선물이다.

큰손녀가 초등학교 6학년 여름방학 때 백두산에 다녀왔다. 외손자와 손녀 둘 아이 셋을 데리고 떠났다. 초등학교 졸업 축하 여행이라 이름을 붙였다.

인천에서 배를 타고 중국 단동에 내렸다. 압록강물에 손을 담그고 신의주를 바라보았다. 이성계가 회군한 위화도를 보고, 옛 국내성 고구려 유적지도 찾았다. 그리고 백두산에 올라 천지를 보고, 연길과 도문에서 조선족의 삶을 접했다. 두만강 건너 북한 땅을 지척에서 바라보았다. 하얼빈에서 안중근 의사의 흔적도 찾았다. 밤기차를 타고 북경에 도착하여 여러 유적과 만리장성 등을 둘러보며 체험을 곁들인 25일간의 여행은 값진 투자라 생각한다.

또 겨울방학과 학기말 방학을 이용해 하와이 오하우섬 초등학교 체험을 했다. 고맙게도 매년 오라는 현지 팔로로 초등학교의 배려로 4년간 여행 겸 체험 활동을 했다. 영어 공부가 목적이 아닌 현지 학생과 어울리는 기회를 주고 싶었다. 한인 템플스테이에서 일을 거들며 적은 경비로 숙식을 해결하니 큰돈이 들지 않았다. 헤드스타트 프로그램 운영 학교라 학비도 없었다. 주말에 와이키키 해변에서 수영과 바비큐를 즐긴 시간은 이다음 손자 손녀에게 좋은 추억이 되리라 믿고 있다.

'할머니, 여행 데려가 주셔서 감사합니다.' 이 문구는 내 생일 카드에 빠지지 않는다. 내가 할 수 있는 일이다. 여행은 아이들에게 좋은 경험과 산지식이 되리라 믿는다.

여행은 내가 손자 손녀들에게 줄 수 있는 선물이다.

암각화 야외공원

시내 구경을 나섰다. 암각화 야외공원은 시내에서 3km 떨어진 산비탈 돌밭이다. 그림이 새겨진 큰 바위가 여기저기 있다. 기원전 5세기경 사슴과 산양 등 동물 그림이다. 당시 무슨 생각으로 그렸을까? 세계 곳곳에 남겨진 암각화나 벽화를 보면 인간은 태초부터 표현하고자 하는 DNA를 지녔구나 싶다.

문화센터 야외 박물관

호숫가 야외 박물관도 찾았다. 잔디밭에 많은 조각들로 공원을 겸한 작은 종합 박물관인 듯하다. 앞뒤 막힘이 없는 특이한 전시실은 톈산과 호수를 동시에 감상할 수 있다. 예수님을 비롯한 여러 성인들의 행적 그림도 있다. 700년경 현장법사가 3개월간 이곳에 머문 역사를 입증하듯 부처와 보살의 그림이 인상적이다. 호수에 접한 야외 박물관은 주변 자연을 고스란히 품고 있다.

이식쿨 호숫가 문화센터 야외 박물관

도시 구경

촐폰아타 도심 대로변에 나
오니 번화한 관광지다. 곳곳
에 환전소가 있고, 레스토랑
과 호텔은 외국인 차지인 듯
북적인다. 한낮 호수에서 즐
기던 인파가 저녁나절 시내로
다 모여든 것 같다.

첫 마을 발리크치에 비해 도
시 규모가 크고 활기차다. 잘
정비된 도로, 관공서와 주택
가, 대형 매장과 상가, 고급 음
식점과 카페, 모스크 등 예상
외로 큰 도시다. 곳곳에 작은

촐폰아타 시내 대로변의 2차 세계대전 참전 기념비

공원도 있고 분수와 조각으로 도시를 꾸몄다. 도로변에 넓지 않은
기념공원이 있다. 2차 세계대전 당시 희생자를 추모하는 삼각기둥
기념비가 우뚝하다. 박물관은 작지만 알차다. 옛 생활 용품과 암각
화, 특히 톈산산맥으로 둘러싸인 이식쿨 호수 모형 덕분에 이곳 지
형을 쉽게 이해할 수 있었다.

우리는 도로를 따라 걸으며 관광지 분위기를 즐겼다. 거리 장터
에는 다양한 민속품과 선물가게가 있다. 목축업이 성한 곳이라 가
죽과 털옷 종류가 많다. 하나 살까? 마음에 드는 조끼를 입어 보고
잠시 고민하다 돌아섰다. '잘했어!' 내가 나를 칭찬했다. 마트에 들
러 전기구이 통닭과 과일, 달걀 한 판을 사서 숙소로 돌아왔다.

275

가족 여행객이 부엌에서 요리를 한다. 아빠가 요리사다. 큰 솥에 각종 재료와 양념을 넣고 한참 후 솥째 뒤집어 쏟는다. 간단한 요리법으로 비빔밥이 완성됐다. 한 접시 담아 준다. 어느 식당의 음식보다 맛있다. 그들은 이웃 나라 카자흐스탄 알마티에서 왔단다. 별채 2층 가족방에서 며칠간 묵고 있다고 한다.

바다가 없는 중앙아시아에서 이식쿨 호수의 촐폰아타는 물놀이를 즐기는 최적의 장소로 키르기스스탄 최대 관광지이고 휴양지다. 또한 톈산 트레킹 코스 출발지인 동시에 도착지이기도 하다. 촐폰아타는 자연이 주는 혜택을 톡톡히 누리는 곳이다.

저녁을 먹고 밤 호수 구경을 나섰다. 지금 눈앞에 펼쳐진 높은 설산과 호수 그리고 지나온 광활한 스텝 지역은 언제나 묵묵히 제자리를 지키고, 사람들은 그 자연에 순응하며 살아간다. 나는 이런 자연을 대하면 신의 존재를 깨닫고 믿는다. 자연은 신이요 곧 진리라 생각한다. 자연은 힘들고 억울한 내 삶을 버티게 하고 이겨 내는 힘도 준다. 내가 여행을 좋아하는 이유도 이에서 비롯된 것이 아닐까?

촐폰아타 밤 호숫가에서 내 생각은 날개를 달고 훨훨 난다. 나 또한 자연의 일부다. 고로 나는 자연을 애찬한다.

카라쿨 Karakul

- 비슈케크에서 380km
- 이식쿨 호수 동쪽 끝 지점. 텐산 탐험과 트레킹 기지 도시
- 이식쿨주 주도
- 해발 1,770m, 한여름 밤 서늘한 기후
- 비옥한 땅 전원도시, 사과로 유명
- 세 번째 도시(비슈케크, 오슈 다음) 인구 약 7만여 명
- 일요 가축시장 유명

숙소

- 바자르 근처 Center Hostel
- 민박, 유스호스텔, 게스트하우스, 호텔 등 다양한 숙소가 많다.

여행 팁

- 옛 소련 시대 지명 '프세발스크로'
- 텐산 트레킹 문의 → 'JRKESTAN yurt camp'

볼거리

1. 일요 가축시장
2. 알틴 아라샨 트레킹 Altyn Arashan tracking
3. 카라쿨 밸리 트레킹 Karakul Valley tracking
4. 아라쿨 호수
5. 알틴 아라샨과 카라쿨 밸리 연결 트레킹 코스
6. 제티 오퀴즈 계곡 Jeti Oguz Rocks
7. 붉은 바위산 Canyon Fairy Tale
8. 러시아 정교회 삼위일체 대성당 Holy Trinity Cathedrai
9. 둔간 모스크 Dungan Mosque

콩점의 신통력?

이른 시간에 볶음밥을 만들고 달걀을 삶았다. 그리고 도로에 나와 쉽게 차를 잡아 120km 떨어진 카라쿨까지 1인 200솜에 탔다. 어제부터 계속 호수와 나란히 달린다. 크기가 얼마나 대단한 호수인지 실감한다.

카라쿨은 이식쿨주 주도로 키르기스스탄에서 세 번째 큰 도시다. 호수 끝지점이지만 호수와 좀 떨어진 해발 1,770m에 위치하며 톈산 등반과 트레킹 기지다. 수도 비슈케크에서 380km 거리다.

오후 2시경 카라쿨 터미널에 도착했다. 식당을 찾는 번거로움 없이 아침에 준비한 음식을 먹으니 편하다. 삶은 계란은 깨지지 않으면 2,3일 정도 두고 먹는다. 오슈행 차편부터 알아보았다. 이곳에서 오슈로 곧장 가는 버스는 없다. 다시 비슈케크로 돌아가야 한다. 매일 오후 7시 비슈케크행 야간 대형버스가 남쪽 길로 간다는 것을 알았다. 이식쿨 호수를 한 바퀴 돌게 되었다. 참 좋은 여행길이다. 차비는 직행으로 360솜이다.

버스터미널은 도심 외곽에 있다. 터미널 앞 호텔이 달랑 하나뿐이다. 트레킹 정보를 얻으려면 시내로 들어가야 한다. 양 갈래 도로에서 길을 물어볼 사람이 없다. 어느 쪽? 콩점을 쳤다. "점아, 점아, 콩점아! 어느 쪽으로 가면 좋은 숙소가 나올까? 오른쪽이면 가운뎃손가락에 꼭 붙어라!" 어릴 때 엄마를 기다리며 쳤던 콩점을 소환했다. 어릴 때는 믿었지만 오늘은 재미다.

콩점이 왼쪽 길로 가라 한다. 가방을 끌고 한참을 걸어도 숙소가 나올 것 같지 않다. 돌아설까? 망설이는 순간 도로변 집 대문이 열리고

카라쿨 민박집 유르트

70대 할머니가 손님을 배웅한다. 숙소 위치를 물으니 더 올라가야 한다며 "우리 집 마당에 유르트가 있는데…"라고 영어로 말한다. 옳거니! 대문 안을 들여다보았다. 큼직한 유르트가 있다. 숙박비를 내겠다니 그냥 들어오라 한다. 양털이 깔린 실내는 넓고 큰 상도 놓여있다. 호텔 룸 못지않다. 내 콩점이 맞아떨어졌다.

나는 촐폰아타 숙박비를 감안하여 3일치를 건넸다. 일단 숙소는 해결되었다. 짐을 두고 카라쿨 도심 구경에 나섰다. 카라쿨은 톈산 등반의 시작점이고 다양한 트레킹 코스가 있는 도시라 산악트럭 전문업체가 여럿 있다. 어떤 곳은 마당에 침대를 갖춘 유르트 숙박업도 겸한다.

인포메이션도 시내 곳곳에 있다. 우리는 지도와 안내 책자를 얻고 교통편을 알아보았다. 트레킹 단체에 합류하지 않고 남편과 둘이서 할 수 있겠다는 자신감이 생겼다. 우리 일정과 체력을 고려하여 계획을 세웠다. 시내버스로 이동이 가능한 알틴 아라샨과 카라쿨 밸리 트레킹을 3일간 하기로 했다.

카라쿨 일요 가축시장은 유명하다. 교직 초임 시절 나는 시골 우시장 근처 학교에 근무한 적이 있다. 장날 가축시장 풍경은 재미와 동시에 쓸쓸함을 느끼게 했다. 병아리부터 염소와 강아지 등 집에서 기르는 동물들은 다 나왔다. 이를 보는 재미도 있지만 새 주인을 따라가는 소의 뒷모습은 사람과 같았다. 파장 때 쓸쓸함은 지금도 생생하다. 이름난 이곳 가축시장 풍경은 어떨까? 꼭 보고 싶었는데 상황이 따라주지 않았다.

저녁나절 바자르와 그 주변이 한산하다. 만두로 저녁을 때우고 유르트에 돌아오니 상 위에 과일과 차가 놓여 있다. 답례로 삶은 달걀과 견과류를 드렸다. 그리고 내일 트레킹을 떠나 하룻밤 자고 온다고 알렸다. 할머니가 준 솜이불을 덮고 양털 위에 누우니 콩점의 신통력에 웃음이 나왔다. 오른쪽으로 갔더라면 어쩔 뻔했지? 선택이 따르는 우리네 인생살이의 단면이다.

아침 일찍 트레킹 준비를 하는데 할머니가 안채 식당으로 오라 한다. 놀랍게도 볶음밥과 닭튀김, 과일과 빵 등 한 상을 차려 놓았다. 아침이 포함되지 않은 숙박비라 차 한 잔을 마시고 시간이 늦다는 핑계로 일어섰다. 할머니는 이것저것 싸주신다. 따뜻한 정에 가슴이 훈훈하다. 콩점의 신통력이 계속되어 신기하고 놀랍다.

자연 속 유르트 가족

해발 2,600m 알틴 아라샨 베이스 캠프장까지 트레킹을 하려고 바자르 근처 버스정류소에서 350번 미니버스를 탔다. 30분 정도 달려 알틴 아라샨 입구에 내렸다. 이른 시간이라 우리뿐이다. 산악트럭이 캠프장까지 오가지만 우리는 씩씩하게 걸었다. 계곡으로 들어서니 빙하수가 세차게 흐른다. 쭉쭉 뻗은 나무들이 숲을 이룬 골짜기의 아침 공기는 상쾌하다. 곳곳에 흔들다리가 놓여 있다. 그 위에 서니 급물살에 휩쓸려 떠내려갈 것 같다.

젊은이 몇 명이 골짜기 냇가에서 야영하고 아침 준비를 한다. 한밤의 운치를 즐기고 산속에서 아침을 맞이하는 그들이 부럽다.

오를수록 계곡 길이 험하다. 흙이 파헤쳐져 바위투성이다. 계곡 물이 더욱 세차게 흐른다. 조용한 산속 산악트럭이 굉음을 내며 사람들을 실어나른다. 넘어질 듯 비틀비틀 용케도 달린다. 차들이 점점 많아지자 배낭을 메고 내려오는 사람들도 하나둘 늘어난다. 우리는 서둘지 않고 계곡 자연 속을 걸었다. 가파른 산속 비스듬한 평원에 유르트 한 채가 자리를 잡았다. 굴뚝에 연기가 피어오른다. 그 옆으로 작은 시냇물이 졸졸, 풀밭에는 말이 풀을 뜯고 강아지가 그 주위를 맴돈다. 그림 같은 풍경이다. 지나칠 수 없어 뗏목다리를 건너 유르트 옆 언덕에 자리를 잡았다.

주인 할머니가 싸준 음식을 펼쳐 보니 볶음밥과 닭다리다. 대자연 속에서 먹는 맛은 일품이다. 팔베개를 하고 누우니 마음이 편안하고 주변 풍경이 살아 움직인다. 햇살은 나를 다독이고 바람이 속삭인다. 냇물은 힘차게 살라고 일러 준다. 참 좋다! 이런 순간은 값으로 매길 수가 없다. 이번 여행의 본전을 한꺼번에 다 뽑는 기분이다.

인기척에 일어나 보니 열 살쯤 된 형이 세 살쯤 된 동생과 말을 타고 내려온다. 말 타는 솜씨가 능숙하고 당차다. 톱을 든 아버지와 강아지가 그 뒤를 따른다. 사탕 몇 개를 꼬마 손에 쥐어 주니 해맑은 눈동자가 반짝인다. 자연 속에서 살아가는 사람들이다. 언제

알틴 아라샨 트레킹 입구(위) 알틴 아라샨 트레킹 길에서 만난 흔들다리(가운데) 산악트럭(아래)

나왔는지 엄마와 딸은 냇가에서 빨래를 한다. 줄에 널린 빨래가 햇살 속에서 춤을 춘다. 맑은 햇살 아래 평화로운 풍경은 한 폭의 그림이다.

트레커 일행이 올라온다. 그들도 아름다운 풍경 앞에서 발길을 멈춘다. 13명의 한국 여행 팀이다. 6박8일 트레킹 일정 첫날이라고 한다. 오늘은 알틴 아라산 캠프장에서 1박 하고 내일 아라쿨 호수를 보고 설신을 넘어 이식쿨 호수 마을로 내려간단다. 그리고 비슈케크를 거쳐 알마티에서 한국으로 돌아가는데, 트레킹을 겸한 두 나라 관광이다. 그들은 알틴 아라샨 계곡 트레킹이 생각보다 좋다며 입을 모은다. 밤에는 양고기 바베큐를 한다며 우리를 초대했다. 말만으로도 고맙다.

알틴 아라산 트레커 일행과 함께

알틴 아라샨 트레킹

산 위로 오를수록 캐나다 로키 산속 풍광을 닮았다. 국적이 다양한 트레커들이 경치에 감탄한다. 15km쯤 걸어 고갯마루에 서니 별천지다. 알틴 아라샨 정상이 내 앞에 우뚝 버티고 그 아래 계곡 속 평원이다. 다소곳한 유르트 몇 채가 아늑하고 평화롭다. '세상에 이런 곳도 있구나!' 바깥 세계와 단절된 듯하다. 캠프장으로 내려오니 산 위에서 바라본 풍경과 달리 상업화된 우리네 삶의 현장이다.

알틴 아라샨 캠프장

자연 그대로 유목민들이 살고 있었으면 얼마나 좋을까? 거친 손등에 허리를 질끈 묶은 해맑고 순박한 아낙네가 나를 반겨 준다면 더없이 좋을 텐데…. 아쉬움을 삼키며 오늘 밤 묵을 숙소를 찾았다. 1박에 아침 포함 1인 800솜인 작은 유르트를 잡았다. 호스 라이딩(말타기)은 1시간에 300솜이다. 한국 관광객 몇 팀을 만났다. 산악트럭을 타고 왔다가 다시 내려갈 준비를 하고, 또 다른 팀은 이곳에서 1박 한 후 다음 트레킹 코스로 떠날 거라 한다. 대단한 한국인들이다.

개발의 붐은 이곳도 예외가 아니다. 유르트 대신 목조 건물들이 들어선다. 편리한 시설 때문인지 만원이다. 알틴 아라샨 대자연을 즐기며 피로를 풀 수 있다고 소개된 온천탕은 잠겨 있다. 요금은

1회 200솜이다.

남편과 나는 사람의 흔적이 닿지 않은 골짜기 안으로 들어갔다. 설산에서 빙하수가 힘차게 흘러내린다. 외딴 곳 유르트도 있다. 속세를 벗어나 살고 있는 사람은 누굴까? 이런 집에서 민박을 했으면…. 갑자기 구름이 몰려온다. 우르르 쾅! 빗방울이 떨어진다. 산속 날씨가 변화무쌍하다. 유르트에 돌아와 누우니 떠나고 도착하는 트럭 소리가 요란하다.

한밤중 바깥이 웅성거린다. 나가 보니 구급 환자가 생겨 의사를 찾고 있다. 그 밤에 환자를 태운 산악트럭이 내려간다. 남의 일 같지 않다. 비 그친 밤하늘에 별들이 총총하고 밤공기는 싸늘하다. 비가 내려 힘찬 물소리는 낮보다 더 우렁차다. 만물이 살아 움직인다.

고요함은 자연의 합창이다. 낮이 인간의 세상이라면 밤은 자연을 소유한다. 알퐁스 도데의 '별' 풍경 속에 내가 있다. 이런 순간이 나에게 주어진 것에 감사했다. 우주와 자연, 모든 신께 드리는 인사가 절로 나온다. 여지껏 살아오며 기울인 내 노력 이상의 큰 선물을 한꺼번에 받는 기분이다. 내 발소리에 말들이 깨어 움직인다. 나 또한 정신이 번쩍 들어 유르트로 돌아왔다.

빗속에서 새롭게 보이는 풍경

상큼한 새벽 공기를 마시며 알틴 아라샨 산책을 즐겼다. 온천에 미련이 남아 '혹 목욕을 할 수 있을까?' 다시 찾았다. 냇가 양철 지붕 허름한 오두막 문틈으로 온천탕 김이 새어 나온다. 이른 시간이라 조용하다. 시설은 볼품없지만 아쉬움을 달랜 온천욕, 개운했다.

아침 메뉴가 허술하다. 든든한 아침밥을 기대했는데 뜨거운 차와 빵, 견과류가 전부다. 이 정도는 항상 가지고 다니는 간식이다. 대자연은 풍요로운데 인간적 계산은 얄팍하다. 또 비가 내린다. 쉽게 그칠 것 같지 않다. 트럭이 내려갈 사람들을 싣고 서둘러 떠난다. 우리는 가늘어진 빗줄기 속을 무장하고 나섰다. 문제는 산악트럭이 지나다니며 만든 웅덩이와 미끄러운 진흙길이다.

몇 년 전 남한산성 하산 길에 미끄러져 발목뼈를 다친 적이 있다. 119 도움으로 병원에 실려가 철심을 3개나 박는 수술을 받았다. 이 사고 후 특히 하산 길을 조심한다. 산악트럭이 많이 움직이기 전에 먼저 내려가는 것이 상책이다. 주룩주룩 내리는 비가 아니어서 다행이다. 젊은이들은 무거운 배낭을 메고도 우리를 앞선다.

우리는 서둘지 않아도 된다. 오를 때 놓친 풍경이 내려가는 빗속에 새롭게 보인다. 구름이 산허리를 감고 올라가니 파란 하늘이다. 비 덕분에 산속의 상쾌함이 더해진다. 내려오는 길이라 힘들지 않다. 자연 그대로를 보여 주는 아라산 골짜기 길을 즐겼다.

시내로 돌아와 바자르 근처 식당에서 저녁을 먹었다. 숙소에 와서 젖은 옷을 갈아입고 누우니 하룻밤 산속 풍경이 아련히 떠오른다.

'종합선물세트' 카라쿨 밸리

아침부터 흐리다. 카라쿨 밸리 트레킹을 마치고 야간버스로 비슈케크로 이동해야 한다. 조금 걱정되는 날씨다. 주인 할머니는 또 아침상을 차려놓고 부른다. 밥값을 따로 준비했다. 노부부는 친절하게 집 구경을 시켜 주었다. 할아버지는 나이에 비해 건강하고 카리스마가 있다. 젊어서 암벽등반가로 사냥을 즐겼다며 손수 잡은 산양을 박제하여 거실에 걸어 놓았다. 초등학교 교사로 정년을 마친 할머니가 벽에 붙은 가족사진을 설명한다. 네 자녀를 둔 다복한 가정이다.

유르트는 시부모가 물려준 유산이라 한다. 막내아들은 트레킹 가이드로 앞으로 숙박업도 하려고 준비 중이란다. 우리가 첫 손님 격이다. 주인 할아버지는 카라쿨의 여러 명소를 알려 주며 아직 볼 것이 많으니 며칠 더 머물다 가라 한다. 카라쿨은 3, 4일 머물다 떠날 곳이 아니다. 내년에 손자 손녀를 데리고 다시 오겠다고 하니 대환영이란다. 감자를 넣고 끓인 고깃국과 샐러드, 따끈한 차로 아침을 먹었다. 어느 숙소에서도 경험하지 못한 융숭한 대접이다. 저녁 차로 떠날 준비를 해 놓고 나섰다.

101번 버스를 타고 카라쿨 밸리 공원 앞에 내리니 빗방울이 굵어진다. 국립공원이라 입장료가 250솜이다(현지인은 50솜). 오르는 길이 넓고 완만하여 설산을 바라보고 걷기 좋다. 공원 안 마을을 지나며 그들의 삶을 엿보았다. 산속에 큰 호텔도 있다. 며칠간 이곳에 머물며 자연을 즐기고 휴식하기 딱 좋은 곳이다. 트레킹 목표는 해발 2,500m 카라콜 베이스 캠프장으로 잡았지만, 비슈케크로 돌아갈 차 시간과 빗속이라 최선을 다할 뿐이다.

아라샨이 남성적이라면 카라쿨 밸리는 여성적이다. 닮은 듯 서로 다르다. 산속으로 들어갈수록 풍광은 달라진다. 알프스 풍경이 나오는가 하면, 깊은 계곡과 울창한 숲속에서 산짐승이 금방이라도 튀어나올 것 같다. 멀리 겹겹의 설산이 우뚝하다. 빗속에서도 산악트럭이 가끔 지나가고 설산을 넘어 아라샨 캠프장까지 간다는

카라쿨 밸리 입구

트레커가 우리를 앞서간다.

　나는 돌아서야 할 시간을 정해 놓고 걸었다. 달라지는 풍광에 감탄하며 '조금만 더…' 욕심을 내며 서두르다가 진흙탕 웅덩이에 넘어졌다. 사람 발길이 뜸한 산속 빙하수로 씻고 젖은 옷을 꼭 짜서 입었다. 추워서 덜덜 떨린다. '훗날 이 순간을 떠올리면 지금의 내 앞 경치와 이 느낌이 되살아나겠지!' 생각을 바꾸니 펼쳐진 풍광에 의미를 두게 된다.

　카라쿨 밸리 빙하수의 유속과 폭은 래프팅을 하기 딱 좋은 조건이다. 주변 경치까지 더하면 이름난 명소가 될 만하다. 세차게 흐르는 빙하 물살이 아깝다.

　1995년 뉴질랜드 퀸스타운 번지 점프로 유명한 카와라우강 상류에서 래프팅을 한 적이 있다. 유유히 흐르는 물길에서 뱃놀이를 즐기고, 큰 바위를 만나면 힘껏 노를 저어 비켜 가고, 급류에 휘말리면 모두 힘을 합해 중심을 잡았다. 순간 맞닥뜨린 상황에 따라 스릴과 재미를 맛보았다. 종착 지점이 가까워지자 가이드는 보트를 일부러 뒤집어 모두 신나는 물놀이를 즐기게 해 주었다.

그 후 나는 래프팅이 우리 인생과 닮은 액티브한 체험이라 생각한다. 카라쿨 밸리의 힘찬 물살을 보니 지난 젊음이 그립다. 세월이 흘러도 그 순간의 감정과 풍경은 고스란히 가슴에 살아 있다.

저녁나절 햇살이 비친다. 구름이 걷히자 숲과 설산이 선명하다. 젖은 옷을 말리며 캠프장까지 못 간 아쉬움에 자꾸 뒤를 돌아보게 된다. 카라쿨 밸리는 종합선물세트다. 톈산 줄기의 설산과 깊은 계곡 그리고 힘찬 물줄기와 초원 등 고루 갖춘 자연이다. 더하여 시내에서 가깝고 교통 또한 편리하다. 비 오는 날 카라쿨 밸리 트레킹은 두 번 다시 할 수 없는 순간이고 체험이다. 얼마나 값진 경험인가. '여행은 추억을 저축한다.' 오늘 또 하나의 명제를 얻었다.

카라쿨은 생각보다 큰 도시다. 여유 있는 일정으로 자연을 즐길 수 있다. 기회가 되어 다시 오면 알틴 아라샨과 카라쿨 밸리를 이어서 트레킹을 해야지! 3박4일 일정으로 가파른 아라콜 패스를 넘어 해발 3,900m 정상 부근 아라쿨 호수 에메랄드 물빛을 보고 3,400m 지점의 유르트 캠프장에서 숙박을 해야지!

주인 할아버지가 보고 가라는 제티 오귀즈 계곡은 시내 남서쪽 20km 붉은 사암 절벽이다. 일곱 마리 황소를 닮은 암석은 1975년 지질보호구역으로 지정되었다. 그리고 '동화 이야기 협곡'은 붉은 사암 바위 골짜기로 이식쿨 호수 남쪽 길 중간에 위치한다. 이 두 곳을 남겨 두고 가는 아쉬움을 달래며 나는 지난날 미 남서부 브라이언과 자이언 캐니언을 떠올렸다.

뿐만 아니다. 며칠간 시내를 오가며 자세히 살피지 못한 것들도

카라쿨의 둔간 모스크

있다. 숙소 근처 녹색 첨탑에 흰색 미나레트가 앙증맞은 둔간 모스크와 목조 건물로 30년 공사 끝에 1885년 완공한 러시아 정교회 대성당도 스쳐 지났다.

아쉽지만 3일간의 트레킹을 무사히 마쳐 참 다행이다. 짐을 찾아 터미널로 향하니 주인 할머니가 내년에 꼭 다시 만나자고 한다.

7시 20분 비슈케크행 버스에 올랐다. 이식쿨 남쪽 길을 달린다. 보름달이 기운 하현달이 차창 밖을 환하게 밝혀 준다. 마을 이름은 알 수 없지만 휴게소에 정차하니 사람들은 대형 음식점에서 야식을 즐긴다. 나는 달빛이 흐르는 호숫가 밤 풍경을 가슴에 담았다. 우리는 이식쿨 호수를 한 바퀴 돈 셈이다. 대형버스 편한 좌석에서 한숨 자고 나니 새벽 5시경 비슈케크 서부 버스 터미널에 도착했다.

조수 역할을 자청하다

한 번 다녀간 비슈케크라 마음이 편하다. 외국 관광객 부부가 오슈로 가는 택시를 잡고 합승을 하자고 한다. 오전에 출발하면 늦은 시간에 도착해 숙소 잡기가 어려워 나는 오후 차편을 알아보았다. 7인승 승합차 1인 1,200숌(19달러). 오후 8시에 출발하기로 운전기사와 약속했다. 남은 시간에 지난번 미흡했던 비슈케크 도심 구경을 하려다 마음을 접었다. '다시 올 텐데…' 하며 공원에서 밀린 일기를 썼다.

잘 쉬고, 잘 먹고, 약속된 시간 운전기사 옆 좌석에 앉았다. 새로운 여행지를 찾아 달린다. 늦은 시간이라 비슈케크 도심을 벗어나니 가로등이 없어 사방이 캄캄하다. 보름달을 막 지난 달빛조차 구름에 가렸다. 오직 헤드라이트로 길을 밝힌다. 고도가 높은 설산을 달리니 눈발이 휘날린다. 운전기사가 눈 내리는 크리스마스라고 한다. 8월의 눈이다.

도로에 자동차 통행이 뜸하다. 기사는 눈길에서 속력을 낸다. 나는 옆 좌석에서 기사의 졸음을 쫓으려 껌을 건네고 말을 걸었다. 가끔 구름 사이로 비치는 달빛 아래 유르트 마을을 보았다.

비슈케크에서 오슈로 넘어가는 산길은 톈산 줄기다. 낮에 출발했더라면 눈 내리는 이 풍광을 볼 수 있었다. 남편은 안전을 걱정하는데 나는 놓친 경치가 아깝다. 휴게소에 잠시 내리니 매서운 칼바람이 분다. 안전을 위해 나는 거의 뜬눈으로 조수 역할을 자청했다. 그 덕에 산길의 밤경치를 보았다. 내가 넘은 이 산길을 지도에서 확인해 봐야지!

파미르고원 Pamir Mountains(I)

파미르고원은 타지키스탄, 키르기스스탄, 아프카니스탄, 파키스탄, 중국, 5개국에 걸쳐 있다. 5개의 거대한 산맥과 타클라마칸사막, 티베트고원이 모여 세계의 지붕을 이룬다. 황량한 넓은 평원처럼 보이지만 이미 해발고도 3,500~4,700m다. 주변 설산은 평균 6,100m 이상 고봉들이며, 이곳에 M41 파미르하이웨이가 달린다. 파미르는 페르시아어 '태양신의 자리'를 의미하고, 파미르하이웨이는 '하늘과 맞닿은 길'이란 뜻이다. 낮에는 햇볕이 뜨겁고 밤에는 기온이 내려간다. 지난날 대상들이 오가던 실크로드다.

오슈에서 파미르고원으로 가는 세 가지 방법

• 숙소와 CBT 오피스에 신청하여 동행자 팀 합류
• 총알라이 바자르 근처 공터에서 현지인들이 이용하는 차량으로 무르갑까지 이동
  (켈레첵 바자르 근처 정류장 105번 버스 탑승 → 종점 하차 → 총알라이 바자르)
• 오슈 바자르 옆 터미널에서 사리모굴행 정기 미니버스 이용 → 사리타슈 하차
  (국경 넘는 차량 수배 → 타지키스탄의 카라쿨이나 무르갑으로 이동)

파미르고원과 주변산맥

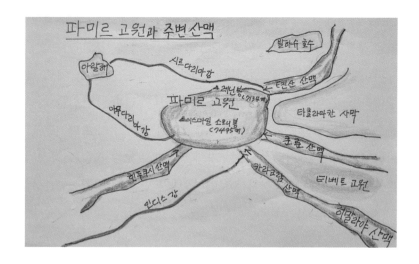

오슈 Osh

- 키르기스스탄 2대 도시, 인구 약 25만 명, 해발고도 963m
- 3천 년 역사 고도, 실크로드 길목
- 슐레이만산 2009년 6월 유네스코 세계문화유산으로 지정
- 2019년 투르크 세계문화수도로 지정
- 1990년 우즈베크인과 키르기스인 사이 대규모 유혈 충돌
- 비슈케크에서 700km, 미니버스 12시간 소요

숙소

- CBT OSH office hostel (전화 0555-07-76-21)
- Biy ordo hostel (시내 북쪽 시내버스 122번, 143번)
- 오슈 게스트하우스 (Masalieva streeet, apartment 8, flat 48, osh city)

여행 팁

- 파미르고원 여행 전초 기지
- CBT office (여행자 편의를 제공하는 비영리단체)

볼거리

1. 슐레이만산 Suleyman Mt
2. 돔 바부라 Dom Babura
3. 바위굴
4. 뮤지 슐라이만 토 국립역사박물관
5. 역사박물관과 시민공원
6. 슐라이만 토 모스크
7. 중앙공원과 악부라강

여행의 하이라이트 파미르고원 횡단

비슈케크에서 밤새 12시간을 달려 오전 8시 오슈에 도착했다. 오슈는 비슈케크에서 700km 떨어진 키르기스스탄 2대 도시로 서남부에 위치한다. 해발 963m에 자리한 3천 년 역사를 지닌 고도로 여러 민족이 어울려 살아간다. 옛 실크로드 중심지이며 파미르하이웨이 출발지이자 종착지다.

나는 이곳에서 파미르고원 횡단 준비를 해야 한다. 도착한 장거리 버스터미널에서 일단 아침을 먹었다. 그리고 사리타슈행 버스 출발지 터미널로 가는 13번을 탔다. 오슈는 2대 도시답게 높은 건물과 넓은 도로, 많은 차량들로 복잡하다. 우리나라 소형차 티코도 보인다. 사리타슈행 버스는 오슈 바자르 인근 육교 아래에서 출발한다. 운전기사가 우리를 보고 호객한다. 매일 오후 2시 사리타슈행 미니버스가 있음을 확인했다.

파미르고원으로 가는 정기 교통편은 없다. 오슈에서 사리타슈까지만 미니버스가 있고 그 이후의 이동 수단은 각자 찾아야 한다. 가장 편한 방법은 차를 대절하는 것이다. 운전기사를 대동한 여행은 자신이 없다. 말이 잘 통하지 않은 기사와 10일간 이동하는 것도 불편하고 여행비 부담도 크다. 가장 좋은 방법은 횡단 팀에 합류하는 것이다. 팀 인원에 따라 경비는 달라진다. 내 희망 사항은 6~7명 일행을 만나는 것이다. 이게 잘 될까?

집 떠난 지 53일째다. 여행 막바지에 접어들었다. 파미르고원 횡단은 이번 여행의 하이라이트다. 그런데 불확실한 교통편 때문에 횡단 일정을 뒤로 잡았다. 오슈는 나에게 중요한 여행지다. 앞으로 어떤 일들이 펼쳐질까? 기대 반 걱정 반으로 설렌다.

먼저 숙소를 잡고 팀 일행을 찾아야 한다. 호스텔이나 게스트하우스에 팀 합류 의사를 밝히고 기다리거나 비영리단체 CBT(Community Based on Tourism)를 찾아가 도움을 받아야 한다. CBT는 키르기스스탄을 여행하는 사람들에게 숙소와 교통편을 제공하고 정보를 주는 단체다. 키르기스스탄의 주요 도시 곳곳에 있다.

운 좋게 길에서 CBT뿐만 아니라 여러 호스텔 위치까지 그려가며 가르쳐 주는 사람을 만났다. 처음 찾은 파크 호스텔은 중앙공원 바로 옆이다. 바자르도 가깝고 시설도 좋은데 빈방이 없다. 두 번째 찾은 게스트하우스도 만원이다. 오슈는 여름 축제 기간이라 최고 성수기로 어디든지 방이 없을 거라 한다. 호텔은 1일 35~70달러로 방은 있다. 일단 안심이다.

나는 CBT에 희망을 걸었다. 슐레이만산 아래 골목 끝에 있는 사무실을 찾았다. 이곳은 CBT 업무와 호스텔을 운영한다. 여기도 방이 없다. 내 여행 계획을 말하고 파미르고원 횡단 팀 합류 의사를 밝혔다. 여행 기간은 10일 정도가 좋겠다고 하니 벽 게시판에 우리 이름을 적는다. 가까운 숙소를 소개해 달라고 부탁했다. 히잡은 쓴 아가씨가 내일은 방이 나온다며 오늘 묵을 숙소를 알아본다. 무거운 가방은 두고 가라며 주소와 버스 번호 122번, 143번을 적은 메모지를 건넨다. 시내 북쪽 Biy ordo 호스텔이다.

고도(古都)의 전통 여름 축제

일단 숙소는 해결되었다. 거리는 온통 축제 분위기다. 시민공원 앞을 지나니 오후 5시에 관광 홍보 페스티벌 개막행사가 있다며 민속 복장을 한 여학생들이 안내한다. 외국 관광객들은 이미 자리를 잡았다. 우리도 그들 옆에 앉았다.

3천 년 고도답게 전통을 자랑하는 이곳 최대의 축제다. 우리가 도착한 8월 17일부터 일주일간 진행되는 행사에 여러 민족들이 고유 의상을 곱게 차려 입었다. 노래와 춤판이 벌어지고, 왕과 왕비가 등장하는 연극에는 많은 신하와 창과 방패를 든 장군들이 출연한다.

오슈 여름 축제 관람(위) 축제 공연 장면(아래)

대사는 알아들을 수 없지만 전쟁으로 이룩한 역사를 말하는 것 같다. 축제장은 다양한 먹거리와 선물가게 등 사람들로 북적인다. 우연히 좋은 공연을 보고 흥겨운 축제 분위기를 즐겼다.

122번 버스는 Biy ordo 호스텔 앞에 내려준다. 조금 한적한 북쪽이라 몇 개의 침대가 남았다. 도미토리 침대 1개 350솜이다. 숙소는 크고 외국 관광객들도 많이 머문다. 마당의 큰 지프차는 다음 날 아침 피미르고원으로 출발하는 렌터카다. 10일간 1,400달러. 두샨베까지 간다고 한다. 우리도 태워 달라고 부탁하니 이미 인원이 다 찼단다. 어떻게든 되겠지…. 깨끗이 씻고 누우니 낮에 숙소를 찾던 어려움은 헛고생이 아니었다.

오슈의 볼거리

Biy ordo 호스텔은 시설도 좋고 규모도 크다. 사무실 직원에게 파미르고원 횡단 팀 합류를 부탁했다. 전화로 여러 곳을 알아보더니 오늘 내일 어려울 것 같다고 한다. 일단 관광부터 하고 오후에 CBT 오슈 호스텔로 가기로 했다. 이 도시에서 가장 유명한 관광지를 물었다. 슐레이만산과 chil ystum aravan이라며 155번 버스를 타라고 메모해 준다. 버스에 오르며 운전기사에게 메모를 보여 주었다. 시내를 통과하더니 어제 페스티벌 오픈 장소에서 내리라고 한다. 이왕 차를 탔으니 종점까지 가기로 했다. 나는 시내버스로 도시 윤곽을 파악하길 좋아한다.

2002년 남미 아르헨티나 수도 부에노스아이레스를 여행했다. 그 옛날 잘살았던 시절의 흔적이 도시 곳곳에 남아 있었다. 왕복 10차선이 넘는 대로변에 줄지어 선 멋진 건물들은 유럽의 어느 대도시 못지 않았다. 그런데 대통령궁 앞에서 군중들이 냄비 뚜껑을 두드리며 시위를 했다. 경제가 기울어 복지 혜택을 줄이자 이에 항의하는 시위였다. 조금은 한심해 보였다. 넓은 팜파스 평원을 지닌 나라가 아닌가?

6·25전쟁으로 우리가 가난하던 시절 이곳 사람들은 세계 10위권의 경제로 선진화된 삶을 누렸다. 그 흔적을 나는 버스 안에서 보았다. 도심을 벗어나자 멋진 건축물들은 슬럼화된 상태였다. 타고 내리는 승객들 또한 어렵게 살아가는 모습이다. '옳거니, 시내버스 투어다!' 여러 지역을 달리는 관광버스라 생각했다. 당시 이구아수폭포를 구경하고 남은 아르헨티나 지폐는 이웃 나라에서 그 가치를 인정하지 않았다. 남은 돈은 지금도 가지고 있다.

이날 이후 나는 여행지에 도착하면 여러 노선의 버스를 이용하여 일단 도심과 시 외곽을 두루 살핀다. 무엇보다 그곳 사람들의 삶을 엿보고 사회상과 경제 사정을 어느 정도 느낄 수 있다. 때로는 재래시장 앞을 지나면 내려서 먹거리를 사고, 관광지를 만나면 내려 구경한다. 나만의 '버스 패키지 투어'다. 오슈에서도 시간이 허락되면 여러 노선 버스를 타 볼 예정이다.

이곳 시내버스도 마을 곳곳을 누빈다. 도심에서 멀지 않은 거리인데 한적하고 조용하다. 도시의 편리함과 문화권에서 소외된 듯하다. 종점에 내려 마을을 구경하다가 과일 장수를 만났다. 그 옆에 앉아 쉬면서 싱싱한 과일로 갈증을 풀었다. 과일 장수 아줌마는 자리를 내어 주며 낯선 나에게 스스럼없이 친절을 베푼다. 힘든 내색 없이 밝고 씩씩하다. 주어진 현실을 받아들여 열심히 살아간다. 생긋 웃는 모습에 내 마음도 편해진다.

역사박물관과 시민공원

되돌아 나와 chil ystum aravan에 내렸다. 페스티벌 깃발이 나부끼고 자원봉사자들이 다가온다. 어제 공연 무대 뒤편 건축물이 역사박물관이다. 이곳은 이 도시 형성 3천 년을 기념하여 지었다. 실내로 들어서니 조금은 실망스럽다. 고대도시 박물관치고 소장품이 별로다. 중앙 홀 큰 유르트는 유목민 생활을 재현해 놓았다. 그리고 생활 도구와 간단한 유물들이 전시되었다. 복도에는 오슈 발전과정과 인물사진을 게시했다. 갤러리 형식의 작품도 전시되어 있다. 중앙아시아는 유목민족이라 박물관 전시물이 크게 다르지 않다. 어제 공연 소품들이 이곳저곳에 널려 있다.

박물관 앞 광장은 시민공원이다. 슐레이만산이 뒤에서 받쳐 주고 중앙에는 기념탑이 우뚝하다. 광장에 있는 크고 작은 유르트는 가게와 식당으로 사용된다. 3층 높이의 유르트는 기념품 가게 겸 전시 공간이다. 유르트 안에는 손님들이 꽉 찼다.

오슈 바자르

이 바자르는 오랜 역사를 지닌 고도답게 꽤 크다. 허름한 지붕 아래 가게들이 늘어서 있고, 큰 도매상의 짐을 나르는 일꾼, 인근 마을과 도시로 물건을 떼어 가는 장사꾼들로 분위기는 활기차다. 나는 소고기볶음 식재료와 중앙아시아 꿀이 좋다기에 피로회복제로 샀다. 바자르 앞 육교 아래 사리타슈행 버스 운전기사에게 혹 파미르고원으로 가는 승객이 있는지 물었다. 대답은 "NO"다. 나와

299

같은 여행 팀을 만날까 기대했으나 허탕이다.

아이고, 어려워라!

CBT 호스텔에 우리 침대가 마련되어 있다. 아직 파미르고원 여행 팀의 연락이 없으니 내일 당장 떠나기는 어렵다고 한다. 오슈 시내 구경을 이틀 더 할 예정이라 그때까지 기다리겠다고 말했다. 하지만 언제라도 연락이 오면 바로 떠날 수 있다는 의향을 밝혔다.

마당에는 파미르고원 횡단을 마치고 도착한 프랑스 젊은 부부가 있다. 이들은 쉬면서 일본 청년과 여행 이야기를 나눴다. 나는 정보를 얻으려 귀를 기울였다. 그리고 나의 여행 계획을 말하고 도움을 청했다. 일본 청년은 5일 정도 파미르고원 여행을 할 거란다. 그도 이미 여러 곳에 팀 합류 신청을 해 둔 상태로 연락을 기다리고 있어, 우리와 같은 처지라며 자신의 경험을 들려주었다.

그는 중국 카스에서 파미르고원 길목 사리타슈로 넘어왔다. 그곳에서 무르갑으로 가는 차를 잡으려 했으나 여의치 않아 오슈로 나와 팀 합류를 기다린다고 한다. 우리더러 CBT만 믿지 말고 다른 호스텔에도 부탁하라고 일러 준다. 아이고 어려워라! 맥이 빠진다.

프랑스 부부는 호루그에서 출발하여 아프카니스탄과 인접한 와칸 계곡의 여러 마을을 구경했단다. 그리고 알리추어-무르갑-카라쿨-사리타슈를 거쳐 오슈에 도착한 것이다. 완벽한 파미르고원 여행을 마쳤다. 히치하이킹과 합승택시, 대절 등 다양한 교통수단을 이용했다며 덧붙이는 말, 대부분 단체 여행객끼리 움직이거나 렌터카로 팀을 짜서 횡단하기에 우리처럼 한두 명씩 모여 팀을 이루기는 쉽지 않을 거라 한다. 갈수록 태산이다.

이들은 젊다. 나이 많은 우리는 파미르고원 횡단이 쉽지 않음을 실감한다. 걱정한다고 해결될 일은 아니다. 이럴 때 나는 배짱이 생긴다. 설사 파미르고원 횡단을 못하더라도 오슈까지의 여행으로도 충분하다. 기다려 보고 팀을 만나지 못하면 일단 미니버스로 갈 수 있는 사리모굴까지 가는 거다! 최선을 다하고 안 되면 되돌아와서 다른 루트를 찾으면 된다. 운에 맡기자! 이틀 후 무조건 출발하는 거다! 마음을 정리하니 가뿐하다.

부엌 시설이 좋아 오랜만에 고깃국으로 푸짐한 저녁을 먹었다. 내일 먹을 음식까지 냉장고에 보관했다. 설거지를 하고 있는데 일본 청년이 배낭을 메고 인사를 한다. 방금 5명 팀에 합류하여 5박 6일간 호루그까지 가게 되었다고 좋아한다. 내일 아침 일찍 출발해야 하기에 숙소를 옮긴다는 말에 조금 부러웠다. 그나마 일본 청년 한 명을 확보했다고 속으로 생각했는데 이마저도 날아갔다. 우리에게도 희망은 있다고 생각하면서 만약을 위해 또 다른 여행 루트를 잡아 보았다.

회개와 재생의 동굴?

슐레이만산에 올랐다. 오슈 중심에 자리한 해발 200m의 작은 산이다. 그 옛날 솔로몬이 머물며 기도한 곳으로 솔로몬을 현지어로 슐레이만이라 붙인 이름이다. 다윗의 아들 솔로몬은 이슬람교 성자로 칭송받는다. 슐레이만산은 다섯 개 봉우리의 돌산으로 무슬림의 최고 성지다.

슐라이만산은 2009년 6월 유네스코 세계문화유산으로 지정되었다. 입장료 20솜. 계단을 오르니 시내 전경이 펼쳐진다. 오슈는 **301**

3천 년 역사의 고도로 실크로드 길목이다. 해발고도 963m의 넓은 평원에 자리한 도시다. 반듯한 길, 오슈국립대학교의 붉은 건물, 내가 묵고 있는 숙소도 보인다. 높은 곳이 없으니 전망대 역할을 톡톡히 하는 산이다. 나무가 없다. 도심 속 어떻게 이런 산이 생겼지? 참 신기하다. 이른 시간인데 순례객들이 끊이지 않는다.

정상에는 국기가 펄럭인다. 그 옆 작은 모스크는 기도처 돔 바부라다. 1497년 자히루딘 바부라가 열네 살 때 기도한 장소다. 바부라는 열두 살에 왕위에 올라 국력을 키워 무굴왕조의 토대를 마련한 인물이다. 그의 고향이 바로 오슈다. 돌산과 기도처가 어울린다. 둘 다 크지 않으면서 꼭 있을 자리에 놓인 듯하다. 성지이고

술레이만 토 입구(왼쪽) 술레이만 토 정상의 키르기스스탄 국기(오른쪽)

슐레이만 토 기도처 돔 바부라(위) 슐레이만 토에서 내려다본 오슈 전경(아래)

신비한 효능을 지닌 산이라 생각하니 작은 기도처가 크게 느껴진
다. 여성 신도 몇 명이 정성 들여 기도한다.

얼마나 많은 사람이 다녀갔는지 바윗길은 반질반질 윤이 난다. 검
고 붉은 무늬가 섞인 분홍빛을 띤 돌이다. 윤이 나는 바위가 예사롭
지 않다. 자칫 미끄러질 수 있는 가파른 길이라 조심 또 조심한다.
7번을 타면 병이 낫는다는 바위 미끄럼틀도 있다. 사람들이 내려오
는 부분만 홈이 생겼다. 그 위에 앉으니 스르르 미끄러진다. 무병장
수한다는 전설에 재미를 더하여 나도 바위 미끄럼을 여러 번 탔다.

바위동굴

산허리를 감도니 겨우 한 사람이 기어 들어갈 수 있는 작은 동굴이 있다. 많은 사람이 드나들어 바닥이 매끈매끈하다. 10m쯤 어둠 속을 기었다. 신기하게도 어느 지점은 작은 홀처럼 비좁게 앉을 수 있는 공간도 있다. 동굴에서 떨어지는 물을 눈과 얼굴에 바르면 눈병이 낫고 피부에 좋다는 설이 있어 나도 했다.

동굴 속 시원하고 상쾌한 느낌에 더 머물고 싶지만 밖에서 기다리는 사람들이 많아 나오니 "잠깐!" 남편이 멈추라 한다. 꼭 엄마 자궁에서 나오는 것 같다며 내 모습을 카메라에 담는다. 그리고 새로 태어났으니 착하게 살아야 한다고 덧붙인다. 자기에게 잘하라는 뜻인가? "그럼 당신도 들어가서 다시 태어나야지!" 병을 치유한다는 영특한 동굴은 우리 부부에게 회개와 재생의 동굴이다.

뮤지 슐라이만 토 국립역사박물관

산 중턱 레이더망처럼 생긴 흰 구조물이 있다. 시내 반대쪽 슐라이만 토 국립역사박물관이다. 입구는 아래쪽 동굴이다. 1949년 오슈

길이 10m 정도의 슐레이만 토 작은 동굴

지역박물관으로 조성되었다가 후에 국립역사박물관으로 명칭이 바뀐 자연동굴이다. 동굴 입구에 들어서니 제법 넓다. 옛 생활 모습과 생활 도구, 토기, 동물 박제 등 다양한 전시물이 있다. 소장품보다 동굴 속 계단을 올라 아래를 내려다보는 재미가 더 크다. 일직선으로 올라가는 동굴이라 계단이 가파르다. 레이더망처럼 생긴 곳은 바로 출구 홀이다. 이곳 역시 전망대로 도심 반대쪽 시내 풍경을 볼 수 있다.

술레이만 토 모스크

술레이만산 아래 위치한 이 모스크는 산 중턱 박물관에서 내려다보면 바로다. 1504년 바부라가 세웠다. 20세기 복원을 거쳐 하나의 돔에 4개의 미나레트가 우뚝한 대성전이다. 그 주변은 큰 묘지 단지다. 대성전 모스크는 기도처 술레이만산과 망자의 동네 묘지를 옆에 두었다. 마치 현실 생활을 회개와 기도로 바르게 살아야 죽음 후 영생을 얻게 된다고 일러 주는 듯하다. 성전, 기도처, 묘지 세 곳은 인간사 한 세트다.

술레이만산

낙타 등을 닮은 5개 봉우리로 이루어진 산 곳곳에 크고 작은 동굴 기도처가 있다. 산 전체가 성지요 기도 장소다. 많은 사람이 다녀가니 바위는 닳고닳아 미끄러질 것 같다. 지난날 칠레 남태평양 이스터섬 채석장이 떠올랐다.

이스터섬 채석장은 하나의 큰 돌산이었다. 방금 조각 작업을 하다 잠시 멈춘 듯 미완성의 모아이상이 여기저기 있었다. 마치 재단사가 천 두루마리를 펼쳐놓고 본으로 옷을 만들 듯 돌산에서 모아

슐레이만 토 모스크

이상을 조각하여 떼어 냈다. 큰 것은 내 키 두세 배가 넘는다. 거대한 석상을 어떻게 떼어 내 해변까지 옮겼을까? 모아이상은 세계 7대 불가사의 중 하나라 한다. 남태평양을 바라보고 선 모아이상은 어떤 염원을 담은 듯 보였다. 이 염원은 모아이상을 떼어 낸 장인의 정성이라 생각했다.

이곳 슐레이만 돌산도 사람들의 기도와 염원의 발길로 닿고 닿아 패이고 윤이 난다. 모아이상을 조각한 장인의 정성과 다를 바 없다. 인간의 정성과 염원이 바로 불가사의를 만든다고 생각된다. 슐레이만산을 내려오며 '사람은 만물의 영장'이라는 말을 곱씹어 보았다. 사람=만물의 영장=불가사의 등식이 성립된다. 사람은 작은 우주다. 나 또한 예외가 아닐진대…, 용기가 솟는다.

숙소에 돌아오니 작은 체구의 아가씨가 침대 시트를 펼쳐놓고 다림질을 한다. 내가 도와 주겠다고 나섰다. 시트를 둘이서 맞잡고 지그재그 힘을 주어 당기면서 주름을 폈다. 그리고 반듯하게 접어 발로 밟았다. 접힌 상태로 몇 번 펼치며 다림질을 하니 아가씨는 "Good idea!"라 한다. 내 엄마에게 배운 이불 호청 손질법이다. 촉촉할 때 잘 접어 포개놓고 발로 꼭꼭 밟으면 주름이 펴져 다림질을 하지 않아도 된다고 일러 주었다.

아가씨는 고마워하며 아직 횡단 팀의 연락을 받지 못했다며 나보다 더 걱정한다. 나는 내일 일단 사리타슈로 갔다가 여의치 않으면 다시 오겠다고 했다. 예측할 수 없는 일이다.

저녁을 먹고 젊은 부부에게 얻은 정보를 참고하여 내 나름 파미르고원 횡단 루트를 짰다. 오슈 → 사리타슈 → 카라쿨 호수 → 무르갑 → 호루그 → 두샨베로 가는 M41 파미르하이웨이 코스와 알리추어에서 와칸 계곡으로 접어들어 골짜기 마을을 구경하고 호루그를 거쳐 두샨베로 가는 두 가지 루트를 머리에 담았다. 이 중 어느 쪽이든 할 수만 있다면…. 어디까지나 내 희망 사항이다.

사리타슈 Sary Tash와 사리모굴 Sary Mogul

- 파미르하이웨이 M41번 국도 길목 마을, 오슈에서 220km
- 키르기스스탄 남부 주요 교통 합류 지점

  (북쪽 오슈, 동쪽 중국 카스, 서쪽 30km 지점 버스 종점 사리모굴, 남쪽 무르갑)
- 톈산산맥 알라이 계곡 해발고도 3,170m 고원 마을, 레닌봉 7,134m 조망
- 사리타슈 어원 투르크어로 'Yellow Stone'이라는 뜻

숙소
- 삼거리 지점, 악쿤 게스트하우스
- 마을 숙박시설 7~8곳 (대부분 아침 포함 1인 15달러)

여행 팁
- 중국 카스에서 넘어오면 이곳 사리타슈에서 무르갑 방향 파미르고원 횡단 여행을
  할 수 있고, 버스 종점 사리모굴에서도 파미르 트레킹 코스가 있다.

볼거리
1. 톈산산맥 만년설을 배경으로 한 고산마을
2. 파미르고원 트레킹

도전과 열정의 발로

새벽에 일어나 파미르고원 횡단이 여의치 않을 경우를 대비해 또 다른 방법을 찾았다.

일단 사리타슈행 버스 종점 사리모굴까지 간다. 그곳에서 트레킹을 할 계획을 세웠다. 그래도 아쉽다. 지난날 뉴질랜드와 호주 여행은 렌터카로 남편이 운전을 했다. 이곳 파미르고원은 비포장 험한 지역이라 렌터카는 말도 꺼내지 못했다. 그래도 자꾸 렌터카 생각이 난다. 기다렸던 여행 팀은 감감 무소식이다.

어제 남은 고깃국으로 아침을 든든히 먹고 계란 30개를 삶았다. 혹 터미널 근처에서 파미르고원을 여행하고자 하는 사람을 만날 수 있지 않을까? 기대하고 일찍 나섰다. 이 또한 허사였다.

남편은 무르갑행 차편을 알아보겠다고 나섰다. 잠시 후 총알라이 바자르 옆 공터에서 무르갑행 버스가 있다는 정보를 얻었다. 차비는 1인 2,500솜이다. 현지인들이 이용하는 승합차인가? 일단 내 계획대로 부딪쳐 보기로 했다. 사리타슈행 미니버스 1인 300솜, 오후 2시 차 맨 앞좌석을 예약했다. 어찌 보면 무모한 여행일 수도 있지만 반대로 도전이다.

중앙공원과 악부라강

출발 시간을 기다리며 가까운 중앙공원에서 점심을 먹었다. 숲이 우거진 시민 휴식처다. 어린이를 위한 다양한 놀이기구도 있다. 그 옆 악부라강에서 아이들이 신나게 물놀이를 한다. 상큼한 공원과 시원한 강물이 복잡한 3천 년 고도를 여유롭게 만든다.

오후 2시 출발이라지만 좌석이 차야 떠난다. 3시 가까이 되어 출발했다. 파미르하이웨이 M41번 국도를 달린다. 사리타슈까지 5시간 걸린다. 일직선 도로는 잘 닦여 곳곳의 풍경은 조금씩 다르다. 파란 하늘 아래 설산과 평원, 민둥산 비탈에 옹기종기 모여 있는 마을, 냇물이 흐르는 벌판에 우거진 숲, 때로는 양떼가 도로를 막는다. 차가 정차하면 아이들이 살구통을 이고 달려온다. 예사롭지 않은 산세가 펼쳐지기도 한다. 어느 곳이라도 사람들은 다소곳이 자연과 더불어 살아가고 있다.

유르트 민박은 뜻밖의 선물

저녁나절 사리타슈에 내렸다. 사리타슈는 톈산산맥 알라이 계곡 해발고도 3,170m에 위치한 고원 마을이다. 마을 입구 갈림길이 있다. 북쪽은 오슈, 남쪽은 무르갑, 동쪽은 중국, 서쪽 30km 지점이 버스 종점 사리모굴이다. 사리타슈는 교통의 합류 지점이고 파미르고원 횡단 초입이다.

찬기운이 몰아친다. 일단 옷을 겹쳐 입고 숙소를 알아봤다. 길가 홈스테이는 아침 포함 1인 15달러. 마을에 대여섯 곳 숙박시설이 더 있어 일단 안심이다. 이곳 사리타슈는 달려오면서 본 풍경과 사뭇 다르다. 집들이 여기저기 흩어져 마을을 이뤘다.

저 멀리 눈 덮인 레닌봉이 보인다. 조금은 삭막한 풍경이다. 양이 풀을 뜯는 모습 외에 딱히 볼 것은 없다. 추위 때문인지 거리에 사람도 없다. 산비탈에 자리한 집 마당에 사륜구동 자동차가 보인다. 혹 무르갑으로 가는 차가 아닐까? 찾아가 물었다. 제법 큰 숙소에 단체 관광객들이 묵고 있다. 내일 사리모굴 트레킹을 떠나는

사리타슈 마을(위) 사리타슈 근처 설산 (아래)

차라고 한다. 일본 청년이 애타게 차를 기다렸다는 그 지점에서 나
도 달려오는 차를 향해 손을 들었다.

용케 무르갑행 차가 멈추었는데 좌석이 없다. 오늘은 포기해야
하나? 그 순간 큰 트럭이 우리 앞에 멈춰섰다. 다섯 살쯤 된 딸과
함께 두 남자가 타모리까지 1인 100솜이라 한다. 타모리? 처음 듣
는 지명이다. 내 물음에 국경검문소와 가깝고 그곳에 숙소가 있다
고 한다. 인상이 좋아 보여 믿고 차에 올랐다.

해질녘 설산을 보며 평원을 달린다. 초원에 유르트가 띄엄띄엄

보인다. 그들은 현지어로 주고받으며 한마디씩 영어를 섞어 친구 사이라 한다. 저녁때가 되었으니 자기 집에서 밥을 먹고 가면 어떻겠느냐고 묻는다. 우리는 서둘 일이 없었다. 차가 도로를 빠져 외딴 유르트 앞에 멈추니 가족들이 나왔다. 이곳에서 자고 내일 아침에 가면? 또 내게 묻는다. 유목 생활을 엿볼 수 있는 절호의 기회여서 두말없이 "OK"했다.

평원에 저녁놀이 내려앉고 사방을 둘러싼 설산이 저녁 햇살을 받아 물든다. 500여 마리 양떼를 우리 안에 가두는 일을 도왔다. 즐겁고 신나는 체험이었다. 엄마 찾는 새끼 양의 울음소리가 들판에 퍼진다. 주인이 소금 덩어리를 우리 안 곳곳에 던지니 양들은 잠시 동요하더니 서로 몸을 의지하고 잠잘 준비를 한다. 사냥개가 망을 보고 거위는 꽥꽥, 들판 풍경을 내 가슴에 담았다. 7,134m의 레닌봉이 코앞에 우뚝하다.

사리타슈 평원의 유목민 생활 체험

양볼이 터서 빨간 꼬마 아가씨가 말과 망아지를 끌고 와서 우리더러 타 보라 한다. 우리를 즐겁게 해 주려 애쓰는 모습에 마음이 찡하다. 넓은 초원에 어둠이 내려앉는다. 설산에서 부는 바람이 차다. 나는 파미르의 상쾌한 공기를 깊이 마셨다. 그 순간 꿈인가 싶었다.

유르트 안은 말 배설물을 말린 땔감으로 난로에 불을 피워 따뜻하다. 바닥에 보자기를 깔고 양고기와 차, 수제 요구르트와 빵으로

초원의 유목민 가족과 함께(위) 사리타슈 유목민 유르트에서 하룻밤을 보내고(아래)

저녁상을 차린다. 나도 준비한 삶은 계란, 컵라면, 과일을 꺼내 놓았다. 숙박비와 아이들에게 용돈도 주었다.

서른다섯 살 주인 스타벡이 가족을 소개했다. 안주인 치나리는 다소곳하고, 큰딸 열두 살 마디나는 해맑은 눈동자에 예쁜 아이다. 스타벡이 민속 악기를 연주했다. 아빠의 실력 발휘에 신이 난 두 살 아들 누렉이 엉덩이춤을 춘다. 모두 손뼉으로 장단을 맞추며 즐거운 저녁 한때를 보냈다. 마디나는 알아서 척척 이것저것 내오고 설거지도 한다. 손끝이 야무지고 똑똑하다. 이웃에 사는 톨릭이 전화를 받더니 마누라가 기다린다며 딸을 데리고 일어섰다. 외딴곳에서 오순도순 살아가는 사람들이다.

꼬마 누렉의 얼굴에 종기가 나서 부었다. 마데카솔 연고를 발라 주고 놔두고 쓰라고 하니 고마워한다. 그 모습에 뭔가를 더 주고 싶었다. 여행 막바지다. 입고 있던 등산조끼와 배낭을 주니 마디나가 좋아한다. 나보다 요긴하게 사용할 사람들이다. 우리집에 모아 둔 물건들을 보내고 싶다 하니 주소를 적어 준다. 안주인 치나리의 글씨가 반듯하다. 초원의 유르트에도 주소가 있다는 걸 그때 알았다. 마디나가 두꺼운 솜이불로 잠자리를 봐주고 이웃 또래가 오니 함께 저녁 나들이를 간다.

우리는 스타벡 가족과 나란히 누웠다. 꼬마 누렉이 엄마 아빠 사이를 넘어다니며 재롱을 부린다. 안주인 치나리가 핸드폰에 저장된 사진과 동영상을 보여 준다. 아이들 어렸을 때 모습과 친척들과 함께 찍은 가족사진, 눈 덮인 초원의 겨울 풍경과 들꽃이 만발한 평원의 봄을 나는 누워서 이들의 사계절 유목 생활을 보았다.

한밤 살그머니 밖으로 나오니 사방이 어둠 속에 잠겼다. 흩뿌려

놓은 별들이 물 흐르는 듯하다. 눈길이 가는 곳이 바로 하늘이다. 누가 보아준다고 이처럼 아름다울까? 설산에서 불어오는 싸늘한 바람이 정신을 맑게 한다. 나는 가슴을 활짝 열었다.

내 중년기 아픔에서 벗어나려 몸부림 칠 때, 나는 문명의 이기가 닿지 않은 곳에 가고 싶었다. 찾아간 정선 산골 초등학교 분교 운동장에서 한밤을 보냈다. 고요함이 나를 감싸고, 밤하늘의 총총한 별들이 내 마음을 어루만져 주었다. "나는 왕이다!" "나는 우주다!" 하고 외쳐 보았다. 살랑이는 바람, 졸졸 시냇물이 "그래! 그래!" 나를 다독였다. 여명이 밝아올 즈음 나는 알았다. 두 다리에 힘이 생기며 '하고 싶은 것부터 해 보는 거다!' 가슴에 희망의 싹이 텄다.

'내 처지를 한탄만 할 것이 아니라 행동하는 거다!' 내 상황과 처지라는 번데기를 벗지 못한 아픔이었구나! 그 길로 돌아와 도서관을 찾고 여행책을 들었다. 바늘구멍으로 빛이 들어오듯 나를 돌아본 그 하룻밤을 나는 잊지 못한다. 지금도 울적할 때 찾는 아지트다. 세상의 변화에 따라 깊은 산골도 많이 달라지긴 했지만 젊은 그날 밤 추억을 찾아 떠난다.

사리탸슈 초원의 한밤은 내 노년기를 다부지게 살아갈 힘을 준다. 두 번 다시 찾을 수 없는 곳의 밤 풍경을 가슴 깊이 새겼다. 들어와 스타벡 가족들이 잠든 모습을 바라보며 '참 행복'을 생각해 보았다. 주어진 환경에서 열심히 살아가는 지금의 삶이 바로 행복임을 잠든 부부 얼굴이 말해 주고 있다. 사리탸슈 유르트 민박은 뜻밖의 큰 선물이고 값진 경험이었다.

양떼를 몰고 가는 당찬 마디나

아침에 눈을 뜨니 언제 돌아왔는지 마디나가 자고 있다. 친구들과 재미있게 놀았을까? 마디나를 통해 유목민의 또 다른 생활을 엿보았다. 새벽닭이 울고 양떼 울음소리에 초원의 아침은 살아 움직인다. 멀리 유르트에서 아침 연기가 피어오르고 레닌봉 설산이 아침 햇살에 빛난다. 하루가 시작되는 시간을 눈으로 보았다.

간단히 아침밥을 먹고 출발 준비를 했다. 머리에 수건을 질끈 동여맨 마디나가 인사를 한다. 그리고 건장한 말 등에 올라 500여 마리 양떼를 이끈다. 남정네 못지않은 당찬 모습은 어젯밤 앳띤 마디나가 아니다. 레닌봉을 향해 풀밭을 찾아 떠난다. 사냥개가 뒤따른다. 목동이 된 마디나의 씩씩한 뒷모습을 나는 넋을 놓고 오랫동안 바라보며 꼬마 아가씨의 앞날에 행운이 가득하길 빌었다.

톨릭이 어제 그 트럭을 몰고 왔다. 나는 타지키스탄 국경을 넘는다는 설렘을 안고 트럭에 올랐다. 얼마 가지 않아 차를 세우고 국경검문소라 한다. "아니, 여기가?" 산속에 출입국사무소만 덩그러니 있고 숙소가 있을 만한 곳이 못 된다. 어젯밤 우리를 이곳에 내려놓고 가버렸더라면 어쩔 뻔했지? 순간 머리가 아찔했다. 놀라는 나를 보고 "여기가 타모리!" 하며 톨릭은 웃는다. 그리고 늦은 시간 가방을 끌고 도로에서 차를 기다리는 우리를 두고 지나칠 수 없어 도우려 했다는 말을 남기고 돌아갔다.

놀람과 감동으로 나는 아무 말도 할 수 없었다. 멀어지는 톨릭 차를 바라보며 그제야 알았다. 저녁을 먹고 내일 아침 출발하자고 한 그들의 말뜻을. 참 선한 사람들이다. 어떻게 이 고마움을 갚지?

눈물이 흐른다. 용기 있게 오슈를 떠나온 것은 용감한 선택이었고, 그들을 만난 것은 큰 행운이었다.

정신을 차려 출국 수속을 마치고 타지키스탄 쪽으로 넘어왔다. 철책을 사이에 두고 국경이 바뀌었다. "나는 파미르고원에 섰다!" 소리 높여 외쳤다. 마치 큰 것을 성취한 기분이다. 고봉들로 에워 싸인 골짜기 산길에는 이른 시간이라 지나가는 차가 없다. 타지키 스탄 입국사무소는 18km 떨어진 곳에 있다. 어제와 같은 행운이 빨리 찾아오길 기다려야 한다.

파미르고원 산길을 바라보며 나는 깨달았다. 어제 해질녘 초원 풍경은 나를 감동시켰고 또 순수하게 만들었다. 그들은 이런 내 마음을 읽었구나! 설사 그들이 나쁜 마음을 먹었더라도 셈 없는 나를 해치지 못했으리라. 어젯밤 나는 파미르고원 대자연 덕을 톡톡히 본 셈이다. 자연은 내 마음을 움직여 내가 나를 돕게 한다.

양떼를 몰고 가는 마디나

타지키스탄
Tajikistan

파미르고원 Pamir Mountains(Ⅱ) • 카라쿨 호수 마을 Karakul Lake Village

무르갑 Murgab • 알리추어 Alichur • 랑가르 Langa • 얌촌 Yamchun

이스코심 Ishkoshim • 호루그 Khorug • 두샨베 Dushanbe • 후잔드 Khujand

국토 93%가 산지이며 해발 3,000m 고산이 국토의 절반을 차지하고 있다. 동쪽은 5,000m 이상의 파미르고원이 자리한다. 가장 높은 봉우리는 이스마일 소모니봉(7,495m), 그다음은 레닌봉(7,134m)이다. 한랭한 반사막기후로 국토 면적은 한반도 65% 정도다. 고원 북부 톈산 줄기에서 발원한 2,256m 시르다리야강 유역에는 페르가나 분지가 있고, 남부 파미르고원에서 발원한 2,540m 아무다리야강 유역에는 기잘 분지가 있다. 두 강은 중앙아시아의 젖줄로 아랄해로 흘러든다. 산으로 둘러싸인 남서부는 중앙아시아에서 제일 더운 편이다. 특산물은 면화, 밀, 채소, 과일 등이다. 1991년 9월 독립국이 되었으며 아프가니스탄, 우즈베키스탄, 키르기스스탄, 중국과 국경을 접하고 있다.

1. 역사

타지크인은 중앙아시아에 살던 아리안계 유목민이었다. 기마민족 소그드인이라고도 한다. 유라시아 여러 민족에게 기마유목 문화를 전파하기도 했으며, 8세기경 통일신라와 교역을 했다. 알렉산더 대왕의 정복, 몽골 칭기즈 칸의 침략, 티무르 제국의 지배를 거치며 튀르크화되었다. 1895년 제정 러시아 침입 후 러시아 공화국 편입과 소비에트 연방 가입 등을 거쳐 1991년 소련의 해체로 독립국가가 되었다. 여러 민족의 지배를 받았지만 나라를 잃지 않았다.

2. 이동

- 오슈 → 사리타슈 → 카라콜 → 무르갑 (로컬 승합차 이동, 히치하이킹, 교통편 수배)
- 오슈 → 무르갑 (총알라이 바자르 근처 공터에서 로컬 승합차)
- 후잔드 → 우즈베키스탄 타슈켄트로 (대형 국제버스)

3. 기초 정보

- 수도 : 두샨베
- 인구 : 1,014만 명(2023년)
- 언어 : 총인구 80% 타지크어 공용어, 일부 지역 파미르어
- 국토 : 14만3,100km² (한반도의 64.8%, 남한의 1.4배) 세계의 지붕 '파미르고원'
- 기후 : 고산기후 건조한 대륙성기후
- 민족 : 타지크인(84.3%), 우즈벡족(13.8%), 키르기스인(0.8%), 러시아인(0.5%)
- 종교 : 수니파 이슬람교 85%, 시아파 이슬람교 10%, 동방 정교회 및 기타
- 특산물 : 꿀과 과일(멜론과 수박)
- 교통 : 산지국이라 도로 사정과 도시 간 연결 버스 열악
- 시차 : 한국시간 −4시간
- 주 타지키스탄 대한민국대사관
  주소 : Shotemur 65, Dushanbe, Republic of Tajikistan
  전화 : +992−44−600−2114/ +992−44−600−9116(영사업무)
- 비자 및 파미르허가증 GBAO

키르기스스탄 비슈케크나 한국에서 인터넷으로 신청

준비물 : 여권사본, 사진 2장, 사증신청서 2장, 사증신청비

4. 여행 경로

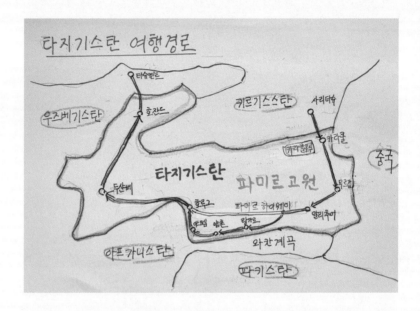

카라쿨 → 무르갑 → 알리추어 → 랑가르 → 얌촌 → 이스코심 → 호루그 →
두샨베 → 후잔드 → 다시 우즈베키스탄 타슈켄트

파미르고원 Pamir Mountains(Ⅱ)

파미르하이웨이 주변

파미르고원에는 이스마일 소모니봉을 비롯한 7,000km 이상 고산들과 페트첸코 빙하가 있다. 고원지대의 빙하는 카라쿨 호수, 파미르강, 와칸강, 판즈강, 아무다리야강을 이룬다. 그리고 고원 속 고갯마루는 키질아트 패스, 카르구쉬 패스, 카부라보트 패스 등이 있고, 가장 높은 아크바이탈은 해발 4,655m다. M41 파미르하이웨이는 파미르고원을 횡단한다. 키르기스스탄의 오슈에서 시작하여 사리타슈, 카라쿨, 무르갑, 알리추어를 거쳐 호루그로 가는 노선이다. 알리추어에서 와칸 계곡으로 접어들면 랑가르, 얌촌, 이스코심 등 산촌 마을을 지나 호루그에 도착하는 코스도 있다. 이는 06번 도로다.

파미르하이웨이 주변 풍경

국경에서 애태웠던 순간

국경선 철조망의 위력은 대단하다. 키르기스스탄 출국 수속을 마치니 코앞 철조망 넘어 화장실을 뻔히 보고도 사용하지 못한다. 검문 초소병이 접근하지 말라고 경고한다. 철조망 경계는 높은 장벽이다.

오전까지 여유 있게 우리를 태워 줄 차를 기다렸다. 오후가 되자 '어쩌지?' 걱정으로 바뀌었다. 출국 수속을 마치고 넘어오는 차들은 점점 늘어나는데 빈 좌석이 없다. 아예 우리를 못 본 체 지나치는 차들도 있다. 정오를 지나 5시간 넘게 기다리는 동안 나는 "차비를 낼 테니 태워 줄 수 있나요?" 같은 말을 반복했다. 지쳐 갈 즈음 오슈 CBT 숙소에서 만난 일본 청년이 어떻게 여기까지 왔느냐고 놀란다. 자기는 사리타슈에서 트레킹을 마치고 간다며 손을 흔들었다.

해가 기울자 막연한 기대는 초조함으로 바뀌었다. 무작정 파미르고원 횡단에 덤벼들 일이 아니었다. 갑자기 내가 왜소해졌다. 고원 초입에서 현실적인 대안을 찾아야 했다. 사리모굴에서 트레킹을 하기로 마음먹었다. 반대편 차를 세워 사리타슈까지만 태워 달라고 부탁했다. 이 또한 쉽지 않아 오도 가도 못할 수도 있다. '하늘이 무너져도 솟아날 구멍은 있다'는 속담을 믿기로 했다. 마침 오슈로 나가는 유럽 중년 부부가 우리 사정을 듣고 생수병을 쥐어 준다. 그리고 오슈까지 함께 가자며 나를 다독인다.

되돌아 나갈 작정으로 키르기스스탄 입국 수속을 준비하는 그때 운전기사 한 명이 탄 차가 철조망을 넘어왔다. 급히 달려가 보니 짐을 가득 실었다. 그리고 무르갑이 아닌 카라쿨까지만 간다고 한다. 짐 위에 앉아서 카라쿨까지 가도 좋으니 태워 달라며 돈부터 꺼냈다. 50달러를 달란다. 유럽 중년 부부는 잘 되었다며 나를 포옹하고 떠났다. 참 따뜻한 사람이다. 뒤에 안 사실이지만 50달러는 거리에 비해 큰 금액이었다. 그만큼 나는 다급하고 절실했다.

타지키스탄 입국사무소는 18km 떨어져 있다. 타지키스탄 쪽 도로 사정은 말이 아니다. 울퉁불퉁 자가 널뛰기를 한다. 지나가는 차들이 먼지를 일으키니 앞이 잘 보이지 않는다. 점점 산세는 험악해졌다. 짐 위에 앉아서 가기는 정말 고역이었다. 그러나 '여기는 파미르고원이다!' 생각하니 어떤 어려움도 감수할 수 있었다.

해발 4,282m 키질아트 패스, 일명 산양 고개를 그냥 지나칠 수 없어 "잠깐!" 차를 세워 달라고 부탁했다. 고개에 오르니 산양 동상이 서 있다. 마치 살아 있는 듯하다. 그곳 산세와 딱 어울린다. 이 길을 달리고 싶은 이가 얼마나 많을까? 나 또한 10년 전 파미르고원을 동경하여 중국 신강 위구르 카스까지 왔다가 돌아서지 않았던가. 지금 나는 이 길 위에 섰다. 아침부터 애타게 차를 기다리던 무거운 마음을 순간 날렸다. 세계의 지붕 파미르고원 속에 내가 있다는 자부심이 솟았다.

2013년 50여 일간 중국 실크로드 답사 여행을 했다. 인천항에서 배를 타고 중국 칭다오로 건너갔다. 그곳에서 기차로 서안과 란주우를 거쳐 둔황과 신강 위구르 우루무치 등을 둘러보고 카스로 갔다. 그때 나는 키르기스스탄으로 넘어가 이 길 파미르고원을 횡단하려 했었다. 그러나 여의치 않았다. 대신 중국 쪽 타슈쿠르간 콩구르 타크(7,649km)를 끼고 있는 카라쿨 호숫가에서 1박 했다. **325**

사리타슈에서 카라쿨로 가는 키질아트 패스의 산양 동상(위) 사리타슈에서 카라쿨로 가는 길(가운데)
파미르하이웨이의 중국 국경 철조망(아래)

그날 밤 이 길을 넘어온 청년을 만나 많이 부러웠다. 10년이 지난 후 이 길 위에 섰다고 생각하니 앞으로 어떤 어려움도 이겨 낼 수 있겠다는 자신감이 생긴다.

감상에 젖어 있는 내 앞에 자전거를 세워 두고 올라오는 젊은이가 있다. 짐짝 위에 앉아 오는 것도 힘든데 그는 자전거 페달을 밟으며 험한 길을 달린다. 나는 박수로 응원했다. 그리고 무엇을 얻기 위함인가 묻고 싶었지만, 혼자서 즐기는 그 분위기를 깰까 감히 다가서지 못했다.

다시 차에 올라 언덕 위 타지키스탄 출입국사무소에 도착했다. 중국 국경 철조망이 바로 앞이다. 중국 땅이 얼마나 넓은지 실감한다. 출국과 입국을 기다리는 차들이 양편에 줄을 섰다. 수작업 심사라 2시간 넘게 걸린다. 운전기사가 대신 심사를 맡아 주어 나는 그동안 파미르고원 경치를 즐겼다.

카라쿨 호수 마을 Karakul Lake Village

- 키르기스스탄 출입국사무소에서 멀지 않은 곳
- 타지키스탄 파미르고원 동부 끝자락 산정호수, 주변 텐산산맥
- 해발고도 3,914m, 면적 380km² (서울시 절반 크기)
- 카라쿨 '검은 호수'라는 의미, 깊이 200m 어두운 빛
- 10월 얼음 얼기 시작, 이듬해 6월 녹음, 염분이 많아 물고기는 없다.
- 2001년 7월 세계문화유산 등재

숙소
- 마을 입구 홈스테이와 게스트하우스 (아침 포함 15달러)

여행 팁
- 파미르고원 내 정기 교통편이 없어 히치하이킹이나 교통편을 수배해야 한다.
- 여행팀 합류 (가장 경제적이고 시간 절약)

볼거리
1. 산양고개 (해발 4282m 키질아트 패스)
2. 호수 주변 풍경

타지키스탄 첫 마을 카라쿨

호수에 인접한 벌판에 집 몇 채가 있을 뿐 황량하기 그지없다. 운전기사는 홈스테이 간판 앞에 내려준다. 산정호수로 소문난 곳이라 번듯한 마을이 있을 줄 알았는데 그게 아니다.

산정호수 카라쿨 호숫가 소금(위) 카라쿨 호수(아래)

숙소를 찾으니 빈방이 없다. 사람들도 보이지 않는다. 참 이상하다. 마을로 들어서니 아낙네가 문 앞에서 카펫을 짜고 있다. 잠자는 시늉을 했더니 방을 보여 준다. 큰 방에 이불이 잔뜩 쌓여 있다. OK! 숙박비로 30달러를 주었다. 꼬마 4명이 조르르 모여든다. 코 흘린 자국에 볼이 빨갛다. 순진한 표정에 단박 정이 간다.

짐을 두고 마을 구경을 나섰다. 넓은 호수에 잔잔한 파도가 일렁인다. 손바닥으로 물을 담아 하늘 높이 흩뿌렸다. 파란 하늘과 푸른 호수에 은구슬 되어 떨어진다. 염분이 많은 호수라 마른 풀잎에 흰 소금 가루가 싸락눈처럼 내려앉았다. 바다 같은 호수, 주변 거대한 설산, 쌀쌀한 바람, 적막한 고요가 어울린 대자연은 전설을 사실로 여기게 만든다.

그 옛날 목부가 높은 산을 넘어와 호숫가에서 지친 몸을 쉬었다. 암노새의 안장을 벗겨 풀을 뜯게 했다. 한숨 자고 나서 보니 암노새 옆에 회색말이 보였다가 사라졌다. 그 후 암노새는 새끼를 낳았다. 훌륭한 말이라고 주변의 칭찬이 자자했다. 목부는 욕심이 생겼다. 어미와 새끼를 데리고 다시 호수를 찾아왔다. 지난번처럼 한숨 자고 일어나니 회색말이 어미와 새끼 말을 데리고 호수 속으로 사라졌다. 목부는 출렁이는 물결만 바라보며 탄식했다. 지금도 호수 밑에는 회색말 가족이 살고 있다는 이야기가 전해진다.

해질녘 호수 풍경은 많은 생각을 일깨운다. 묵묵히 제자리를 지키는 웅장한 파미르고원 속에 선 나는 위로를 받는 기분이다. 살아온 내 삶과 흘러간 젊음을 고이 묶어 호수에 숨겨 달라 떼쓰고 싶다. 훗날 회색말 가족이 나들이 나오면 그때 허리 굽은 파파 할머니 내가 펼쳐볼 수 있지 않을까? 설산고봉 파미르 대자연은 하찮은 내 마음을 헤아려 다독인다.

마을 집들은 네모 컨테이너 박스 같다. 흰 칠을 한 두꺼운 벽이 석양빛에 반짝인다. 몇 채 되지 않은 마을에도 작은 모스크가 있다. 돔 없는 지붕에 미나레트는 굴뚝처럼 생겼다. 고요에 감싸인 마을 분위기가 이국적이다. 사람들이 다니지 않는 마을 길은 시간이 멈춘 듯하다. 마을 중앙 공동우물에서 펌프질 물소리가 정적을 깨운다. 물통을 싣고 수레를 끄는 노인의 모습은 한 폭의 그림이다.

조용하던 마을에 차들이 줄줄이 들어온다. 갑자기 트레킹 차림의 사람들로 마을은 북적인다. 무르갑으로 가는 도중 하룻밤 머무는 차들도 하나둘 모여든다. 빈방이 없다는 말을 그제야 알았다. 카라쿨 호숫가 마을은 길손들이 머무는 주막 같은 곳이다. 8월의 해거름 기온이 쌀쌀하다.

해발고도 3,914m에 위치한 산정호수 마을 카라쿨

인정의 온기가 가득한 유목민

숙소에 돌아오니 볼이 터서 빨간 아이들이 우리를 맞이한다. 순진한 표정, 해맑은 눈동자다. 부엌을 겸한 방은 난롯불로 따뜻하다. 꼬마 아가씨가 세숫대야를 들고 와서 주전자 물을 부어 주며 손을 씻으라 한다. 그리고 어깨에 척 걸친 수건을 두 손으로 건넨다. 야무진 행동, 따뜻한 환대다. 미처 환전을 하지 못해 1달러 지폐를 아이들에게 나눠 주었다. 저녁밥을 기대하지 않았는데 상을 차려놓고 우리를 기다렸다. 반가운 친척을 맞이하는 듯하다.

가족들과 함께 둘러앉아 저녁을 먹었다. 난과 수제 요구르트, 볶음밥 등 푸짐하고 맛있다. 할아버지는 건강이 좋지 않아 할머니가 사위와 초원에 머물며 양을 치고 젖을 짠다고 한다. 아들은 건초 만드는 일을 한다며 가족을 소개했다. 할아버지는 결혼한 큰딸 가족과 아들 내외 그리고 손자 손녀 대가족과 함께 산다.

두 달 전에 둘째를 낳은 며느리가 처녀처럼 앳되다. 나이를 물으니 스물세 살이라 한다. 손위 시누이를 도와 살림하며 조카들을 자식처럼 돌본다. 대가족이 오순도순 살아가는 모습이 참 보기 좋다. 가난하고 불편하게 보이지만 이를 개의치 않는 유목민의 모습에 내 가슴이 따뜻하다. 활활 타오르는 난롯불만큼이나 인정의 온기가 가득하다

잠자리도 편하다. 넓은 방, 푹신한 요에 솜이불을 덮었다. 가지고 다니는 가벼운 시트를 요긴하게 사용했다. 할아버지가 우리를 편하게 해 주려 애쓰는 모습에 되레 송구스럽다.

새벽녘 화장실을 찾아 살그머니 나오니 하늘에 별이 총총 박혔다. 대단한 밤이다. 지붕이 없는 화장실에 앉으니 별이 그대로

내려앉는다. 강수량이 적은 곳의 자연을 활용한 이들의 지혜다. '무르갑으로 직행하는 차를 만났으면 어쩔 뻔했지?' 행운이 자꾸 뒤따른다. "감사합니다!" 인사가 절로 나온다.

'세상사 공짜 없다'는 말을 살아갈수록 실감한다. 당장 캄캄하고 답답하지만 지나고 보면 그로 인해 좋은 일을 맞이한다. 오슈에서 난감했고 출국장에서 애태웠던 순간들을 뛰어넘으니 현지인과 함께하는 훈훈한 민박을 하게 된다. 이 경험들은 바로 진국 같은 여행이다.

카라쿨 호숫가의 따뜻한 가족들이 내게 힐링을 선물한다. 힘들다고 포기하고 낙심할 일 없다. 오슈로 돌아갈 일도 없다. 계속 전진뿐이다.

무르갑 Murgab

- 해발 3,639m 타지키스탄에서 가장 높은 곳에 위치한 마을, 고산증 조심
- 파미르고원 중심 도시, 실크로드 요지
- 무르갑에서 알리추어까지 파미르고원의 하이라이트
- 무르갑에서 → 카라쿨 97.1km
              → 오슈 417km
              → 랑가르 569km

숙소
- 파미르 호텔, 하이웨이 대로변에 있다.
- 호텔 마당 유르트 숙소 (1인 10달러)
- 마을 호스텔과 게스트하우스 다수

여행 팁
- 마을 큰길 서쪽 컨테이너 바자르에서 각 방향 차량을 수배할 수 있다.

볼거리
1. 파미르고원 트레킹 기지
2. 무르갑강
3. 2차 세계대전 추모공원 전쟁기념비
4. 행정사무소 거리
5. 작은 모스크
6. 컨테이너 바자르

이게 바로 파미르고원이야!

아침에 눈을 뜨니 할아버지가 벽을 향해 기도하고 계신다. 이른 아침 두 여인이 부엌과 방을 오가며 그릇을 챙기고 이불을 정리한다. 그녀들의 손놀림이 어찌나 야무진지 놀랍다. 마치 이불을 귀한 물건 다루듯 한다. 아이들도 보채거나 칭얼거림이 없다. 가족들의 움직임이 차분하고 활력이 넘친다.

양젖으로 만든 요구르트와 버터, 따뜻한 차이와 난으로 아침을

카라쿨에서 무르갑으로 가는 파미르하이웨이(위) 파미르고원(아래)

먹었다. 이들을 보며 사람도 식물과 같다는 생각이 든다. 바람에 날린 민들레 홀씨는 떨어진 땅에 뿌리를 내리고 꽃을 피운다. 그리고 제 구실을 다한다. 이 집 꼬마들도 여기서 태어나 부모와 가족들을 보고 자란다. 그리고 새댁처럼 이곳에 뿌리 내려 살아가겠지.

햇살이 퍼지니 아들은 사료 덤불 말릴 준비를 하고, 새댁은 아기에게 젖을 물린다. 시누이는 베틀 앞에 앉고, 야무진 꼬마 아가씨는 양지쪽에서 동생들을 데리고 소꿉놀이를 한다. 흙이 밥이고 볼품없는 장난감으로 재미있게 논다. 지난날 네팔 안나푸르나봉을 바라보며 그곳 산촌 아이들과 했던 공깃돌 놀이를 이곳 아이들도 재미있다고 까르르 해맑게 웃는다. 내 어릴 적 모습이 투영된다. 내년에 손자 손녀들을 데리고 다시 오마 했더니 고개를 끄덕인다. 참 좋은 친구가 될 것 같다.

도로에 나오니 벌써 반대 방향 사리타슈로 가는 유럽 아가씨가 차를 기다린다. 내기라도 하듯 '누가 먼저 타게 될까?' 생각하는 순간 자동차 한 대가 우리 앞에 멈춘다. 나는 "무르갑!" 하고 외쳤다. 뒷좌석이 비었다. "얼마?" 물으니 둘 "200소모니!" 한다. 환전을 못해 1인 10달러다. 어제보다 먼 97.1km에 요금은 절반도 안 된다. 얼른 차에 올랐다. 운전병이 계급 높은 군인을 태우고 가는 새 차다. 우리는 뒷좌석에 편히 앉아 파미르고원 풍광을 즐겼다.

평원을 둘러싼 산세가 다양하다. 민둥산이 겹겹이 산맥을 이루고 그 뒤 설산이 우뚝우뚝 이어진다. 평원은 이미 해발 4,000m 이상 고지다. 때문에 주변의 높은 봉은 실제로 5,000~6,000m 이상이다. 하지만 평지를 달리는 듯 차 안에서는 그리 높아 보이지 않는다. 고원의 개념을 확실히 알았다.

파미르고원에서 가장 높은 고개 아크바이탈은 해발 4,655m다. 고개 주변 풍광은 거대한 파미르의 다양한 산세를 합쳐 놓은 듯하다. 운전병이 속력을 내며 고개를 넘을 때는 스릴을 즐기고 넓은 평원을 달릴 때는 시원스럽다. 평원에는 작은 물길이 흐르고 그 주변 초지에 한두 마리 양이 풀을 뜯는다. 비탈진 언덕 위 허름한 집 한 채와 따라오는 중국 국경 철조망이 평원의 무료함을 달래 준다. 언뜻 보면 비슷한 산세지만 곳곳이 나른 경치라 한순간도 놓칠 수 없다. '이게 바로 파미르야!' 꿈만 같았다.

성능 좋은 차, 편안한 좌석, 베테랑 운전기사 덕에 파미르고원을 제대로 보고 느꼈다. 우리는 오전 이른 시간 무르갑 파미르 호텔 앞에 내렸다.

자연에 순응하며 살아가는 파미르 사람들

무르갑은 해발 3,639m 타지키스탄에서 가장 높은 마을이다. 옛 실크로드 요지이며 파미르고원의 중심 도시다. 호텔 마당 유르트 숙소 침대 하나가 10달러다. 우리는 침대가 둘인 독채 유르트를 잡았다. 로비에서 환전하니 1달러에 9.5소모니다. 호텔은 산 중턱을 지나는 하이웨이변에 있어 무르갑 시내가 한눈에 들어온다. 제법 큰 마을과 넓은 들판과 숲도 있다.

산 아래 무르갑 강물이 흐른다. 카라쿨 호숫가 마을에 비하니 무르갑은 대도시다. 이곳은 파미르고원 트레커들이 모여드는 관광지다. 하이웨이 중심 도시답게 도로변에 2층 건물과 은행 그리고 2차 세계대전 희생자를 기리는 기념공원도 있다. 이른 시간에 도착해

무르갑 파미르 호텔

숙소도 잘 구했고 현지 돈도 바꿨다. 마음이 편하니 발걸음도 가볍다.

내일 차편부터 알아보러 나섰다. 지난날 무역업을 하던 중국 상인들이 두고 간 컨테이너 바자르가 있다. 식료품과 잡화 등 생필품 가게들이 모여 있다. 이곳에서 차편을 구할 수 있다. 아침 8시부터 호루그로 가는 차를 탈 수 있고 알리추어까지 1인 50소모니임을 확인했다. 차편도 많고 차비도 비싸지 않다. 이제 애타게 차를 기다리지 않아도 될 듯하다. 교통 사정을 알고 나니 안심이 된다.

하이웨이 아랫마을 도로변은 이곳의 다운타운 격이다. 상가와 음식점, 작은 박물관과 기념관이 있고 숙소 간판이 더러 보인다.

깃발이 펄럭이는 정부기관들이 있는 마을 구경을 하며 마르코폴로 산양 동상을 보고 고깔모자 칼팍을 쓴 남정네를 만난다. 이국적인 풍경 속에 내가 있다. 들판으로 내려서니 산속 작은 평원이다. 강변에 숲이 우거지고 제법 넓은 물길에 아낙네들이 빨래를 한다. 목동은 야크를 몰고, 모스크를 향해 오가는 사람도 가끔 보인다.

무르갑 민둥산 아랫마을(위) 무르갑 다운타운 거리(가운데) 무르갑 컨테이너 바자르(아래)

고봉으로 둘러싸인 무르갑의 겨울 풍경을 상상해 보았다. 혹독한 추위를 이겨 내며 척박한 고산지대에서 야크를 키우면서 자연에 순응하고 묵묵히 살아가는 그들이다. 지나가는 사람들이 대단하게 보인다.

호텔로 돌아와 샤워를 하는데 뜨거운 물이 끊긴다. 밤 9시까지 정전이라 한다. 호텔 로비에는 트레킹을 마치고 늦게 도착한 사람들이 촛불 아래 웅성인다. 모두 불이 켜지기만을 기다린다. 무르갑 전체가 어둠에 싸였다. 설산에서 불어오는 밤공기가 상큼하다. 9시 정전이 11시로 연장되자 호텔이 조용하다. 모두 파미르고원 자연에 안겼다.

알리추어 Alichur

- 고산으로 둘러싸인 분지 속 마을
- 파미르하이웨이와 와칸 계곡 분기점
- 무르갑 → 알리추어 → 파미르하이웨이 호루그 방향
- 무르갑 → 알리추어 → 와칸 계곡 (아프가니스탄과의 국경)
- 트레킹 캠프 기지

숙소
- Alichur Hotel nur 홈스테이

여행 팁
- 알리추어에서 파미르하이웨이를 타면 호루그에 도착한다. 그리고 와칸 계곡으로 접어들면 아프가니스탄과 국경을 이루는 판즈강을 사이에 둔 랑가르, 암촌, 이스코심 등 계곡 속 마을을 거쳐 호루그로 가는 여행 루트다.

볼거리
1. 설산으로 둘러싸인 작은 마을
2. 주변 산과 호수 트레킹
3. 알리추어 설산 (쿤트강의 발원)

여행은 주관적이다

　가벼운 마음으로 알리추어행 차를 타러 나섰다. 컨테이너 바자르로 향하는 길에서 여행용 가방을 끌고 가는 우리를 보고 차가 먼저 멈춘다 "알리추어!" 하니 300소모니라 한다. 어제 분명 50소모니라 했는데…. 손을 내젓고 돌아서니 100소모니까지 내려간다. 파미르하이웨이 차비는 부르는 게 값인가? 나도 배짱이 생긴다.

　곧장 컨테이너 바자르로 갔다. 호객하는 운전기사들이 많다. 저마다 300, 250, 200소모니로 가격을 달리 말한다. 정기 교통편이 없으니 일단 대절차 값으로, 그것도 사람을 보고 달리 말한다. 지나가는 차를 잡기로 하고 다시 호텔 앞으로 돌아왔다. 마침 1시간 후 50소모니로 알리추어까지 간다는 운전기사를 만났다. 옆에서 이를 지켜보던 한 소년이 자기 아버지에게 물어보고 오겠다며 달려간다. 잠시 후 돌아온 소년은 50소모니로 당장 떠날 수 있다고 한다. 교통편이 쉽게 해결되었다.

　소년의 아버지 차는 우리나라 쌍용차다. 운전기사는 이곳에 살고 있는 동생과 누나 집에 잠시 들르겠다고 한다. 클랙슨 소리를 듣고 남동생이 꼬마를 데리고 나와 차에 태운다. 그리고 형에게 가방을 준다. 아랫마을 누나는 큼직한 보자기를 들고 나와 동생을 포옹한다. 차 안에서 이들을 바라보는 내 마음이 훈훈하다. 차 주인의 고향이 무르갑이다. 파미르고원에서 태어나 자란 사람이다. 자신은 지금 부모와 함께 랑가르에 살며 호스텔을 운영한다고 한다. 손님을 태우고 왔다가 돌아가는 길에 우리를 만난 것이다.

　무르갑 마을을 벗어나니 어제 본 고원 길과 다르다. 작은 캐니언처럼 붉은 바위들이 모여 있고, 제법 넓은 개울물도 흐른다. 야크 무리가 길을 막기도 한다. 펼쳐진 경치를 보고 감탄하자 운전기사는 차를 멈추고 구경하라고 한다. 가이드를 동행한 여행객이 된 듯하다. 그 틈에 아들은 물통을 들고 물가로 달려간다. 오래된 쌍용차 엔진을 물로 식힌다.

날씨는 맑다. 파란 하늘 아래 곧은길을 달린다. 민둥산과 높은 설산이 넓은 고원 평원을 둘러싸고 있다. 사막화된 평원에 적막감이 감돈다. 척박하고 황량함이 오히려 더 고원답다. 흔히들 무르갑에서 알리추어까지를 파미르고원 하이라이트라고 한다. 그런데 나는 어제 산양 동상 고개를 넘어 무르갑까지의 역동적인 고원 산세가 좋다. 그에 비하면 오늘 길은 완만하고 평탄하다. 두 길이 같지 않음은 자연의 대작이다. 저마다 느낌과 감동이 같을 수는 없다. 나는 북미 최북단 배로를 떠올린다.

30년 전 첫 배낭 여행지는 북위 71도 극지방 배로였다. 알래스카 최북단이라 8월에도 눈발이 휘날리고 툰드라 평원에는 이끼 정도만 자랐다. 북극 바다에는 크고 작은 빙하가 둥둥 떠 있고 해가 지지 않는 백야였다. 오랫동안 그려왔던 곳인데 기대와 달리 질퍽한 길, 작은 박물관과 북극 해변의 고래뼈 아치 그리고 에스키모 민속 공연이 전부였다.

딱히 볼 것이 없는 곳에서 3일 동안 뭘 하지? 나는 공영버스를 타고 툰드라 곳곳 에스키모 마을을 찾았다. 그곳 역시 사냥한 짐승 고기 말리는 것이 고작이었다. 어릴 적 얼음집을 동경하며 꿈을 키워 찾았는데, 대형 마트에는 바나나를 비롯해 우리 집 이웃 상점과 다를 바 없었다.

극지방 여행지라 호텔 요금이 비쌌다. 교민이 운영하는 식당을 찾았다. 식당 주인 아주머니는 젊은 나이에 혼자되어 어린 자식 셋을 데리고 미국에 이민 와서 어렵게 살다가 돈벌이가 잘된다는 소문에 찾아온 곳이 북극 배로였다. 밤낮없이 툰드라 곳곳에 음식을 배달하며 한 고비 넘고 보니 세월이 흘렀단다. 라스베이거스에 가서 식당을 차려 초청해 준 오빠의 공을 갚는 게 꿈이라 했다. 나 또한 중년기 아픔에서 벗어나려 떠나온 여행이라 그녀의 지난 삶에 공감하며 손을 맞잡고 인생살이 이야기로 우리는 백야의 밤을 보냈다.

그녀는 내 마음을 읽고 극지방의 정보와 많은 도움을 주었다. 전기톱으로 언 땅을 자르고 비행기로 건자재를 공수하기에 허름해 보이는 집이지만 비싸고, 영하 40도 한겨울에 해가 뜨지 않아도 실내외 난방시설이 잘되어 일상생활은 그대로 유지되며, 땅주인 에스키모인들은 유전과 가스 덕에 풍족한 연금으로 배달음식을 먹는다고 했다.

알코올 판매가 금지된 곳이지만 술취한 남정네가 비틀거리며 내 뒤를 따르기도 했다. 아주머니는 배달차에 우리 부부를 태워 북극 바다 바위 같은 빙하 위에 서 보라면서 "이 순간 지구에서 가장 북쪽에 선 사람이 되었어요!" 하고 내 가슴을 떨리게 했다.

3일간 볼 것이 없어 첫날은 실망하고, 둘째 날은 여행 경비가 아까워서 자세히 살피고, 셋째 날은 '이거구나!' 어렴풋이 깨달았다. 극지방의 자연과 그곳 사람들, 특별하지 않아도 많은 것들이 보이고 감동으로 다가왔다. 모든 것들이 예사롭지 않았다. 북극의 자연은 없는 듯 가득하고 생각을 일깨워 주었다. 지금도 그곳에서 느낀 감동과 만났던 사람들을 나는 잊지 못한다.

파미르고원 또한 오래 그리던 곳이다. 지금 내 앞에 있는 고원은 웅장하고 적막감이 감돈다. 빈 것 같지만 꽉 찬 느낌으로 다가온다. 세월따라 조금씩 성장한 내 눈과 마음은 자연 속에서 신의 존재와 섭리를 알 듯한다. 거대한 파미르고원에서 30년 전 북극의 감동을 다시 음미해 보았다.

알리추어 통과!

알리추어는 무르갑에서 105km 떨어진 분지 마을이다. 이곳은 파미르하이웨이와 와칸 계곡 갈림길이다. 마을 입구 작은 식당에서 점심을 먹고 동네를 한 바퀴 돌았다. 마을에는 가느다란 물길이 흐르고 동네 가운데 공동 우물터와 유르트 모양의 모스크가 있다. 정부기관인 듯 작은 건물에 국기가 펄럭인다. 지나온 호숫가 마을의 규모다.

분지에 자리잡은 알리추어는 주변 고산 트레킹을 하지 않으면 딱히 머무를 이유가 없어 보인다. 다음 날 차를 잡기도 어렵다. 무엇보다 랑가르로 가는 차편이라 와칸 계곡을 구경할 수 있는 절호의 기회다. 운전기사는 랑가르까지 1인 150소모니, 1박 방 하나에 100소모니, 두 명 400소모니라 한다. OK! 우리는 알리추어를 몇 시간 둘러보고 통과했다.

파미르고원의 척박함 속에도 생명체는 살아 있다. 졸졸 물길은 초지를 만들고, 언덕 굴속에 작은 짐승이 살고 있다. "저것 봐!" 작고 날쌘 비버가 내달린다. 운전기사 아버지는 차를 세우고 조수 아들과

무르갑에서 알리추어로 가는 길(위) 파미르고원의 물길(가운데) 파미르고원 큰 웅덩이에 고기 반
물 반이다(아래).

몰이를 한다. 파미르고원에서 쉽게 볼 수 없는 광경이다. 한참을 달리더니 "Fish!" 하며 차를 세운다. 제법 큰 웅덩이에 고기 반 물 반이다.

투명한 물속은 거울처럼 맑다. 혹독한 겨울에도 살아남은 생명체다. 신의 조화다. 부자(父子)가 빵가루를 뿌리니 고기가 벌떼같이 모여든다. "잡아야지! 어서 잡자!" 욕심을 부리는 나와 달리 그들은 절대 안 된다고 손사래를 친다. 신기한 장소여서 여기가 어디냐고 물으니 '오코발라크'라 한다. 내가 잘못 듣지는 않았겠지?

랑가르 Langar

- 판즈 강변 마을
- 강 건너 아프가니스탄 힌두쿠시 설산
- 랑가르 '머무는 곳'이라는 뜻

숙소

- 마을 입구 Nuriddin 홈스테이, 도로변에 숙소 간판이 많다.

여행 팁

- 마을 뒤 언덕에서 랑가르 전체를 조망할 수 있고, 엔젤봉 트레킹의 시작점이다.

볼거리

1. 암각화 (선사시대 큰 뿔 동물과 말 탄 사람 모습)
2. 판즈강과 힌두쿠시 설산
3. 배화교 건축 양식 (지붕으로 빛이 들어옴)
4. 야시쿨 호수와 블룬쿨 마을

'희망 사항'이 이루어지다

알리추어 마을을 지나 갈림길에서 와칸 계곡 쪽으로 접어들었다. 파미르고원 평원과 완연히 다른 풍광이다. 와! 꿈은 아니겠지? 오슈 CBT에서 만난 프랑스 젊은 부부가 거쳐온 길이다.

모든 것이 불확실한 상황에서 오슈를 떠난 건 탁월한 선택이었다. 그 후의 일들은 행운의 연속이다. 이 행운은 그저 주어진 것이 아니라 걱정과 애태움, 두려움과 어려움을 이겨 낸 보상이다. 결과적으로 횡단 팀을 만나지 못한 것이 오히려 잘된 일이다. 경비 절약은 물론이고 다양한 체험과 경험으로 진국 같은 여행을 하고 있다.

앞으로 랑가르-얌춘-이스코심을 거쳐 호루그까지 와칸 계곡을 여행하게 된다. '희망 사항'이 이루어졌다. 무식이 용감하다는 말이 딱 들어맞는다. 나는 성호경을 긋고 "감사합니다!" 기도하니 옆 좌석 운전기사가 의아한 눈으로 쳐다본다.

와칸 계곡으로 접어들다

와칸 계곡은 타지키스탄 파미르고원 남쪽 좁은 계곡이다. 중국과 맞닿은 동쪽 와흐지르 고개부터 서쪽 400km 지점 이스코심까지다. 이 골짜기는 해발 2,810m로 우리나라 백두산보다 높은 위치다. 이곳에 판즈강이 흐르며 아프가니스탄과 국경을 이룬다.

기원전 4세기 알렉산더 대왕과 8세기 고선지 장군의 전쟁 길이기도 하다. 그리고 신라 혜초스님도 이 길로 인도를 오갔다. 지난날 동서양을 잇는 실크로드 무역로 길목인 랑가르, 암그, 얌춘, 이스코심 등 마을이 계곡 속에 자리잡고 있다. 자연 경관이 뛰어나 유네스코가 지정한 자연유산이다.

　와칸 계곡 길 옆 산비탈 낙석이 겁난다. 비포장 돌밭길이라 자주 자동차를 세우고 냇물로 엔진을 식힌다. 부지런한 아들의 발길이 바빠졌다. 이들 부자는 손발이 척척 맞는 팀이다. 영특하고 민첩한 아들을 두었다고 칭찬하니 "좋은 조수 내 아들 누르딘!" 하며 아버지는 싱글벙글이다.

　열두 살 누르딘은 방학을 이용하여 아버지를 돕는다. 사촌동생이 옆에서 연신 구토를 해도 탓하지 않고 돌본다. 몸에 밴 행동이라 자연스럽다. 나는 대견해서 감동하고 부지런함에 더 놀랐다. 교육의 핵심은 자율이다. 마른 한지가 물을 흡수하듯 자연스럽게 이뤄져야 한다. 누르딘의 행동에서 나는 이를 보았다.

　간간이 산비탈에 외딴 오두막이 있다. 몇 마리 양을 키우며 수행하듯 척박한 환경에서 살고 있다. 자전거와 오토바이 트레커들의 쉼터인가? 저마다 살아가는 방법이 참 다양하다. 운전기사는 이들과 반갑게 악수하고 이야기를 나눈다. 그 틈에 나는 주변을 감상하고 풍경을 즐길 수 있어 더더욱 좋다.

　깊은 계곡으로 들어서니 차마고도 외길도 있다. 아슬아슬 절벽길을 훤히 아는 누르딘 아버지는 고물차 운전을 잘도 한다. 그의 운전 솜씨를 믿고 나는 조수석에 앉아 펼쳐진 풍광을 즐기는데 남편은 안전을 생각하고 걱정이 태산이다. 골짜기에서 콸콸 쏟아지는 빙하수는 아프가니스탄과 국경을 이루는 판즈강으로 흘러든다. 강 건너 아프가니스탄 쪽 높은 산줄기는 힌두쿠시 산맥이다. 지도책에서 본 지형들이 눈앞에 펼쳐진다.

와칸 계곡에서 만난 오토바이로 여행하는 그룹(위) 와칸 계곡의 물길(아래)

이 험한 산길에서 자전거 트레커 한국 여성을 만났다. 내가 차를 애타게 기다리던 그 지점과 또 차 안에서 감탄하며 바라본 웅장한 파미르고원 길을 그녀는 자전거 페달을 밟으며 태양과 바람 속을 달려 이곳까지 왔다. 얼음이 없고서야 못할 일이다. '자신의 한계를 확인하고 삶을 가다듬기 위함일까?' 힘들게 왜 달리느냐 물으니 간단명료하게 '하고 싶어서'란다. 옳은 말이다. 나도 젊었으면 해 보고 싶은 일이라 많이 부럽다. 대한의 딸, 파이팅!

계곡 속 랑가르 마을

랑가르 마을이 가까워지자 야크를 몰고 가던 목동이 길을 비켜 준다. 더러는 당나귀 등에 건초더미를 싣고 좁은 산길을 지나다닌다. 와칸 계곡 산골 생활의 단면이다.

랑가르는 해발 2,810m에 위치한 작은 마을로 옛 실크로드 길목이다. 판즈강을 사이에 두고 아프카니스탄과 마주하며 엔젤봉 트레킹의 시작 지점이다. 이곳에 선사시대 암각화도 있고, 외부와 단절된 깊은 골짜기라 아직 배화교 건축양식의 집들이 남아 있다.

파미르고원 평원에서 지그재그 내리막길을 달린다. 판즈강변에 녹음이 우거지고 비탈진 마을 뒷산은 울창한 숲이다. 파미르고원의 황량함과 대조된다. "와!" 내 감탄에 누르딘 아버지는 전망 좋은 지점에 차를 세운다. 어디를 둘러봐도 놓치기 아까운 풍광이다. 엔젤봉과 마주한 아프카니스탄 높은 봉우리들이 바로 내 앞에 우뚝하다.

마을 어귀에 다다르니 '누르딘 홈스테이' 입간판이 보인다. 집 옆으로 빙하수가 세차게 흐르고 작은 텃밭에 채소가 자란다. 연로한 할머니와 할아버지는 네 명의 손자 손녀, 아들 내외와 함께 산다. 정갈한 손님방에 들어서니 천장에서 빛이 쏟아진다. 지붕의 네모 창은 이란의 조로아스터교(배화교) 교리를 따른 것이다. 빛은 선이요 어둠은 악, 빛이 어둠을 몰아낸다는 의미가 아닐까 싶다.

짐을 두고 마을 구경에 나섰다. 쭉쭉 뻗은 가로수 옆 좁은 밭에 밀이 누렇게 익어 간다. 도로는 비포장 자갈길이다. 도로변에는 작은

와칸 계곡을 흐르는 판즈강 빙하수(위) 와칸 계곡으로 이어지는 산길(아래)

정류장과 숙소 간판이 더러 보인다. 여행객과 트레커들이 찾아드
는 곳이리라. 마을 뒷산 물길을 따라 올랐다. 앞으로 더 나아가면
엔젤봉 트레킹을 할 수 있고, 파미르고원 등반 루트도 있다. 우리
는 강 건너 웅장한 힌두쿠시 설산을 마주보고 내려왔다. 물어볼 사
람이 없어 암각화는 찾지 못했다.

아차, 놓쳤구나!

침대에 누우니 천장에 밤하늘의 별이 보인다. 배화교 건축양식이 참 멋지다. 길에서 만난 그 여성은 어디쯤에서 야영을 할까? 달려온 길을 더듬다가 '아차, 놓쳤구나!' 이곳 랑가르로 곧장 올 일이 아니다. 누르딘 아버지와 여행 계획을 의논하고 알리추어에서 1박을 했어야 했다. 누르딘 아버지는 관광업을 하는 사람이다. 나도 그동안 절약한 여행 경비를 지니고 있다. 조금 여유를 갖고 생각했더라면 파미르고원 여러 곳을 둘러볼 수 있었다.

무르갑 북서쪽 35km 지점 곰부스굴 계곡은 트레킹 코스다. 또 알리추어 인근 야시쿨 호수와 블룬쿨 마을도 파미르고원의 볼거리다. 누르딘 아버지를 만났을 때 이 두 코스를 먼저 부탁하고 다녀왔어야 했다.

더 애석한 것은 50여 일 나는 여러 도시의 강변을 거닐고 그 물길의 끝지점인 말라가는 아랄해를 이미 다녀왔다. 중앙아시아 젖줄기 아무다리야강의 발원지가 바로 파미르고원이 아닌가. 그 설산 가까이 잠시나마 트레킹을 했더라면 얼마나 좋았을까? 강물의 시작과 끝을 내 눈과 발로 가슴에 새길 수 있었는데 놓쳤다.

뿐만 아니다. 알리추어 인근 산정호수를 구경하며 잠시 트레킹을 할 수 있고, 건식 사우나도 해 볼 수 있었다. 아, 아깝다! 차 잡기가 어렵다는 생각에 매몰되어 랑가르로 곧장 오면서 좋은 기회를 놓쳤다. 누르딘 부자를 만난 행운의 일부를 내 손에서 흘려 버렸다. 아무리 생각해도 알리추어를 스쳐 온 것이 아깝다. 아랄해 무이나크에서 1박 하지 못한 후회를 이곳에서 다시 반복한다. 인생은 후회를 거듭하며 살아가는 것인가? 아쉬움에 쉬 잠들 수가 없다. 아, 아깝다!

얌촌 Yamchun

- 와칸 계곡 속 작은 마을
- 마을 앞 판즈강과 아프가니스탄의 높은 설산

숙소

- 게스트하우스나 호스텔을 찾지 못했다.
- 도로변 민박

여행 팁

- 와칸 계곡 마을에는 정기 버스가 없다. 대절과 합승, 히치하이킹을 해야 한다.
- 호루그 터미널에서 현지인들이 이용하는 미니버스가 다니지만 정해진 시간표는
  없는 듯하다.

볼거리

1. 얌촌 요새 Yamchun Fortress
2. 얌촌 뒷산 온천
3. 마을 앞 판즈강 건너 아프가니스탄 힌두쿠시 설산

정감 있는 사람들

얌촌으로 이동하는 날, 호루그에서 들어온 차가 되돌아 나가지 않을까 기대하며 일찍 숙소를 나섰다. 차 잡기가 훨씬 수월하다며 암그(Yamg)까지 나가는 차가 태워 준다. 암그는 3km 떨어진 강촌 마을이다. 강폭도 넓고 들판도 제법 넓다. 지그재그로 오르는 산비탈 마을이 그림 같다. 민둥산에 물길이 있고 수도꼭지에서 물이 콸콸 나온다. 파미르 자연 빙하수를 지혜롭게 이용하며 살아간다.

마침 이란에서 왔다는 8명의 등산객이 3박4일 트레킹을 마치고 두샨베로 돌아간다. 그들은 빈 좌석이 없다며 간식을 건넨다. 따뜻한 정은 국경을 초월한다. 며칠간 경험이 있는지라 느슨하게 기다리며 마을 구경을 했다.

"어? 이곳에서 또 만났네요."

"아니, 벌써 여기까지?"

어제 만난 용감한 자전거 트레커 여성이다. 열심히 달려 우리를 앞서 이곳에 도착했다. 그녀는 숙소에 모인 사람들과 온천을 간단다. 제대로 즐길 줄 아는 사람이다.

그때 가방을 지키던 남편이 큰 소리로 나를 부른다. 내가 보이지 않아 당황했다고 한다. 그렇지! 언젠가 죽음으로 헤어지는 순간, 잡을 수도 없고 찾지도 못한다. 지금은 지난날을 되씹으며 가슴을 치기도 하지만, 되돌릴 수 없는 그때 한순간 후회로 밀려오겠지. '있을 때 잘해!' 노랫말이 정답이다. 파미르고원 길목에서 생의 마지막 순간을 생각하니 눈물이 흐른다.

상념에 젖어 있는데 차 한 대가 150소모니로 얌촌까지 태워 주겠다고 한다. 차에는 염소 두 마리와 젊은이 셋이 타고 있다. 허름한 차라 머뭇거리니 120소모니로 깎아 준다. 그리고 무르갑에서 달려왔으니 안심하란다. 그 험한 길을 지나 여기까지 왔으니…. 해가 기울기 전 다른 차를 잡는다는 보장도 없다. 나는 냉큼 올라탔다.

계곡을 벗어나자 강폭은 더 넓어진다. 판즈강 건너 아프카니스탄 쪽에도 마을이 보인다. 강변 풍경은 한 폭의 산수화다. 고물차는 강을 끼고 힘겹게 고개를 오르고 내리막길에서는 시원하게 달린다. 꼬불꼬불 낭떠러지 벼랑길에서 나는 정신이 아찔한데 그들은 태연하다. 길을 훤히 아는 사람들이다.

도로변 약수터 앞에 차를 멈추고 탄산 약숫물이 최고라며 마셔보라 권한다. 흔들리는 차 안에서 사진을 찍으면 차를 멈추고 촬영하라 배려한다. 35km를 달려 산비탈 작은 마을 얌촌에 우리를 내려 주고 악수를 청한다. 참 정감 있는 사람들이다.

얌촌에서 바라본 아프카니스탄의 높은 산

일급 호텔 못지않은 산촌의 민박

차에서 내리니 동네 꼬마들이 우르르 모여든다. 헬로! 헬로! 말을 걸고 까르르 웃으며 관심을 보인다. 마땅한 숙소는 보이지 않는다. 눈치 빠른 한 꼬마가 자기 집으로 가자며 이끈다. 할아버지 할머니와 엄마 아빠, 동생 셋 모두 낯선 우리를 반겨 준다.

민박 경험이 있는지라 단박에 집안 분위기를 감지했다. 이불을 쌓아 둔 거실 겸 침실은 넓고 사람들은 친절하다. 숙박비를 물으니 손을 내젓는다. 돈을 받아야 묵겠다니 50소모니라 한다. 그냥 재워주겠다는 뜻이다. 랑가르 호스텔 요금으로 내놓았다. 짐을 두고 동네 구경을 나섰다.

얌촌은 랑가르에서 35km 정도 떨어진, 판즈 강폭이 넓어진 와칸 계곡의 작은 마을이다. 강 건너 힌두쿠시 설산 봉우리가 정면에

얌촌 마을의 꼬마들

있다. 그 옛날 실크로드 대상들을 보호하기 위해 쌓은 얌촌 요새와 피부에 좋다는 온천도 있다.

허물어진 성곽과 온천 구경을 하러 뒷산을 오르니 아이들이 말린다. 늦은 시간 험한 길인가? 돌산에 미끄러질까 두려워 돌아섰다. 동네 공터 살구나무 밑에 노란 열매가 수북하다. 몇 알 주웠더니 아이들이 기도하고 먹으란다. 시키는 대로 하자 재미있다며 우르르 내 주위에 모여든다. 어디서 왔느냐? 이름이 뭐냐? 앞다투어 질문 공세다. 순박한 아이들 앞에서 나는 교사의 기질을 발휘한다. '산토끼' 무용에 '학교 종이 땡땡땡' 노래를 부르니 아이들은 손뼉을 치고 담장 안 어른들은 내다본다. 간단한 선물이 없어 내 손이 부끄럽다.

마을 뒷산에서 흘러내리는 물길이 마을 곳곳으로 흐른다. 작은 텃밭과 누런 밀밭, 옹기종기 모인 마을은 정겹고 평화스럽다. 오래전부터 잘 알고 있던 곳을 찾은 듯하다. 판즈강을 사이에 두고 아프카니스탄과 국경을 맞댄 곳이지만 평화롭고 아늑하다. 지난날 대상들이 오가며 묵었던 곳이라 나는 역사 속 여행을 하는 기분이었다.

동네를 한바퀴 둘러보고 오니 시호가 마당의 사과나무를 흔든다. 우수수 떨어지는 사과를 수북이 담아 내일 가져가란다. 기대하지 않은 저녁상도 차려져 있다. 감자를 넣은 고깃국과 빵, 삶은 달걀, 야채 샐러드와 수제 요구르트 등 푸짐하다. 할아버지와 우리만의 별식인가? 가족들은 다른 방에서 먹는다. "고깃국을 한 그릇 더 줄까?" 할아버지는 이것저것 챙겨 주며 편하게 많이 먹으라고 권한다. 집 떠난 자식이 돌아온 듯 대한다. 그냥 먹을 수가 없다. **359**

안주인에게 밥값을, 시호에게 과일값을 내놓았다.

저녁을 먹은 후 가족이 둘러앉았다. 시호가 작은 텔레비전을 켠다. 우리나라 아이돌 공연 장면이다. 이 작은 산골 마을에도 한류 열풍이 대단하다.

시호가 가족을 소개한다. 할아버지는 85세, 무릎이 아픈 할머니는 80세, 아버지 바포는 42세로 초등학교 교사이며, 36세 엄마는 간호사였다고 한다. 동생 셋은 각각 아홉, 일곱, 두 살이다. 가족의 나이와 이름을 소개하고 자신은 열한 살이라 한다. 참 똑똑하고 적극적인 아이다.

나는 그동안의 여행 사진들을 보여 주었다. 내 일기장을 펼쳐본 시호가 자신의 교과서와 일기장을 한아름 가져왔다. 일기장을 펼쳐보니 영어로 쓰여 있다. 교사인 아버지는 중앙아시아 큰 지도를 펼쳐 놓고 우리가 지나온 여행길을 짚어 가며 아들 시호에게 설명했다. 그리고 이다음에 여행을 할 수 있다는 희망을 준다. 고향집을 찾아온 듯 편안한 저녁시간이다.

나는 할머니 무릎에 파스를 붙여 주고 나머지는 두고 쓰라며 가방을 뒤져 라면과 여분 칫솔, 일회용 비닐장갑 등을 꺼냈다. 시호 엄마는 깔끔한 이부자리를 마련해 주고 할아버지는 손전등을 꺼내 놓는다. 넓은 방에서 편히 자라며 우리 둘만 남기고 모두 뒤채로 갔다. 표정과 몸짓으로도 충분한 대화다. 따뜻한 담요를 덮고 누웠다. 우여곡절 끝에 도착한 얌촌 마을에서 융숭한 대접을 받았다. 따뜻한 정을 나눈 하룻밤은 일급 호텔 못지않다. 몸과 마음이 편안한 밤이다.

어릴 때 경험은 삶의 재산

상큼한 아침이다. 시호가 마당에서 동생들과 운동을 한다. 나도 아이들과 맨손체조를 했다. 그리고 그들 가족과 사진도 찍었다. 할머니는 나를 껴안고 내년에 꼭 와서 뒷산 온천을 하라고 당부한다.

이스코심으로 가는 차를 잡으러 도로에 나오니 어제 만났던 꼬마들이 몰려온다. 여자 꼬마는 치맛자락에 자두를 싸 와서 가져가라 하고, 남자 아이 몇몇은 나무에 오르며 자기 재주를 보란다.

아이들과 어울리고 아프가니스탄 설산을 바라보며 차를 기다리는 시간이 지루하지 않다. '내년에 손자들을 데리고 와야지!' 여행지로 점찍었다. 때묻지 않은 아이들과 어울리는 기회를 만들어 주고 싶다. 그때는 간단한 선물을 준비해야지.

얌촌 마을 민박집 꼬마들과 맨손체조를…

어릴 때 경험은 재산이다. 손자들의 여행은 훗날을 위한 투자다. 여행을 좋아하는 내가 할 수 있는 일이다. 아이들은 서툰 영어와 몸짓으로 의사소통을 할 것이며, 우리와 다른 자연과 문화를 접하고 불편하고 부족해도 해맑게 자라는 이곳 아이들의 모습에서 뭔가를 느끼겠지. 큰돈 들이지 않고 나는 할 수 있다. 차를 기다리며 손자들을 위한 여행 루트를 짜 보았다.

- 서울−타슈켄트−사마르칸트−부하라−히바(이슬람 문화 체험)
- 알마티−비슈케크−이식쿨(도시와 트레킹)
- 오슈−사리타슈− 카라쿨−무르갑(파미르고원)
- 알리추어−랑가르−얌춘(와칸 계곡과 트레킹)
- 이스코심−호루그(산촌의 자연)

이번 여행에서 먼 거리 이동과 어려운 곳을 빼면 된다. 교통편과 숙소를 이미 알고 있으니 자신도 있다. 계획을 세우니 벌써 시작이 반이다.

이스코심 Ishkoshim

- 타지키스탄 남부, 다리로 아프카니스탄과 연결된 국경 도시
- 얌촌 78km, 호루그 85km, 두샨베 320km
- 두 갈래 교통 요지
  ① M41 파미르하이웨이 (호루그, 두샨베 방향)
  ② 와칸 계곡 (얌촌, 랑가르 방향)

숙소
- 게스트 하우스 Ren (시내에서 동쪽으로 도보 10분)

여행 팁
- 토요시장은 아프가니스탄 국내 사정 탓에 열리지 않는다. 대도시 두샨베와 호루그로 이동하는 사람이 많아 차편 구하기가 쉽지 않다.

볼거리
1. 토요시장
2. 이스코심 시내
3. 두 나라 연결 다리
4. 아프카니스탄과 국경을 이루는 판즈강과 설산

다리로 연결된 국경 도시

한 좌석만 비어 있는 차에 운전기사가 승객들의 양보를 얻어 우리에게 두 좌석을 마련해 준다. 1인 100솜. 우리 때문에 비좁게 앉은 승객들은 불평하지 않고 몸을 움츠리며 우리더러 편하게 앉으라 한다. 내가 더 미안하다.

차는 판즈강과 나란히 국경지대를 달린다. 아프가니스탄 쪽은 가파른 산이 이어지고 집만 몇 채 간간이 보일 뿐 적막하다. 꼭 중국 도문에서 두만강 건너 북한 땅을 바라보는 것 같다. 반면 타지키스탄 쪽 강변은 들판에 농사를 짓고 마을도 제법 크다. 교통량이 많으니 활기차다. 아주 대조적이다.

얌촌에서 78km 3시간을 달려 이스코심에 도착했다. 와칸 계곡 끝 마을로 아프가니스탄과 다리로 연결된 타지키스탄 남부 국경 도시다. 같은 이란계 페르시안이 많아 국경 다리 건너 토요시장에서 교역을 하고 전기도 나눠서 쓴다.

숙소를 잡고 마을 구경을 나섰다. 중심 도로변에 상가가 있고, 정부기관과 주유소 등 작지만 다운타운 형태를 갖췄다. 마을을 한 바퀴 둘러보고 판즈강가에 앉았다. 흐르는 강물과 힌두쿠시 높은 산을 바라보며 '여기까지 왔구나! 오슈 CBT 호스텔을 무작정 떠나온 배짱은 어디서 나왔지?' 곰곰 생각해 보았다. 자신감도 아니고 무모함은 더더욱 아니다. 어떤 경우의 여행도 할 수 있는 충분한 여행 경비를 지니고 있었기에 가능하지 않았을까?

여행 경비는 자동차 휘발유와 같다. 30여 년 전 단돈 5,000원으로 만든 여행통장은 지금껏 여행을 계속할 수 있게 하는 힘이다. 강변에 앉아 거쳐 온 파미르고원 곳곳을 더듬어 보았다.

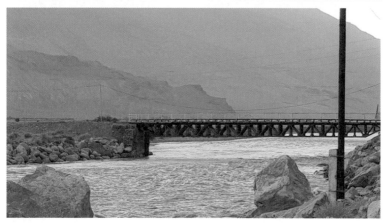

암촌에서 이스코심으로 가는 길의 아프카니스탄 계곡(위) 이스코심 마을(가운데)
이스코심과 아프카니스탄을 연결하는 다리(아래)

이스코심은 크지 않은 도시라 걸어서 구경해도 여유롭다. 시내에서 2km쯤 떨어진 곳에 두 나라를 연결하는 국경 다리가 있다. 쭉쭉 뻗은 미루나무 가로수길이 싱그럽다. 길지 않은 다리 건너 토요 장터 건물과 아프가니스탄의 작은 촌락이 바로 앞이다. 좀 더 자세히 보려고 강쪽으로 내려가니 초소병이 제지한다. 시내로 돌아와 다음 날 호루그행 교통편을 확인했다. 오전 8시 출발, 50소모니라 한다. 돌아와 메일을 확인하니 큰아들이 소식을 보내왔다.

내 아픔을 살짝 건드린 아들의 메시지

"여행을 잘하고 계신 것 같아 참 좋습니다. 이번 여행 일정이 마무리되어 갑니다. 항상 그러했듯이 의미있고 또 앞으로 해야 할 것을 찾은 여행이 되었으리라 생각합니다. 저희는 모두 제자리에서 잘 지내고 있습니다. 모든 면에서 열심히 살아가시는 부모님을 보면서 진심으로 존경합니다. 자식으로 부모님의 완벽한 삶에 오점이 되는 것 같아 죄송스럽습니다. 항상 열심히 노력하는 아들이 되겠습니다. 여행 마무리 잘하세요."

아들의 메시지는 지난날 내 아픔을 살짝 건드린다. 그리고 가슴 뭉클하다. 나는 자식들이 어렸을 때 "우리 조금만 참자!" 하며 제대로 보살피지 못했다. 아이들은 매 순간 성장하는데 무엇을 참아달라고 했을까? 지나고 보니 나에게 주어진 어려움을 이겨 내야 한다는 내 스스로의 다짐이었다. 그때는 몰랐다. 열심히 살아서 훗날 부모 역할을 잘할 자신이 있었다.

아들이 초등학교에 입학하자 놓친 영유아기를 만회하려 했다. 올바른 생활 습관으로 스스로 공부하는 태도를 갖길 바랐지만 의도와 달리 내 지도는 고무줄 탄성처럼 겉돌기만 했다. 학부모들이 "자식 키우기 어렵다"고 하소연하던 말을 교사인 나도 입에 달고 살았다. 당시 자식들도 나도 힘이 들었다. 자식 돌봄은 미룰 수도 순서를 바꿀 수도 없다. 나는 다 놓치고 뒤늦게 다그쳤다. '내 탓이요!' 나는 가슴을 쳤다. 교육사상가 루소는 《에밀》에서 말했다. "부모가 자식을 키우면서 때를 놓치면 이다음에 피눈물을 흘릴 것이다." 내 심정을 콕콕 찌른다.

'내가 왜 그랬을까?' 항상 가슴에 맺혀 있다. 지금 50대에 접어든 아들이다. 가장으로 제 역할에 충실하다. 그리고 내 마음을 알아주는 든든한 버팀목이다. 아들의 짧은 메시지에 큰 마음이 담겼다. 나는 자식에게 못다 한 부모 역할을 손자 손녀를 돌보는 것으로 갚으려 한다. 그래서 형편이 닿는 한 아이들을 데리고 여행을 떠나려 한다.

호루그 Khorug

- 타지키스탄 남부 가장 큰 도시
- 파미르하이웨이 시작과 끝 지점
- 해발 2,000m에 위치한 산간 도시. 인구 3만 명
- 쿤트강과 판즈강 합류 지점
- 수도 두산베 608km

숙소

- 홈스테이 보켄
- 마운틴 리버 게스트하우스 (23 Okhonjonov St)
- 호루그 시내 대로변에 숙소 간판이 많다.

여행 팁

- 구시가지 공터에서 이스코심이나 얌촌, 랑가르행 교통편이 있다.
- 와칸 계곡 구경은 호루그에서 시작하는 것이 수월하다.

볼거리

1. 재래시장
2. 쿤트강 Gunt river
3. 보태니컬 가든 Botanical Garden
4. 시티공원 Khorog City Park
5. 아프가니스탄 출입국사무소 (도심 북쪽)

파미르고원의 끝 지점

아침 8시 출발 시간에 맞춰 나왔다. 어제 호루그로 간다는 차가 보이지 않는다. 도로변에 두샨베와 호루그로 가려는 사람들이 많다. 차가 정차하니 암표 장사처럼 차를 잡아주는 사람들이 설치니 나는 매번 밀린다. 50소모니라는 차비는 200, 300소모니로 시간이 지날수록 비싸진다. 예상치 못한 일이었다.

오후가 되자 차가 뜸하다. 여행객은 우리뿐이다. 거의 다 왔다는 방심으로 늦게 나온 것이 잘못이었다. 일정이 빠듯하여 쉬어 갈 수도 없다.

늦은 오후가 되어 마침 누이동생을 호루그에 데려다주는 차를 만났다. 1인당 100소모니라 한다. 해질녘 판즈강과 나란히 계곡 길을 달린다. 도로변 '핫 스피링'이란 작은 온천 간판이 보일 뿐 농사지을 땅도 없는 산속에 마을이 있다. '어떤 생업에 종사하며 살아갈까?' 궁금하다.

어둠이 내리고 차는 산허리를 감돌아 달린다. 저 아래 도시 불빛이 오아시스처럼 빛난다. 늦은 시간 낯선 곳에 도착하니 조금은 당황스럽다. 관광객이 모여드는 곳이라 도로변 숙소에는 빈방이 없다. 간판을 보고 찾아가니 골목 안 정원이 딸린 독채다. 다음 날 예약 손님이 있어 방을 비워 준다는 조건으로 반액 할인 15달러. 부엌에는 기본 양념과 크고 작은 조리기구가 있다. 늦었지만 오랜만에 밥을 지어 맛있게 먹었다. 오전에 차를 잡지 못해 애태웠던 순간을 보상받은 기분이다.

대자연을 품은 매력적인 관광지 호루그

호루그는 타지키스탄 남부 가장 큰 도시로 해발 2,000m에 있다. 가파른 산과 산 사이에 자리한 곳이라 평지가 거의 없다. 파미르고원 알리추어 설산에서 발원한 쿤트강이 호루그 도심을 지나 와칸 계곡에서 흘러온 판즈강과 합류하는 지점이다. 때문에 수량이 풍부하고 주변 경치가 뛰어나다.

그리고 교통의 요지다. M41 파미르하이웨이와 와칸 계곡으로 오가는 교통의 길목이다. 인근 산간지방의 중심지로 큰 바자르와 국립대학교가 있고, 시내에서 멀지 않는 곳에 아프카니스탄 출입국사무소도 있다. 수도 두샨베와의 거리는 608km다.

일찍 일어나 2층 작은 방으로 짐을 옮겼다. 그리고 예약 손님이 온다는 방을 깨끗이 정리하고 시내 구경과 장거리 두샨베 교통편을 알아보러 나갔다.

아프카니스탄 출입국사무소

시 외곽 버스터미널

두샨베행 버스터미널은 시 외곽 북쪽에 있다. 도심을 벗어나 북쪽 길로 접어드니 아프카니스탄과 국경을 이루는 큰 강이 흐른다. 아프가니스탄 쪽 강변에도 숲이 우거지고 제법 큰 마을이 보인다. 강을 사이에 두고 소리치면 들릴 듯한 국경 마을이다. 두 나라를 잇는 긴 다리에는 물자를 실어 나르는 대형 트럭이 오간다. 경비 초소병이 쉼 없이 순찰한다.

두샨베 교통편 출발지(위) 호루그에서 아프카니스탄 연결 다리(아래)

대로변 출입국사무소에 사람들이 웅성인다. 아프카니스탄을 지척에 두고 바라보는 기분이 묘하다. 북쪽 길 가로수는 살구나무다. 노란 살구가 주렁주렁 달렸다. 시내버스가 자주 오가지만 한적한 국경 강촌 마을 풍경을 감상하며 트레킹이라 생각하고 걸었다.

'여기가 터미널이야?' 넓지 않은 공터에 달랑 작은 사무실 하나 뿐이다. 이른 아침 차들이 출발한 후 낮에는 그야말로 공터다. 매일 아침 6시 두샨베행이 있고, 차비는 1인 400소모니다.

호루그 바자르

호루그는 남부지방 중심지답게 쿤트강 가까이 큰 바자르가 있다. 파미르고원과 와칸 계곡 촌락을 거쳐 왔기에 바자르의 활기찬 분위기에 신이 난다. 시장 구경을 하며 미리 장을 보았다. 닭볶음탕 재료와 갖가지 과일을 사서 숙소 냉장고에 넣어 두고 호루그 볼거리를 찾아 나섰다.

호루그 도심은 좁은 거리에 호텔과 관공서, 은행과 상가 등이 모여 있다. 세차게 흐르는 쿤트강 다리 위에서 풍광을 바라보았다. 강변 양쪽 제법 큰 건물들이 줄지어 섰다. 주변의 높은 산과 흐르는 강물, 산비탈에 자리한 마을 등 계곡 속 호루그는 파미르고원 산간 도시답다.

물살이 세차게 흐르는 쿤트강 다리를 건넜다. 골목길로 연결된 구시가지 마을을 구경하다가 미니버스 출발지 공터를 발견했다. 이스코심, 얌촌, 랑가르 등 와칸 계곡 차편이 있다. 정기 교통편은 아니지만 승객이 모이면 떠나는 시스템이다. 그 차가 되돌아 나오면서 우리 같은 승객을 태운다. 와칸 계곡 마을 입구에 작은 정류소가 있는 이유를 알았다. 파미르고원 여행은 호루그에서 시작하는 것이 한결 수월할 듯하다. 아주 좋은 정보다. 다음에 오게 되면 이곳을 이용해야지!

보태니컬 가든

바자르 앞 광장에는 각 마을 미니버스 노선이 많다. 보태니컬 가든으로 가는 3번 버스를 탔다. 호루그 도심에서 동쪽 5km 종점 샤크다라 계곡 입구에서 내렸다. 주변에 숙소와 작은 공원이 있고 산으로 오르는 지그재그 도로에 자동차가 다닌다. 우리는 트레킹이라 생각하고 지름길로 산등성을 올랐다. 호루그 도심과 산간 마을들이 한눈에 들어온다. 쿤트강과 M41 파미르하이웨이도 훤히 보인다.

산등성 아래 보태니컬 가든은 해발 2,200m에 자리한 파미르 식물공원이다. 세계에서 두 번째 높은 곳에 위치한다. 과일나무에 열매가 조롱조롱 열리고 각종 나무와 꽃으로 꾸며져 있다. 또 편의시설이 있어 휴식과 여가를 즐길 수 있는 호루그 유명 관광지다.

여행 중 받은 꽃다발

숙소에 돌아오니 주인아저씨가 꽃다발을 건네며 예약이 취소되었으니 편하게 지내라고 한다. 여지껏 여행을 다니며 꽃다발을 받아보긴 처음이다. 아침에 내가 침대와 부엌을 깨끗이 정리해 둔 것에 무척 감동했단다. 그래서 마당에 있는 꽃으로 다발을 만들었다고 한다. 내일 새벽 열쇠는 창턱에 올려두고 잘 가라며 미리 인사까지 한다. 나 또한 참 감동적이었다.

낮에 사 둔 재료로 닭볶음탕을 만들었다. 샐러드와 갖가지 과일로 상을 차리고 아저씨가 준 꽃으로 식탁을 꾸미니 격조 있는 만찬 상이 되었다.

11일간 파미르고원 횡단을 마쳤다. 출발지 오슈에서 걱정했고, 사리타슈 길목과 국경에서 애를 태웠고, 산양 고개에서 환호했다. 카라쿨, 무르갑 그리고 알리추어로 이동하며 파미르고원의 대자연에 감탄하고, 와칸 계곡 민박집의 따뜻한 환대도 받았다. 때로는 몇 시간씩 차를 기다렸지만 그로 인해 선하고 따뜻한 사람들과 함께했다. 알리추어를 통과하며 좋은 기회를 놓쳤지만, 그건 과욕이 아니었나 싶기도 하다.

어느 한순간도 헛되지 않은 값진 여행이었다. 오랫동안 그려왔던 세계의 지붕 그 웅장한 대자연은 언제까지나 내 가슴에 남아 있을 것이다. 편안한 숙소에서 여행길을 되돌아보니 큰 숙제를 훌륭하게 마무리한 기분이다.

두샨베 Dushanbe

- 1929년 타지크 자치공화국 수도
- 두샨베는 '월요일'이라는 뜻 (월요시장이 있던 마을)
- 인구 77만 명
- 직물과 식료품 산업단지, 교통의 요지
- 고도 706m, 면적 서울의 30%
- 공원이 잘 조성된 계획 도시

숙소

- 시티 호스텔 두샨베 (Ozodi Zanon 44 , 734003, 루다키 거리 옆)
- Lohuti st와 Bbkhzod st 교차 지점 근처 저렴한 숙소

여행 팁

- 크지 않는 도시라 걸어서 구경할 수 있다. 두샨베 볼거리는 루다키 대로변과 바르조브강 부근에 있다. 호루그나 후잔드행 터미널 위치가 다르다.

볼거리

1. 루다키 거리 Rudaki street
2. 우정의 광장 Friendship Square
3. 이스마일 소모니 동상 Statue of Ismoili somoni
4. 루다키 공원 Rudaki Park과 루다키 기념물 Rudaki Monument
5. 타지키스탄 국립도서관 National Library of Tajikistan
6. 독립기념비 Stele with the Emblem of Tajikistan
7. 대통령궁 Presidential palace
8. 타지키스탄 국립박물관 Tajikistan National Museum
9. 국립유물박물관 Museum of National Antiquity
10. 아이니 공원 Ayni park

11. 도로 벽면 타일 그림

12. 바르조브 바자르 Varzob Bazaar

13. 두샨베 여러 대학들

14. 아이니 오페라&발레 극장 Ayni Opera&Ballet Theater

15. 승리의 광장 Victory Square

두샨베 관광지도

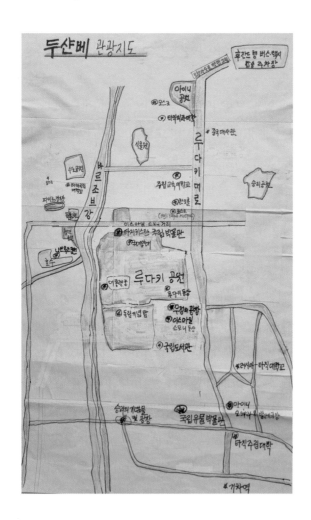

"항복! 내가 졌소이다!"

장거리 두샨베행 터미널은 호루그 북쪽 시 외곽 공터에 있다. 그곳에 작은 사무실이 하나 있다. 새벽 6시 출발이라더니 7시가 넘어서 자동차가 몇 대 들어온다. 차 종류와 크기, 연식 정도에 따라 요금이 다르다. 승객들은 좋은 차를 골라 타려고 서두른다. 우리는 할인해서 1인 300소모니 차에 올랐다. 새 차는 아니지만 괜찮아 보였다. 버스가 아닌 개인 차로 영업을 하는 듯하다. 우리나라 장거리 버스터미널 시스템과 달라 약간 혼란스럽다.

타지키스탄 수도 두샨베는 호루그에서 험한 산길을 넘어 13시간 달려야 한다. 도시를 벗어나니 겹겹이 산이다. 제대로 포장이 안 된 비탈길과 절벽 옆을 감돌아 달리기를 반복한다. 곳곳에 힘찬 물줄기가 콸콸 쏟아져 내린다. 타지키스탄은 국토의 93%가 산지로 그 절반이 고산이라는 말을 실감한다. 기사는 이 험한 산길 운전을 잘도 한다. 나는 경치를 놓치지 않으려고 앞자리 조수석에 앉았다.

어째 엔진 소리가 이상하다 했더니 차를 세운다. 그리고 뒤따라오는 운전기사와 함께 정비를 한다. 이 길을 생업으로 살아가는 베테랑들이다. 서로 반갑게 포옹하고 도와 주는 모습이 참 보기 좋다. 가는 길 산속 작은 음식점에서 점심을 먹었다. 날씨는 맑고 햇살은 뜨겁다. 산으로 에워싸인 그곳의 한 노파가 나무 그늘에 앉아 여행객인 나를 물끄러미 쳐다보며 웃는다. 주름진 얼굴에 순박함이 묻어난다. 담담하고 편안한 표정이다. 마치 '우리네 인생길, 같은 나그네야!' 하는 것 같다. 세상 구경하느라 허둥대며 바삐 살아가는 나를 알아보기라도 하는 듯 초연하다.

성당에 들어서며 옷깃을 여미듯 살그머니 그녀의 손을 잡았다. 순간 "항복! 내가 졌소이다!" 나는 속으로 외쳤다. 그녀의 따뜻한 손길은 나를 돌아보게 했다. 미소를 머금고 쳐다보는 눈동자는 해맑다. 덕지덕지 욕심이 붙은 내 모습이 그녀 앞에서 부끄럽다. '한생을 살아낸 당신의 삶을 나는 알아요. 수고하셨어요'라는 말을 하고 싶었다. 그러나 말이 필요 없다. 나는 꼭 안아 주고 돌아섰다.

젊은 날 나 또한 이곳과 다를 바 없는 산촌 초등학교 교사로 살았다. 70년대 자식 셋을 키우며 다시 시작한 남편 공부 뒷바라지에 매진했다. 보다 나은 삶을 바라고 1인 다역으로 아등바등 앞만 보고 달렸다. 그러다 중년기 내가 없는 삶이 서럽고 억울했다. 이에서 벗어나려 여행을 시작했다. 이쯤에서 멈추었으면 얼마나 좋았을까?

나는 몇십 년간 경남과 서울에서 학생을 가르치며 힘들다 하소연하고 자식 셋 키우기 어렵다는 말을 입에 달고 살았다. 무엇이 문제인가? 최선을 다해 열심히 했는데…. 그 이유를 알고 싶었다.

한 번뿐인 인생 후회를 쌓지 말자! 나 또한 뒤늦게 다시 교육학과 아동학 공부를 시작했다. 그 과정에 퇴직과 복직을 거듭하며 60을 넘긴 나이에 학위를 받고 치열하게 살았다. 나는 그때 알았다. 30여 년 한 손엔 분필 또 한 손엔 회초리를 든 책임완수형 교사였다는 것을. 채송화 씨앗이 키 큰 해바라기로 자랄 수 없고, 넝쿨손 호박에 지주대를 받쳐도 끝내는 땅을 향해 뻗는다. 학생 개개인의 기질과 재능을 제대로 살피지 못했다.

자식 또한 영유아기를 다 놓치고 뒤늦게 바른 습관을 운운하며 가르치려 애썼다. 뿐만 아니다. 학교 일과 집안 살림을 오가며 직업인으로 누리는 약간의 자유도 포기했었다. 작은 새도 두 날개를 펼쳐야 멀리 나는 법. 나는 그 많은 세월 한쪽 날개를 접고 살았다. 그러고는 말뚝에 매인 망아지 신세를 운운하며 한탄했었다. 이 모든 것이 내 탓임을 알았다.

교직 말년에 복직한 교단에서 루소의 이론(자연성)에 기초한 가르침이 참 재미있었다. 출근길 아침마다 떨리는 가슴으로 학생들을 만나 "무엇이 어렵지? 너는 달리기를 잘하잖아? 걱정 마! 이렇게 해 보렴!" 학생의 마음을 헤아리고 그들의 눈높이에 맞는 가르침은 학생 스스로 노력하는 것으로 돌아왔다. 이 얼마나 재미있는 교직인가?

그 많은 세월 다 놓치고 나는 교사로서 참회했다. 그리고 다 큰 자식에게 부모로서 부족했던 점을 이실직고했다. 충청도에 복직한 몇 년간의 교직은 내 인생의 황금기였다. 교직과 교사로서 두 날개를 활짝 펼쳤다. 뒤늦게 나의 재능을 유감없이 발휘하며 흘려 보낸 세월을 되돌릴 수 없어 한스러웠다. 공부의 핵심은 개념 파악이고 자율이듯, 삶의 지혜 또한 인생의 근본이고 자연의 법칙인 것을 뒤늦게 깨달았다.

세상사 다 때가 있는 법! 순리를 벗어난 노력은 그만큼의 대가를 치러야 했고 상처 또한 남았다. 퇴직 후 대학평생교육원에서 12년간 강의하니 남들은 꿈을 이뤘다고 한다. 이 나이 되어 되돌아보니 얻은 것도 있지만 놓친 것이 더 크다는 것을 알겠다. 내 능력 이상의 욕심을 부렸다. 누구나 같은 인생길 나그네가 아닌가? 산속 나무 밑 저 여인과 내가 다를 바가 무엇인가? 달관한 듯 편안한 그녀의 표정에 "항복! 내가 졌소이다!" 이 말이 저절로 나온다. 순리대로 살아온 그녀에게 판정패 당한 기분이다. 하느님은 사랑이고 공평하시다.

같은 인생길을 던져 주고 각자 몫으로 맡기셨다. 마지막 죽음으로 모든 것을 평정하시다. 주어진 내 몫을 제대로 살고 있는가? 후회와 회한이 내 가슴에 쌓여 있으니 잘살았다 할 수 없다. 험한 산길 한 여인에게 나를 비춰 보았다.

산길을 벗어나니 칼라이쿰이다. 새롭게 발전하는 기운이 느껴지는 도시다. 오슈 CBT 사무실 아가씨가 두샨베로 가는 길에 하루 쉬어 가라 일러 준 도시가 바로 여기구나! 함께 탄 승객 두 명이 내린다. 그 험한 산길을 넘어온 차가 평탄한 도로에서 멈춘다. 자동차도 긴장이 풀렸나? 운전기사는 수리센터를 찾아 방금 지나친 도시를 향해 걸어간다. 종일 산길을 운전하며 피곤한 내색도 없이 옆에 앉은 내가 불편할까 살피던 사람이다. 타박타박 걸어가는 뒷모습이 내 자식 같아 측은하다.

그때 도로에서 "펑!" 짐을 가득 싣고 달리던 대형 트럭 타이어가 터졌다. 험한 산길 다 넘어 이곳까지 왔는데, '내 인생 저런 일이 없도록 해야지!' 크게 깨달았다.

운전기사를 기다리며 저녁나절 들판 풍경을 즐겼다. 양떼가 풀을 뜯고 시냇가 갈대는 일렁인다. 사람들이 마을을 향해 들길을 걸어가는 해질녘 풍경이 목가적이다.

부품을 구해 와 손을 보니 차는 다시 쌩쌩 달린다. 늦은 밤 두샨베 동쪽 시 외곽 터미널에 내렸다. 주변에 숙소가 없다. 시내를 향해 걷다가 용케 숙소 위치를 아는 사람을 만났다. 하루 낮 험한 산길을 넘어오며 내 인생을 더듬어 보았다. 여행은 사색을 일깨워 평소에 놓친 것을 되돌아보게 한다.

수도 두샨베 볼거리

간밤에는 몰랐는데 숙소는 교통이 편리하고 관광하기 좋은 위치다. 며칠간 파미르 대자연 속을 여행한 탓에 넓은 도로, 멋진 건축물, 곳곳의 공원 등 대도시 분위기가 새롭다.

근처 잘 꾸며 놓은 나보이 공원을 찾았다. 우거진 숲과 잘 가꾼 꽃밭, 쉬기 편한 벤치 등 편리하고 아름답다. 조형물 공작 깃에 색색의 꽃을 심었다. 금방이라도 깃을 활짝 펼치고 사뿐히 걸어 나올 것 같다. 상쾌한 공원에서 잠시 쉬었다. 길거리 냉차 장수를 만나 달콤하고 시원한 주스 한 잔!이 또한 도시의 맛이다.

두샨베는 해발 706m에 위치하며 면적은 서울의 30% 정도다. 두샨베 어원은 '월요일'을 의미한다. 즉 월요시장이 있던 마을이 커진

공작 깃에 색색의 꽃을 심어 놓은 나보이 공원

곳이라는 뜻이다. 옛 부하라 칸국의 작은 마을이 1991년에 독립한 후 계획적인 도시로 발달했다. 이웃 나라와 여러 도시로 연결되는 교통의 요지이기도 하다.

두샨베의 볼거리는 루다키 거리와 우정의 광장 주변에 모여 있다. 가장 먼저 할 일은 다음 여행지 후잔드 교통편을 확인하는 것이다. 터미널은 루다키 거리 북쪽 끝에 있다. 우리는 루다키 거리를 걸어 차례로 볼거리를 찾고 터미널에서 내일 두샨베행 교통편을 알아보기로 했다.

루다키 거리

루다키 거리는 두샨베 중심 거리다. 거리 양쪽에 멋진 건물들이 줄지어 있다. 호텔과 쇼핑센터, 정부기관 등 거의 백색 건축물인데, 우거진 가로수와 잘 어울려 '상큼한 도시구나!' 감탄케 한다. 루다키(858~941)는 사만 왕조 궁전 시인으로 추앙받는 인물이다. 공원과 거리에 그의 이름을 붙이고 곳곳에 동상을 세워 놓았다.

우정의 광장

두샨베 관광은 우정의 광장에서 시작하는 게 좋다. 이곳은 역사적인 장소다. 1930년대 기념비를 세우면서 광장 구실을 했는데, 1961년 기념비 대신 레닌 동상을 세우고 레닌 광장이라 불렀다. 1991년 소련으로부터 독립한 후 레닌 동상을 철거하고 이스마일 소모니 기념비로 바꿔 세웠다. 그리고 '우정의 광장'이라 불렀다. 광장 중심에 이스마일 소모니 동상이 있고 그 주변에 큰 국립도서관이 있다. 누가 봐도 두샨베의 중심 광장임을 알 수 있다.

이스마일 소모니 동상

우정의 광장 중심에 우뚝 서 있는 이 동상은 양 옆에 두 마리 사자를 거느리고 별 7개 타지키스탄 문양을 높이 들었다. 황금 주름을 드리운 큰 구조물 앞 동상은 보는 위치에 따라 조금 다르게 보인다. 소모니 동상은 두샨베의 랜드마크다.

865년 부하라 칸국을 통치하며 제국을 건설한 그는 건국의 아버지로 존경받는다. 이 나라 통화 단위가 소모니이고 파미르고원의 최고봉도 이스마일 소모니봉(7,495m)이다. 그의 영묘가 우즈베키스탄 부하라 소모니 공원 안에 있다.

이는 지난날 넓은 땅 제국의 영광을 증명한다. 나는 부하라를 여행하며 작고 아름다운 소모니 영묘를 보고 감탄했었다.

일출 때 바라본 이스마일 소모니 동상

루다키 공원과 루다키 기념물

우정의 광장과 루다키 거리에 인접한 루다키 공원은 두샨베 중심 공원이다. 공원 안에는 루다키 동상과 기념물도 있다. 이 동상을 중심으로 사방 산책로가 곧게 나 있어 이동이 편리하다. 근처 국립도서관, 대통령궁 등 멋진 건축물이 있어 관광 명소이자 시민의 휴식 장소로 인기다. 특히 야경이 꽃밭처럼 아름답다.

타지키스탄 국립도서관

우정의 광장 가까이 있는 백색 건축물로 마치 정부청사 같다. 주변 우정의 광장과 소모니 동상, 루다키 공원 등 주요 볼거리와 어우러져 도시의 격조를 높여 준다.

루다키 공원에서 바라본 타지키스탄 국립도서관

독립기념비

우정의 광장과 나란히 서 있는 이 기념비는 2011년 독립 20주년 기념물이다. 꼭대기에 국가를 상징하는 타지키스탄 엠블럼이 번쩍인다. 소모니 동상과 기념비 사이에 있는 대형 분수의 힘찬 물줄기는 근처 모두를 돋보이게 한다.

국가를 상징하는 엠블럼은 많은 뜻을 품고 있다. 7개 별은 행운을, 왕관은 통합과 번영을 상징한다. 빨강, 백색, 초록 리본은 이 나라 국기 색이다. 파미르고원과 태양은 이 나라의 자연을, 밀과 목화는 특산물, 아랫부분 책은 헌법을 나타낸다.

높이 45m 독립 기념비(위) 이스마일 소모니 동상과 독립기념탑 사이 일직선 대형 분수(아래)

대통령궁

루다키 공원 서쪽 황금색 돔이 돋보이는 이 백색 건축물은 서구의 궁전을 닮았다. 가까이 다가서니 경비병이 접근을 막는다. 멀리서 바라보니 더 아름답다. 이곳은 정상회담이나 국제회의장으로도 사용된다. 내부는 얼마나 호화로울까? 상상해 보았다.

타지키스탄 국립박물관과 국립유물박물관

루다키 공원 북쪽에 자리한 박물관은 유르트를 형상화했다. 전통과 현대를 혼합한 건축물로 크고 웅장하다. 도심에서 12km 떨어진 사원에서 발굴한 14m 와불을 비롯해 도자기, 조각, 의상 등이 전시되어 있다. 박물관 앞 호수변에 높이 165m 국기게양대는 독립 20주년 기념으로 세워졌으며, 중앙아시아에서 가장 높다. 펄럭이는 깃발은 이 나라의 번영을 응원하는 듯하다.

루다키 공원과 저 멀리 있는 대통령궁

국립유물박물관은 구소비에트 시절의 건물이다. 국립박물관에서 조금 떨어진 루다키 공원 남쪽에 있다. 석기와 청동기 시대 유물과 다양한 종교가 혼재된 역사적 유물이 소장되어 있다. 알렉산더 대왕의 침입과 불교 전파의 흔적을 알 수 있는 벽화와 암각화도 있다. 국립박물관의 와불보다 색이 진한 열반의 부처도 있다.

아이니 공원

루다키 거리 북쪽에 있는 이 공원 정문의 규모는 작지만 세 마리 말과 원주 기둥 등 독일 베를린 브란덴부르크 문을 연상케 한다. 이 공원은 입장료가 있다. 공원 안에는 아이니 동상과 다양한 놀이기구, 물놀이장, 잔디밭에는 여러 종류의 공룡 모형이 있다. 아이니는 타지키스탄의 이름난 문인이다. 공원과 오페라 하우스에 그의 이름을 붙여 부른다.

도로 벽면 타일 그림

루다키 거리 북쪽 버스터미널 근처 보행자 거리 벽면에 타일 그림이 있다. 이 나라 역사와 문화재 등을 소개한다. 옛 왕과 근대 위인들의 사진과 타지키스탄의 이름난 자연 경관도 보여 준다. 또 건국신화를 알기 쉽고 재미있게 표현했다. 특히 타지키스탄 건국의 아버지 이스마일 소모니가 제국을 건설하면서 벌인 전투 장면을 사실적으로 표현했다. 그리고 영토를 확장해 나간 지도와 그의 영묘까지 소모니 일생을 보여 준다. 타일이라 훼손될 염려도 없다. 그 길이가 100m는 될 것 같다.

나는 찬찬히 재미있게 보았다. 간단하면서도 체계적이라 참 좋은 학습의 장이라 생각하며 '거리 박물관'이라 이름을 붙여 보았다. **387**

두샨베 북부 버스터미널

루다키 거리 북쪽 언덕 아래 터미널에 차들이 꽉 찼다. 이곳에서 이웃 나라 대도시와 여러 지방으로 가는 교통편이 있다. 후잔드까지 차비는 200소모니 정도다. 차편이 많아 언제 와도 탈 수 있음을 확인했다. 터미널 부근 대형 식당에서 몇 가지 메뉴를 골랐다. 주인이 서비스라며 가지볶음을 준다. 내가 고른 것보다 훨씬 맛있다. 가는 곳마다 한국 사람이라 대접을 받는다. 차편도 알았고 배도 부르다. 돌아가며 바자르에 들러 구경도 하고 과일을 사야지.

바르조브 바자르

두샨베에는 녹색 바자르와 사흐 만수르 바자르, 바라카트 바자르 등 큰 시장이 곳곳에 있다. 바르조브 바자르를 한 바퀴 돌며 '우리나라 제품이 최고!'라는 자부심이 생긴다. 우리나라 제품과 비교하니 탐나는 것이 없다. 여행에만 집중할 수 있어 참 좋다.

낮과 밤이 다른 두 얼굴의 두샨베

해거름에 대형 물차가 루다키 대로변 가로수와 꽃길에 물을 뿌린다. 어둠이 내리자 건물들은 하나둘 조명을 밝힌다. 낮에 잠잠하던 분수들은 일제히 물줄기를 뿜어 올린다. 보행자 거리의 조형물들은 색색의 조명등으로 매우 아름답다. 루다키 공원 전체가 조명 꽃밭이다. 우정의 광장과 소모니 동상은 빛을 발하니 더 신비롭다. 이곳에서 오페라 극장까지 대로 중앙은 조명 터널로 꾸며졌다. 차분하고 상큼한 두샨베 도심이 밤이 되자 화려한 도시로 변신한다.

아이니 오페라&발레 극장

오페라&발레 극장은 1940년대 건물로 이 도시에서 가장 오래된 건축물 중 하나다. 그리스풍의 흰색 극장은 야경으로 더 아름답다. 분수는 색색의 물줄기로 리듬에 맞춰 춤을 춘다. 시민들이 삼삼오오 여유를 즐긴다. 우리도 하루 관광을 마치고 극장 앞에서 두샨베의 밤 풍경을 즐겼다.

승리의 광장

두샨베 여행 마지막 날. 오전 관광을 마치고 후잔드로 출발한다. 이른 시간 어제의 반대쪽 도시 구경을 나섰다. 곳곳이 건축 현장이다. 도로는 넓고 최신 대형 호텔을 비롯해 새 건물들이 착착 들어선다. 도로변에 동상을 세우고 광장을 조성하는 등 발전의 열기가 느껴진다. 승리의 광장은 서쪽 아이니 거리에 있다. 마주보는 두 개의 기둥은 세계대전 희생자를 기리는 기념탑이다. 기념비에는 1941과 1945가 새겨지고 그 앞에 탱크가 놓여 있다.

나브루즈 궁전

파미르 경기장 남쪽 이스마일 소모니 거리에 있는 이 궁전은 백색 원주 기둥에 푸른색 돔 건축물이다. 넓은 터에 주변 호수와 어우러져 더욱 아름답게 보인다. 유명한 찻집과 결혼식장, 대형 쇼핑센터 그리고 레저 활동을 즐기는 공간으로 엔터데이먼트 건물이다. 나브루즈는 '새해 첫날'을 의미한다. 이슬람 국가의 새해는 3월 21일이다. 2주간 이곳에서 봄축제로 다양한 의식과 문화 행사가 펼쳐진다.

파미르 경기장

나브루즈 궁전 북쪽에 위치한 이 경기장은 1946년에 완공되었다. 수용 인원은 2만 명으로 다목적 경기장이었으나 현재는 주로 축구 경기를 한다. 경기장 근처에 바르조브강이 흐른다.

이 강 주변에 볼거리가 모여 있어 걸어서도 관광할 만하다. 하루 더 머물면서 바르조브 강변 북쪽 넓은 수도 공원과 타직 국립대학교도 구경하고, 동쪽 야트막한 산 위의 승리공원에서 두샨베 도시 윤곽을 조망하고, 두샨베 서쪽 30km 지점 옛 부하라 왕국 히소르 유적지를 찾고 싶다. 하지만 귀국 일자가 며칠 남지 않아 오후에 떠나야 한다.

중앙아시아 네 나라의 수도

이번 여행으로 중앙아시아 네 나라 수도를 차례로 구경했다. 한 줄에 꿰듯 다름과 특징을 보았다. 우즈베키스탄의 타슈켄트는 네 나라 중 가장 규모가 크고 역사를 지닌 도시다. 카자흐스탄의 아스타나는 바이테렉 기념탑을 중심으로 다양한 형태의 건축물을 자랑하는 계획적인 신도시다. 키르기스스탄의 비슈케크는 도시 규모는 작지만 아담한 건축물로 소박한 아름다움을 지녔고, 타지키스탄의 두샨베는 우정의 광장과 루다키 거리를 중심으로 볼거리가 모여 있어 관광하기도 편하고 야경이 뛰어나게 아름답다.

네 나라 수도 크기의 비교가 아니다. 각 나라 수도가 지닌 특징을 보았다. 모두 한 나라의 수도로서 그 위상을 지녔다.

북쪽 버스터미널에 도착하니 호객꾼들이 벌떼같이 모여든다. 이미 요금도 알아봤고 교통편이 많다는 것도 확인했기에 여유롭게 선택만 하면 된다.

오후 시간대라 200소모니라던 차비가 100소모니까지 내려간다. 호객도 경쟁이라 경매하듯 핸드폰에 값을 크게 적어 높이 들고 보여 준다. 나는 1인 120소모니 차를 골랐다. 파미르고원에서 차를 기다리던 초조함을 한방에 날렸다.

후잔드 Khujand

- 타지키스탄 제2의 도시. 소그드주 주도
- 타지키스탄 최북부에 있으며 이웃 나라 여러 도시와 연결(국경 도시)
- 해발 300m, 사막성기후. 수량이 풍부

숙소
- 버스터미널 근처 저렴한 숙소
- 소모니 호스텔(소그드 역사박물관 근처)
- 타지키스탄 국제버스터미널 2층 도미토리

여행 팁
- 시르다리야강이 도시를 남북으로 구분한다. 남쪽 터미널은 두샨베행, 북쪽 터미널에서 타슈켄트행 버스가 출발한다.

볼거리
1. 이스마일 소모니 동상 Ismail Somoni Status
2. 독립경기장 Independence Stadium
3. 카몰리 후잔드 공원 Kamoli Khujand Park
4. 소그드 지역 역사박물관 Historical Museum of Sughd region
5. 판즈샨베 바자르 Panjshanbe Bazaar
6. 자미 모스크 Masjidi Jami Mosque
7. 셰이크 마슬리히딘 모스크와 영묘
8. 시르다리야강 Syr Darya river
9. 루다키 공원 Rudaki park
10. 알보브 문화궁전 Arbob Cultural Palace

무사고 여행을 자축하다

두샨베 터미널에서 3시간 정도 달려 후잔드 남쪽 시 외곽에 도착했다. 저녁 무렵이라 터미널 근처에 숙소를 정하고 주변을 구경했다. 시원하고 달콤한 수박을 사서 한 쪽씩 들고 무사히 후잔드에 도착했음을 자축했다. 그리고 지난 여행길을 돌아보았다.

'이 나이에 배낭여행이 가능할까?' 확인 차 떠나온 여행이었다. 파미르고원 횡단으로 그 가능성을 확인했다. 그리고 자신감을 얻었다. 어렵다고 포기하지 않은 용기와 여행의 필수 조건인 체력이 받쳐 주었다. 무엇보다 절약한 여행 경비가 있었기에 어떤 상황에서도 머뭇거리지 않았다. 더하여 그동안의 여행 경험과 여행 노하우 덕이 아닐까 싶다.

1990년 여행 자율화가 시작되었을 때 나는 시간적 여유도 돈도 없었다. 그래도 꼭 하고 싶은 여행 준비를 이렇게 시작했다.

첫째, 체력 단련이다.

일과를 마치고 밤에 아파트 계단을 뛰어올랐다. 날씨와 시간에 구애없이 할 수 있는 운동이다. 단, 내 의지와의 싸움이었다.

둘째, 여행 경비 마련이다.

생활비와 무관한 오직 여행만을 위한 통장을 만들었다. 한두 정거장은 걸어 차비를 아끼고, 재래시장에서 남긴 돈을 넣었다. 여윳돈이 생기면 '자아발전기금' 명목으로 목돈을 넣고, 식구들에게도 동참하라고 부탁했다. 따라서 지출의 필요성을 따지게 되고 여행이란 목표가 뚜렷하니 절약은 구차함이 아닌 성취에 다가서는 희열이었다. '최소 경비로 최대 효과'를 실천하는 내 여행은 항상 경비를 남겨 통장을 살찌운다. 그래서 통장 잔고 액수에 상관없이 언제든 떠날 수 있다는 설렘을 갖게 했다. 5,000원에서 시작하여 30여 년간 그 힘을 잃지 않기에 나는 '마법의 통장'이라 한다.

셋째, 여행 방법을 터득했다.

2년간 도서관을 찾아 책으로 배낭여행 방법을 익혔다. 다양한 여행 방법을 알면 어떤 상황도 대처할 수 있는 문제 해결력을 발휘한다. 그리고 용기와 자신감을 갖게 된다.

넷째, 장·단기 여행 계획을 세웠다.

경비가 많이 들고 어려운 여행지를 가능한 먼저 했다. 하루라도 젊은 시절의 여행 경험은 경제법칙이다. 여행비가 비싼 북극권 배로와 아프리카, 남미 등은 환율이 낮았기에 가능했다.

다섯째, 사전 조사를 철저히 했다.

아는 만큼 보이는 법, 보이면 감동하게 된다. 여행은 느낌과 감동이다. 떠나기 전 여행 루트를 짜고 볼거리를 점검하고 지도를 파악하다 보면 365일 여행하는 기분이다. 이는 생활의 활력소였다. 사전 조사를 철저히 하면 여행지가 낯설지 않고 영어가 서툴어도 크게 문제되지 않는다. 단지 불편할 뿐이다.

70여 일 무사히 여행을 하고 마지막 후잔드까지 온 것이 뿌듯하다. 비행기를 타기 위해 다시 타슈켄트로 가는 일만 남았다. 새벽에 눈을 떴다. 이제 여행 마무리를 해야 한다. 무엇을 어떻게? 버릴 것과 챙길 짐을 구분하고, 손자 손녀에게 줄 간단한 선물 준비만 남았다.

후잔드 시내 관광

후잔드는 타지키스탄의 두 번째 큰 도시다. 북부 국경 도시로 교통의 요지이며, 페르가나 분지 입구에 기원전 329년 알렉산더 대왕의 침입 식민도시로 건설되었다. 또한 1219년 칭기스 칸의 침공을 받은 곳이며, 옛 실크로드 교역로 길목이다.

판즈샨베 광장

판즈샨베 광장은 시내 남쪽 이스마일 소모니 대로변에 있다. 광장을 둘러싸고 큰 바자르와 모스크, 영묘가 있다. 광장 중앙에 서서 둘러보니 로마 베네치아 산마르코 광장을 닮았다. 이곳의 높은 미나레트와 돔은 산마르코 광장의 대성당 종루와 첨탑이고, 바자르 건물은 산마르코 광장의 주량 역할을 한다. 종교가 다르고 동서양 문화 차이가 있을 뿐 광장 분위기는 유사하다. 두 곳 다 이름난 관광 명소로 구구거리는 비둘기 떼도 어디나 많다. 나는 지난날 산마르코 광장에서 어린 손자가 비둘기를 잡으려 아장거리는 모습을 떠올리며 잠시 그때의 감동을 음미했다.

두 개의 모스크와 셰이크 마슬리히딘 영묘

판즈샨베 광장 입구 자미 모스크는 신자들로 북적인다. 아름다운 성전 입구가 우즈베키스탄에서 많이 본 양식과 장식이다. 그 옆 셰이크 마슬리히딘 모스크와 영묘는 보수가 제대로 되지 않아 허술하지만 그 옛날 영화를 지녔다. 높은 미나레트는 훼손되지 않고 매끈하다. 윗부분 장식은 섬세하고 아름답다. 옛 사람들의 미적 감각이 오늘날 못지않다.

자미 모스크와 셰이크 마슬리히딘 모스크와 영묘, 이 세 건축물은 하나의 이슬람 유적단지를 이룬다.

10세기경 이 나라 국부 이스마일 소모니는 사만 왕조를 건국하여 중앙아시아를 통치하였다. 그 후 반대로 티무르 제국의 지배를 받았다. 때문에 두 나라 건축 양식이 같을 수밖에 없다. 역사와 문화는 뗄 수 없는 관계라 생각된다.

여행 중 많이 본 이슬람 문화의 진수를 이곳에서 다시 확인했다. 광장의 사원과 영묘가 제대로 복원되면 사마르칸트 레기스탄 광장 명성에 버금가는 곳이 될 것 같다. 오랫만에 이슬람 성전에 들어서니 마음이 포근했다.

판즈샨베 바자르

판즈샨베 광장에 인접한 바자르로 가는 도로변에 수선공들이 줄지어 앉아 있다. 헌 구두를 무릎에 올려놓고 꿰매고, 가방 자크를 미싱으로 깁는다. 우리나라 60년대 거리 풍경이다.

손자들에게 줄 선물을 사러 민속품 전문 매장을 찾았다. 액세서리를 비롯한 수공예품은 이곳 사람들의 취향이라 내가 원하는 것을 찾기 어렵다. 포기하고 시장 구경을 나섰다. 북적이는 골목 노점에는 갖가지 채소와 과일이 수북하다. 후잔드는 수자원이 풍부한 지역이라 농산물도 다양하고 값도 싸다. 나는 좋아하는 포도를 욕심껏 담았다.

바자르 입구 위에 조각상이 있어 마치 박물관 정문 같다. 안으로 들어서니 놀랍다. 천장을 떠받친 기둥들이 질서정연하다. 그 아래 치즈와 벌꿀, 김치와 장아찌 등 우리 음식과 비슷한 것들이 많다. '와!' 감탄사가 절로 나온다. 다양한 메뉴를 파는 음식점도 많아 입에

판즈샨베 바자르 1층 식료품점(위) 반찬가게(아래)

맞는 것을 골라 푸짐하게 먹었다. 우리돈으로 환산하니 가격도 매우 싸다. 생동감이 넘치는 바자르라 마음이 훈훈하다.

　나는 바자르 구경을 즐긴다. 인정이 흐르고 활력이 넘치는 곳이기 때문이다. 시장을 한 바퀴 돌고 나면 그들의 삶을 같이하는 기분으로

카몰리 후잔드 동상

이질감을 덜어낸다. 판즈샨베 바자르는 넓은 광장과 이슬람 성전까지 가까이 있으니 관광을 겸한 시장 구경이라 더더욱 좋다.

카몰리 후잔드 광장

바자르에서 북쪽을 향해 걸었다. 교통이 빈번한 도로 옆 작은 광장에 책을 펼쳐 든 후잔드 동상이 있다. 동상의 앉은 크기가 내 키 두 배가 넘을 듯하다. 한낮의 열기를 식힐 수 있는 숲 대신 꽃바구니와 화분 그리고 작은 분수로 꾸며 놓았다.

루다키 공원과 주청사 주변

카몰리 후잔드 광장을 지나니 넓은 루다키 공원이다. 공원 주변에는 주청사와 루다키 동상, 높은 국기게양대 그리고 독립기념탑 등이 있다. 기념탑 상부의 엠블럼이 파란 하늘에 빛난다. 주청사는 타지키스탄의 제2 도시 소그드주 주도로서의 위상을 보여 준다. 공원 앞은 시르다리야 강변이다. 이 강은 후잔드 도심을 남북으로 나누며 흐른다.

강바람을 쐬며 다리를 건넜다. 시르다리야강을 후잔드의 자랑이라고 할 만하다. 본류라 강폭도 넓다. 유유히 흘러가는 강물 위로 케이블카가 운행되어 운치를 더한다. 강 건너 북쪽 도시는 높은 산을 배경으로 비스듬히 넓게 펼쳐졌다. 소모니 동상과 타지키스탄

후잔드 주청사

국립대학교, 후잔드 주립대학 등 높은 건물들이 있다. 흐르는 강물과 도시가 어울리니 강변 풍경이 풍요롭다.

여행 끝 지점 후잔드, 여행의 총결산

이스마일 소모니 동상

강북 비탈진 언덕에 소모니 동상이 우뚝 서 있다. 이스마일 소모니는 사만 왕조 황금기를 이룩한 왕으로 건국의 아버지로 칭송 받는다. 수도 두샨베 중심 광장에도 우뚝 서 있고, 이곳 역시 민둥산을 뒤에 두고 후잔드 시내를 바라보고 섰다. 큰 사자 두 마리를 옆에 둔 동상은 리오데자네이로 코르코바도 언덕 위 예수님상에 버금가는 크기다. 그 위치는 도시 어디에서나 볼 수 있다.

위대한 인물을 통해 자긍심을 일깨우고 민족의 정체성을 고취하려는 듯하다. 날마다 동상을 바라본다면 자연스럽게 '나는?' 하고

399

이스마일 소모니 동상

생각을 가다듬게 될 것 같다.

동상 주변은 숲이 아닌 대리석 바닥에 계단과 분수로 조성된 공원이다. 해가 기울자 잠잠하던 분수가 물을 뿜고 스피커에서 음악이 흘러나온다. 사람들이 하나둘 모여드니 조용하던 광장 주변은 활기차다. 이스마일 소모니 동상은 후잔드의 랜드마크다.

강둑길을 따라 한참 걸었다. '흘러가는 강물 따라 이번 여행을 했구나!' 지나온 크고 작은 도시들은 지난날 오아시스 마을이 발전한 곳이다. 나는 그 도시들을 구경하며 360도 한 바퀴 돌았다. 내가 거쳐 온 도시의 강물은 톈산과 파미르고원 설산에서 발원하여 국경을 넘나들며 사막화된 땅을 도시로 만들고 사람들을 살린 젖줄이다. 자연은 사람을 살리고 사람은 그곳 성전에서 정성 들여 기도한다. 자연과 신은 인간의 삶을 외면하지 않는다. 고로 사람 또한 자연의 일부분임을 말하고 싶다.

나는 때때로 자연과 신 그리고 사람을 동격으로 생각할 때가 있다. 부처님은 깨닫는 자가 부처라 했고, 예수님도 33세까지 살다 십자가에 매달리셨다. 서양 사상가들 또한 하느님의 모상을 닮은 존재가 사람이라 하지 않은가?

여행의 끝 지점 후잔드 시르다리야 강변에서 내 생각은 날개를 달고 훨훨 난다. 이치에 맞고 틀림을 따지고 싶지 않다. 단지 나도 자연의 일부분임을 말하고 싶을 뿐이다. 중앙아시아 70여 일, 이번 여행을 총결산하는 기분이다.

카몰리 후잔드 공원

강북에서 다리를 건너 강둑 아래 카몰리 후잔드 공원을 찾았다. 파란 돔 영묘는 섬세한 무늬로 아름답고 단아하다. 자신의 영묘를 지키는 듯 그 옆에 후잔드 동상이 섰다. 1321년 타지키스탄 소그드 지방에서 태어난 후잔드는 14세기 낭만시인으로 명성을 얻었다. 사망 후 존경받는 인물로 이 도시의 이름으로 불린다.

넓지 않지만 여러 방향의 산책로가 있고 분수와 꽃밭으로 꾸며졌다. 작은 연못과 정자는 운치를 더한다. 허물어진 성곽 잔해는 지난날 이곳이 요새였음을 말해 준다. 현재의 공원은 도시 발전으로 조성된 것임을

카몰리 후잔드 영묘

알겠다.

정문 쪽으로 나오니 광장이다. 그리스풍의 오페라&발레 극장과 성벽 박물관이 아치형 공원 정문과 어울려 광장이 더 멋스럽다.

종일 걸어서 후잔드 시내를 구경했다. 내일 우즈베키스탄 타슈켄트행 티켓을 알아보러 터미널을 찾기로 했다. 강북 시내를 구경할 겸 버스를 탔다. 버스는 주청사 앞을 지나 동쪽 다리를 건너 강북 여러 마을을 지난다. 시 외곽 터미널 2층 티켓 창구에서 내일 떠날 버스표를 예매했다. 1인 50소모니, 아침 8시 출발이다.

터미널 2층에 도미토리 숙소가 있다. 이곳으로 옮길까 하다가 터미널 주변 구경을 했다. 국제 장거리 대형버스 터미널과 근처 후잔드 근교와 시내 여러 방향의 미니버스 출발지다. 그 주변은 크고 작은 가게들이 모여 바자르처럼 붐빈다.

숙소로 돌아오는 13번 버스는 다시 이스마일 소모니 동상과 루다키 공원을 지난다. 낮에 보았던 곳을 복습하는 기분이다. 수도 두샨베와 제2 도시 후잔드 여행을 마치니 세계의 지붕 파미르고원을 품은 타지키스탄이 실제의 면적보다 더 큰 나라로 느껴진다.

도전! 새로운 여행을 꿈꾼다

국경을 넘는 날은 조금 설렌다. 숙소 앞에서 33번 시내버스를 탔다. 어제 걸었던 길을 달리며 다리도 건넜다. 마침 개학날이라 학생들이 버스에 오른다. 여학생들은 큼직한 리본을 머리에 꽂았다. 하얀 블라우스에 감청색 조끼를 치마에 받쳐 입었다. 남학생은 넥타이에 양복 차림이다. 단정하고 깔끔하다. 더러는 꽃다발을 들었다.

교실을 꾸미고 선생님께 드릴 선물인가? 이 나라 꿈나무들이 등교하는 아침 도시 분위기가 상큼하다.

터미널에 도착하니 2층 대형버스 앞에 사람들이 줄을 섰다. "이 버스는 어디로 가나요?" 3박4일 동안 달려 노보시비르스크까지 가는 러시아행 버스라고 한다. 요금은 580소모니, 약 57달러다. 매일 아침 이곳에서 출발한다는 말에 귀가 번쩍 뜨인다. 그렇지! 바이칼 호수로 갈 때 이용하면 딱이다!

티켓 사무실을 찾았다. 경유 도시명이 적힌 명함을 받았다. 생각지 못한 좋은 정보다. 나는 또 새로운 여행을 꿈꾼다. 손자 손녀 가이드가 되어 중앙아시아에 다시 오면 아이들을 먼저 귀국시킨 후 나는 이 버스를 타야지! 카자흐스탄 북부를 거쳐 러시아 국경을 넘는다. 그리고 러시아 동남부를 여행하며 바이칼 호수로 갈 수 있다. 더 욕심을 내면 몽고 울란바트로와 중국 베이징으로 연결되는 여행을 할 수 있다. 생각만으로도 신이 난다. 계획은 시작이고 시작은 반이다. 노년기의 체력과 정신력을 여행으로 다져야지! 또 욕심을 낸다.

다시 우즈베키스탄 타슈켄트로!

네 나라를 360도 돌아서 왔다

타슈켄트행 국제버스는 안락한 대형버스다. 산의 나라 타지키스탄을 벗어나니 자연 경관이 완연히 다르다. 평원 길을 달린다. 출입국 검사도 간단하다. 3시간을 달려 낮 12시경 우즈베키스탄 수도 타슈켄트 남서쪽 최신 시설을 갖춘 버스터미널에 도착했다.

두 달 전 여행을 시작하며 이틀간 타슈켄트 시내를 구경했다. 다시 오니 도시가 낯설지 않다. 11번 버스로 굴나라 게스트하우스에 왔다. 주인아저씨가 우리를 기억하고 반갑게 맞아 주었다. 70일간 중앙아시아 네 나라를 360도 돌아 제자리로 왔다. 마치 우리 집에 도착한 기분이다.

타슈켄트를 네 지역으로 나눠 지난번 두 지역을 구경했다. 못다한 TV타워 근처와 나보이 국립공원, 그리고 지난번 놓쳤던 박물관을 오늘 내일 구경하기로 한다. 짐을 두고 박물관으로 갔다.

아미르 티무르 박물관

지하철 아미르 티무르역에 내려 다시 찾은 티무르 공원의 기마상이 반갑다. 근처 티무르 역사박물관은 푸른색 돔 원통형 건축물이다. 어찌 보면 유르트를 형상화한 듯하다. 지난번은 월요일 휴관이라 관람하지 못했다.

이 박물관은 티무르 탄생 660주년 기념으로 유네스코의 지원을 받아 1996년에 개관했다. 1층 중앙 홀에 들어서니 벽면에 티무르 왕의 일생을 세 가지 주제로 표현한 대형 그림이 있다. 이 박물관의 성격을 대변한다. 홀 중앙 받침대 위에 큰 오스만 코란이 펼쳐져 있다. 진품은 하즈라티 이맘 모스크에서 보았다.

아미르 티무르 가계도를 비롯해 티무르 제국의 영토 확장과 티무르 갑옷과 칼 등이 전시되었다. 그 시절의 생활상을 나타낸 그림들도 많다. 도자기, 건축자재 등 찬란했던 티무르 제국 시절의 유물을 체계적으로 보여 준다.

티무르 손자인 천문학자 울루그벡 왕의 업적과 역대 왕들의 초상화도 걸려 있다. 구르 아미르 영묘와 비비하눔 모스크, 울루그벡 마드라사 등 여러 건축 모형도 나란히 있다. 비교해 보란 듯 인도 타지마할 영묘 모형도 있다. 나는 사마르칸트와 히바, 부하라, 인도 아그라를 여행하며 본 유적들이라 관람하기 편했다.

티무르는 칭기스 칸의 후예 몽골족이다. 전투에서 한 번도 패한 적이 없으며 알렉산더, 한니발, 칭기즈 칸 등과 더불어 유명한 정복자 중 한 사람이다. 사마르칸트를 수도로 정하고 티무르 제국을 건설하여 지중해와 러시아 남부와 인도 북부를 아우르는 넓은 영토를 확장했다. 그리고 정복지의 뛰어난 건축 기술자들을 데리고 와서 많은 모스크와 마드라사, 영묘 등을 건축했다.

그는 중국 원정길에 시르다리야 강변에서 1405년 69세 나이로 병사했다. 그의 시신은 사마르칸트 구르 아미르에 안치되어 있다. 나는 그곳을 찾았을 때 영묘의 아름다움에 감탄하며 사후에도 제왕의 위엄을 잃지 않는다고 생각했다.

아미르 티무르 역사박물관은 티무르를 통해 이 나라의 정체성을 세우려 한 것 같다. 외국인 입장료는 6,000숨. 스마트폰 촬영은 무료지만 사진기 촬영은 1만 숨을 내고 허가증을 받아야 한다. 월요일은 휴관, 관람 시간은 오전 10시에서 오후 5시까지다.

우즈베키스탄 국립역사박물관

우즈베키스탄 국립역사박물관은 브로드웨이 거리와 멀지 않은 도심에 있다. 특이한 조형미를 갖춘 이 건축물은 1876년 러시아 통치 시절 투르기스탄 공공박물관으로 개관되었다. 1943년 레닌박물관으로 명칭을 바꾸고 일반인에게 공개했으나 1991년 독립 후 우즈베키스탄 국립역사박물관으로 새롭게 단장하여 중앙아시아에서 가장 오래된 박물관이라 한다.

입구에 들어서니 웅장하다. 사원에서 보았던 기둥들이다. 넓은 전시실에는 전시물이 가득하다. 석기시대 유물과 아미르 티무르 제국 시절의 이슬람 문화와 독립 이후 현대사를 아우르는 20만 점이 넘는 소장품을 지닌 박물관이다.

국립역사박물관답게 고고학, 인류학, 민속학, 역사학적 자료 등 볼 것은 많은데 폐관 시간이 임박하다. 다행인 것은 우즈베키스탄을 여행하며 곳곳의 박물관에서 본 유물들과 유사한 것들이 많아 복습하듯 시간을 단축했다. 눈길을 끄는 것은 쿠산 왕조의 불상이다. 미소를 머금은 듯 온화한 표정과 주름진 옷매무새가 섬세하다. 박물관 관람을 마치니 숙제를 다 푼 듯하다.

숙소로 돌아오면서 초르수 바자르 기념품 가게를 찾았다. 손자 손녀들에게 줄 이 나라 민속인형 마그넷을 골랐다. 내일 떠날 짐을 정리하고 머리 염색을 했다.

이번 여행의 마지막 날 밤 10시 20분 비행기다. 낮 시간 국민공원과 TV타워를 구경하기로 했다. 짐을 챙겨 숙소에 맡기고 나섰다.

타슈켄트 초르수 바자르 기념품 가게

국민공원으로 가기 위해 초르수 바자르 남쪽 폴가트 거리로 접어들었다. 지하도 근처에 초르수 바자르를 닮은 서커스 놀이장이 있다.

타슈켄트 서커스 놀이장

푸른색 지붕 원통형 건물로 초르수 바자르를 닮았다. 시끌벅적 환호 소리에 들어서니 아이들이 마치 광대처럼 서커스 묘기를 즐긴다. 줄에 매달려 하늘을 날고, 외바퀴 자전거를 탄다. 말 등에 올라 저마다 신이 났다. 구경꾼과 부모들, 장사꾼들로 열기가 가득하다. 재미있는 체험장이자 놀이공간이다. 나도 한 번 해 보고 싶은데, 남편이 나더러 나잇값을 하라 한다. 알마티와 비슈케크에서 서커스 공연장을 찾았으나 휴관이었다. 여행 마지막 날 이곳에서 아이들이 즐기는 서커스 묘기와 극장 내부를 보게 되어 다행이다.

국민공원

도심 대로변에 있는 타슈켄트에서 가장 큰 이 공원은 냇물과 숲, 꽃길로 아름답게 꾸며졌다. 공원 중심 계단 위에 알리셰르 나보이 동상이 우뚝하다. 지팡이를 짚고 선 동상의 크기는 내 키의 몇 배가 될 것 같다. 동상을 올려다보며 '영원한 삶'에 대해 생각해 보았다. 민족과 인류를 위해 남긴 업적과 후세 사람들의 존경심이 아닐까? 존경심은 힘으로 쟁취하는 것이 아니라 주어지는 것이기에 시대를 불문하고 빛난다.

손자는 나와 장기간 여행할 때면 "할머니, 이야기해 주세요" 하고 종종 부탁했다. 전래동화를 극화해서 들려주면 재미있어 했다. 이야기 밑천이 바닥나 '옳지, 역사 이야기를 시리즈로 하자!' 하고 단군신화에서 시작해 시대별 굵직한 사건과 위인의 업적 중심으로 이야기를 엮었다. 특히, 이순신 장군과 세종대왕, 안중근 의사에 대한 이야기는 매번 같은 스토리지만 손자는 언제나 새롭게 듣고 지루해하지 않았다.

어느 날 손자 팔목의 핏줄을 가리키며 "이 핏줄 속에 네가 좋아하는 이순신 장군과 세종대왕의 피가 흐른다"고 말했다. 손자는 눈을 반짝거리며 "어! 어떻게?" 하고 물었다. 순간 나는 당황했으나 태연하게 말했다. "이분들은 우리 조상이거든. 네 모습과 닮지 않았니?" "아! 그래서 우리는 미국 사람과 다르게 생겼구나!" 손자는 스스로 답을 찾았다. 그리고 이해했다는 듯 흐뭇한 표정을 지었다. 그 후 손자는 자신도 이순신 장군처럼 또 안중근 의사처럼 될 수 있다고 믿고 열심히 노력해야 가능하다는 것을 아는 듯했다. 이런 손자를 보며 영원한 삶은 사람들의 가슴에 새겨진 존경심이라 생각했다.

이 나라 나보이 역시 시대를 불문하고 국민의 가슴에 살아 있는 분이다. 이번 여행 마지막 날 나보이 동상 앞에서 손자의 어릴 때를 떠올리며 자신의 꿈을 향해 스스로 노력하는 아이로 자라길 빌었다.

오페라 하우스

국민공원 입구에 있는 큰 건축물이 오페라 하우스다. 넓은 광장과 분수, 큼직한 조각상, 높은 국기게양대의 휘날리는 깃발로 더욱 웅장하게 보인다. 오페라 하우스는 가까이 있는 국민공원을 더 돋보이게 한다. 그리고 근처 백색 건축물 국회의사당도 있다. 이 셋은 타슈켄트 도시의 위상을 높여 주고 있다.

놀이공원과 TV타워

국민공원에서 대각선 방향 북동쪽에 있는 TV타워로 이동했다. 지하철 버덤저르역에 내리니 바로 타슈켄트 놀이공원이다. 케이블카가 놀이공원 위를 크게 돌고 있다. 높은 곳에서 천천히 움직이니 짧은 시간 공원 전체를 구경하게 된다. 65세 이상은 탑승료도 절반이다.

공원뿐만 아니라 TV타워가 바로 앞이다. TV타워를 우즈베키스탄어로 '텔레미노라'라고 한다. 높이 375m TV 송신탑이다. 6층 전망대에서 시내를 조망할 수 있다.

시간이 없는 나에게 케이블카 탑승은 좋은 관광이다. 주변의 도시 풍경도 볼 수 있고, 그 너머 미노르 모스크와 추모공원, 식물원과 동물원 등의 위치를 가늠할 수 있다.

타슈켄트 놀이공원 연못과 놀이기구(위) 국민공원 광장의 조각상(아래)

중앙아시아 네 나라를 한 바퀴 돌고 타슈켄트에 다시 오니 '과연 대도시답다!' 눈에 익은 독립광장과 대통령궁, 브로드웨이 거리, 티무르 기마상 등이 새롭게 보인다. 여행도 복습 효과가 크다.

72일간의 여행을 마무리하며

다시 찾은 하즈라티 이맘 모스크

70여 일 전 여행 시작 첫날 생소한 이슬람 문화권에 약간 흥분했었다. 특히 하즈라티 이맘 모스크를 보고 크게 감동했다. 그때 첫인상이 깊이 각인되어 여행 마지막 날 다시 보고 싶었다.

서둘러 대로를 따라 걸으니 초르수 바자르에서 멀지 않다. 정문으로 들어가 넓은 중정에 다시 섰다. 석양에 미나레트와 돔 성전 벽면의 청색 타일 문양이 빛난다. 한참을 우러러보아도 떠나기 아쉽다. 특히 높은 미나레트는 어떻게 쌓았을까? 3단으로 나뉜 듯 매끈하게 올라간 탑은 더더욱 아름답다. 나는 성전에 들어가 여행을 무사히 마친 것에 대해 감사 인사를 했다.

여행을 마치며

숙소에 맡긴 짐을 찾아 공항으로 향했다. 중앙아시아 여행의 시작과 끝은 11번 시내버스다. 이륙한 비행기는 타슈켄트를 뒤로 하고 밤하늘을 난다. 설렘과 기대로 찾아온 중앙아시아! 나는 새로운 경험을 안고 돌아간다.

비행기에 몸을 맡기고 70여 일 여행길을 더듬어본다. 여행지에서의 24시간은 단순한 하루가 아니었다. 한순간 몇십 년을 뛰어넘어

지난날 감동의 순간을 다시 음미하게 했다. 젊은 날의 여행이 감동으로 벅찼다면, 이번 여행은 사물의 이면을 보고 사색하게 했다.

'걷는 만큼 보인다!'

'감동은 사전 조사에 비례한다!'

'최소 경비로 최대 효과를!'

이 세 가지 명제에 더하여 '여행은 추억을 저축한다!' 또 하나의 명제를 얻어 간다.

중앙아시아 여행에서 돌아온 남편이 "우리 이 나이에 대단해!" 한다. "그렇지!" 나도 맞장구를 쳤다. 70여 일 여행을 되돌아보며 자화자찬한다. 어디서 나온 당당함인가? 곰곰이 짚어 보았다.

첫째, 무사고와 건강이다.

건강은 저축과 같고 이것을 놓치면 다 잃는다고 늘 생각하고 있다. 평소 걷기와 산행 덕분이다. 위기의 순간도 힘들고 지칠 때도 있었다. 하지만 건강이 받쳐 주니 순발력을 발휘할 수 있었다. 여행 중 안전을 놓치면 그림의 떡이다. 큰돈을 지닌 여행객으로 보이지 않게 하는 것이 안전의 기본이다. 옷차림과 행동에 신경을 썼다. 무엇보다 돌다리도 두드리고 지나는 남편의 성격이 한몫했다.

둘째, 많은 것을 보고 느끼며 크게 감동했다.

걸어야 보인다. 보아야 느낌과 감동을 얻게 된다. 우리는 부지런히 걸었다. 그리고 부족하고 불편한 상황을 크게 개의치 않았다. 지난날 우리 삶도 별반 다르지 않았기에 만나는 사람들의 마음을 읽고 다가서니 감동으로 만사 OK였다.

셋째, 진국 같은 체험을 했다.

자유여행의 장점은 순간적 판단과 선택으로 원하는 것을 행할 수 있다. 민박은 그곳 자연과 현지인의 일상을 접하는 기회였고, 그간의 여행 감각을 더하니 하찮게 보이는 것이 큰 감동으로 다가왔다. 이 모든 것이 어우러져 진국 같은 여행을 할 수 있었다.

넷째, 경비를 남겼다.

비수기 숙박, 바자르 음식, 대중교통 이용, 아직은 싼 물가 덕분에 큰돈 들지 않았다. 특히, 파미르고원 여행 팀에 합류하지 않아 예상 경비를 크게 남겼다. 절약은 새로운 경험으로 연결되었다. 다음 여행은 러시아 남부와 캅카스 3국? 아니면 바이칼 호수 트레킹? 여행은 마약과 같아서 때가 되면 어디론가 떠나고 싶은 마음을 누르기 어렵다. 마법의 통장이 있으니 다음 여행을 꿈꾼다.

다섯째, 얻은 것이 많다.

여행은 여유로움과 자유로움을 준다. 자연스럽게 자신을 돌아보게 된다. 이것이 여행의 가치다. 중앙아시아 곳곳에서 지난날을 돌아보며 현재 내 삶과 남은 생을 생각하며 다짐했다. 인생은 일회성! 하루의 삶이 내 인생임을 깊이 생각한 여행이었다.

자화자찬 이유를 세려니 열 손가락이 모자란다. 글 속에 다 있으니 그만두자 했다.

"당신은 숙박을 잘 구하는 센스가 있어!"

"미리 확인하는 당신 덕에 위기를 넘겼어!"

여행 중 다툼은 서로를 칭찬하는 말로 바뀌었다. 생각의 다름은 새로운 경험으로 연결되었다. 여행 중 문제와 시행착오는 여행이 끝남과 동시에 해결되고 이로 인해 깨달음을 얻는다.

남편과 나는 노년기를 여행으로 잘 보내자며 '여행에 대해' 다시 정리해 보았다.

첫째, 여행은 주관적이다.

저마다 생각과 느낌은 다르다. 또한 감동에도 차이가 있다. 타인을 배려하고 존중할 때 즐겁고 재미있는 여행을 하게 된다.

둘째, 여행에는 정답이 없다.

여행은 느낌과 감동을 동반한다. 정서적 감정을 이분법으로 판단하기 어렵다. 또한 예상 못한 상황을 접하게 되는 것이 여행이다. 순간의 판단과 선택으로 헤쳐 나가다 보면 의외의 감동을 얻게 된다. 그 과정이 여행이다.

셋째, 여행에는 실패가 없다.

누구나 여행을 떠나고 싶어 하지만 쉽게 떠나지 못한다. 준비가 필요하기 때문이다. 사전 준비를 철저히 하면 여행지에 대한 두려움이 없어진다. 실패는 실수일 뿐 돌아서 가는 길에 예상치 못한 풍광을 마주하게 되는 것이 여행이다.

넷째, 여행 경험은 살아 있다.

여행지에서 보고 듣고 느낀 감동은 추억으로 남는다. 추억은 세월이 흐를수록 새록새록 떠오른다. 이게 추억의 속성이고 삶의 윤활유다.

다섯째, 여행은 자율이고 자신과의 타협이다.

자신의 발로 걷고, 보고, 생각하는 것이 여행이다. 원해서 떠난 여행, 힘들고 어려움은 세월이 지난 후 재미와 보람으로 둔갑된다. 여행지에서 만난 사람과 자연과의 교감은 타인을 배려하는 데서 나온다. 이는 자신과의 타협이 선행되어야 가능하다.

여섯째, 여행은 종합학습이다.

여행은 매 순간 판단과 결단, 용기와 추진력을 요구한다. 무엇을 어떻게? 선택과 행동이 따른다. 이러한 덕목은 학교 공부의 궁극적 목표다.

"그래, 그런대로 잘 지킨 셈이야!" 맞장구를 쳤다.

"우리는 여행 동지야!"

30여 년 함께한 여행이다. 어려움 뒤에는 보람이, 힘든 순간을 넘기면 뜻밖의 행운이 찾아온다는 것을 체험으로 안다. 여행지의 어려움을 이겨 내는 힘! 이것이 여행 동지로 묶어 준다.

이번 중앙아시아 여행은 아직은 배낭을 메고 나설 수 있다는 자신감을 주었다. 씩씩하게 걷고, 떨리는 감정으로 사물을 대하며, 사람들과 어울리는 친화력을 발휘할 수 있는 한 나는 여행을 떠날 것이다. 자가당착인가? 삶의 주인은 나이기에 나는 나를 믿는다.